学前儿童语言教育与活动指导

主编　刘宝根

华东师范大学出版社

上海

图书在版编目（CIP）数据

学前儿童语言教育与活动指导/刘宝根主编. —上海：
华东师范大学出版社,2014.5
高职高专学前教育专业系列教材
ISBN 978－7－5675－2046－2

Ⅰ.①学…　Ⅱ.①刘…　Ⅲ.①学前儿童－语言教学－
高等职业教育－教材　Ⅳ.①G613.2

中国版本图书馆 CIP 数据核字(2014)第 086759 号

高职高专学前教育专业系列教材

学前儿童语言教育与活动指导

主　　编　刘宝根
责任编辑　吴海红
审读编辑　姬　妤
责任校对　高士吟
封面设计　陆　弦
封面作品　费叶欣

出版发行　华东师范大学出版社
社　　址　上海市中山北路3663号　邮编200062
网　　址　www.ecnupress.com.cn
电　　话　021-60821666　行政传真 021-62572105
客服电话　021-62865537　门市（邮购）电话 021-62869887
地　　址　上海市中山北路3663号华东师范大学校内先锋路口
网　　店　http://hdsdcbs.tmall.com

印 刷 者　昆山市亭林印刷有限责任公司
开　　本　890 毫米×1240 毫米　1/16
印　　张　9
字　　数　266千字
版　　次　2014 年 8 月第一版
印　　次　2024 年 1 月第十六次
书　　号　ISBN 978-7-5675-2046-2/G·7348
定　　价　25.00 元

出 版 人　王　焰

前　言

这是一本什么样的教材

　　亲爱的同学,很高兴你能阅读这本《学前儿童语言教育与活动指导》,在你即将翻开这本教材时,是不是会想:这是一本什么样的教材? 这本教材和其他教材有什么区别? 它有什么特别的地方? 这些问题,恰恰也是我在酝酿和写作这本教材过程中不断追问自己的问题。在经历了一系列准备、写作、修改、反思和完善的过程之后,我逐渐明白了自己要写的到底是一本什么样的教材。

　　我希望这是一本富有教学现场感的教材。随着 Web2.0 技术在教育教学中的引进和运用,国内外掀起了"MOOC(大型开放网络课程)"、"反转课堂"的热潮,这些以学习者为中心、关注学习者学习兴趣和特点的学习理念对我国高等教育的教学改革产生了重要影响,也让我重新审视国内已有的教材,思考这本教材的定位。我认为,教材往往是学习者系统学习某一专业领域时最早接触到的文本,因此,教材不应该是一块冷冰冰的"铁板",让人观之面目可憎,阅之索然无味。它应让学习者觉得亲切、亲近、继而愿意阅读,这样才能吸引学习者的学习兴趣;它应让学习者在阅读时感觉就像是听一位教师在身边娓娓道来,在阅读、操作和思考中获得相关的知识和能力。因此在规划这本教材的体例时,我采用"问题引导——特点分析——核心经验分析——活动的组织和实施"这一顺序来顺应和引领学习者的学习过程;在组织教材内容时,我力图通过一个案例的详尽分析来贯穿一章的内容,讲解某一种类型语言活动的设计、组织与实施,以确保学习者获得清晰的概念和教学模式;在行文时,我将我上课、讲座时的录音放在旁边,设想面前坐着一位或一群学习者,在书中大量使用第二人称"你",采用提问、追问的方式激发读者的思考,鼓励读者与同学交流、讨论。希望通过这些努力,能够在你阅读时形成一种现场、实地的教学感。

　　我希望这是一本基于研究成果而形成的教材。我国学前教育的理论和实践长期被常识、经验所引导,教育教学往往被认为是一种由教师经验来主导的活动,教师开展教育活动往往知其然而不知其所以然。近年来,循证研究(evidenced based research)的研究取向得到了国内外研究者的重视,通过循证研究,人们了解了为什么学前阶段的语言教育很重要、早期阅读如何促进幼儿的发展、积极的语言环境有什么样的表现……我认为,一本教材的编写也同样如此,如果作者没有对学前儿童语言教育中的问题进行长期、深入的思考并采用量化和质化的方法进行研究,没有对学前儿童语言发展进行观察、分析并采用科学的方法进行探讨,没有对国外学前儿童语言教育动向和方法的关注并参与我国学前儿童语言教育的改革和实践,就难以写出面向学习者未来职业需要、引领语言教育实践的教材。这种"以科学研究带动课堂教学,在教学实践中发现研究问题"的研究思路始终是我从事学前儿童语言教育研究和教学工作的一个宗旨。因此本书的思想和主要内容基本都来源于近年来国内外关于学前儿童语言学习和发展的最新研究成果,也来源于我近年来从事学前儿童语言发展与教育研究所获得的一些认识和思考,这些研究成果直接指向我国学前儿童语言学习与发展的核心经验,关注我国幼儿园语言教育中教师存在的困惑、误区。希望这样的内容能够帮助你在学习和实践的时候知其然,亦知其所以然。

　　我希望这是一本指向学前儿童语言教育实践的教材。《幼儿园教师专业标准》提出,幼儿教师应通过"实践、反思、再实践、再反思"的路径获得专业发展,成为反思实践者。作为准教师的学前教育专业学生,如果要顺利度过学习期间的实习期和工作期间最初的适应期,需要获得哪些必备的、关键的学前儿童语言教育方面的知识和能力？这是十年来我在教学过程中不断思考、不断调整教学内容、改革教学方式的出发点。这本教材就是以学前教育专业学生为对象，以幼儿园语言教育领域的基本形态为背景，以教师在幼儿园语言教育实践中需要掌握的最基本的学前儿童语言教育的知识和能力为内容，以解决学生关于"学前儿童的语言是什么"、"学前儿童的语言怎么样发展"、"如何开展学前儿童语言教育"等问题为目的来组织的，从而构建未来教师学前儿童语言教育的学科教学知识（pedagogical content knowledge, PCK）。这本教材通过典型案例帮助学生了解教育内容的分析方法，掌握教育活动的基本组织过程，获得教育活动中的基本指导策略。希望通过这样的努力能够帮助你将教材中的知识直接运用到今后的教学实践中。

我希望这是一本能够提供新知识、新视角的教材。我国高等学校课程教材普遍被诟病的一个原因就是缺乏创新，缺乏知识、视角上的新意。当前许多学前儿童语言教育的教材在体例和内容上都有极其雷同的现象，难以在书中找到新的问题、新的观点和新的方法，因此难以为整个学科发展提供新知识和新视角，难以为学习者提供新的学习经验，也难以适应当前我国学前儿童语言教育的基本需要。作为从事高等学校学前儿童语言教育教学和研究的工作者，如何为这个学科的发展贡献自己的力量，帮助学生在学习中掌握未来工作中所需的知识和技能，是我写作这本教材的心愿所在。因此，这本书在内容上强调前沿和创新，比如对国外四种学前儿童语言教育理论取向的介绍、对《3—6岁儿童学习与发展指南》中语言目标的分析、对不同类型语言活动内容特点的分析、对活动中学前儿童所需学习与发展的核心经验的梳理、语言教育评价的学科教学知识取向等，这些都是国内其他同类教材所鲜有的内容。希望这些新知识、新视角能有助于你从不同的角度和方式来思考所观察到的学前儿童语言教育实践，开展自己的学前儿童语言教育活动。

这四个特点是我在这本教材中努力想要呈现出来的一种状态，是否达到了这样的期望、起到了预期的效果，你在阅读和使用的过程中最有发言权，欢迎提出宝贵意见，以便我们在今后的修订工作中不断地完善。

党的二十大报告提出，要办好人民满意的教育，并对发展素质教育，强化学前教育普惠发展等提出了要求。本教材聚焦学前儿童语言教育，注重幼儿语言能力与习惯的培养，符合素质教育的内涵与要求。关于这本教材的体例，我在多年前有过一些框架设想，积累了本书中的一些内容。在周兢教授指导攻读博士学位期间，我对这本教材的体例和内容有了进一步的思考。最终能够与读者见面，得益于华东师范大学出版社吴海红老师的督促与宝贵建议。在写作的过程中，我的学生李瑞琴、陈芬娜、方胜男、黄琳、陈莎莎等人帮我审读过初稿，安徽师范大学教育科学学院2004级、2005级学前教育专业的学生，浙江师范大学杭州幼儿师范学院2011年以来我授课的研究生和本、专科学生都曾使用过这本教材的一些内容，并提供了很多很好的反馈意见，在此一并致谢。

刘宝根

2024年1月于海磬阁

目　录

第一章

学前儿童语言学习与发展概述

■ 学习目标

    1. 掌握学前儿童语言学习与发展的基本概念。

    2. 了解学前儿童语言学习与发展的年龄阶段特征。

    3. 熟悉学前儿童语言学习与发展的方式和特点。

■ 想一想

    1. 请从你的生活经验或幼儿园见习经验中回忆一位"语言能力很好"的小朋友,列举这位小朋友的语言表现,并与其他同学讨论一下,看看他们所认为的"语言能力很好"的小朋友又有什么样的表现?

    2. 以下是一位幼儿的一段话:

    我观察了我的爸爸,我爸爸最珍贵的宝贝是电脑,他一直在电脑前看电脑,他不炒股票就打游戏,不打游戏就炒股票,因为他想赚大钱给我学费花。

    你觉得这位幼儿的语言表达能力如何? 是不是觉得他"很好"? 那请问:这位幼儿的语言表达能力到底"好"在哪里呢? 你能概括出来吗?

    跟同学讨论后,你是不是发现很多同学与你一样,认为一位"语言能力很好"的小朋友的表现是:说话很流利、会表达自己的想法、胆子很大、讲话有礼貌……诸如此类。仔细分析一下,你会发现大家描述的主要都是跟"说"有关的表现,一位很能"说"的小朋友就是"语言能力"好的小朋友吗? 当你概括那位"观察了爸爸"的小朋友所表现出来的语言能力时,你又是从哪些方面来概括的呢? 他的词汇? 他的句子? 还是他表达的内容? ……

■ 学一学

    当你思考这些问题的时候,是不是又有些新的问题冒出来了? 幼儿的语言能力到底包括哪些方面? 不同年龄阶段孩子的语言应该有哪些表现? 为什么有的孩子语言能力好,而有的孩子语言能力偏弱? 中国儿童的语言发展和其他国家儿童的语言发展阶段和过程是一样的吗? ……希望通过这章的学习,能解答大家这些方面的疑问。

第一节　学前儿童语言学习与发展的相关概念

    语言是什么? 学前儿童的语言中什么在发展? 学前儿童要学习语言的哪些成分? 语言发展有关键期吗? 双语教育和英语教育有什么区别? 要解答这些问题,首先需要来了解一下学前儿童语言学习与发展的相关概念。

一、语言及其构成

"语言"(language)是以语音或符号形象为载体、以词为基本单位、以语法为构造规则而形成的一种符号系统。这套符号系统是由人们以约定俗成的方式共同创造出来用以表达和交流的。

(一) 语言的构成

上述有关语言的概念,从语言形式(载体)、语言内容(基本单位和构造规则)以及语言运用(功能)三个方面对语言进行了界定,了解语言的构成可以帮助我们厘清描述一个人语言能力的思路。

1. 语言形式

语言形式指的是语言的表现形式,也即语言的载体。在生活中,我们接触到各种各样的语言,但所有的语言从载体或表现形式来说,都可以分为两种:口头语言和书面语言。口头语言是指以音和义结合而成,以说和听为传播方式的有声语言;而书面语言是指以形和义结合而成,以读和写为传播方式的语言。因此,从语言的载体来分,人们的语言能力可以分为"听、说、读、写"四种表现形式,学前儿童的语言能力也应该从"听、说、读、写"四种表现形式来进行评价和描述。

因此,当描述"一个语言能力好"的幼儿的表现时,不仅要关注他(她)说的能力,也要关注"听"的能力:是否有良好的倾听习惯,是否能够听懂别人的话? 同时也要关注"读和写"的能力:是否有良好的阅读习惯,能否仔细阅读图画书画面并理解内容;是否有对文字的兴趣;能否初步用图画、符号、图夹文等形式来表达自己的想法。需要注意的是学前儿童的"读和写"与成人不同,这点将在学前儿童语言教育目标中进一步说明。

2. 语言内容

即使是从"说"这个维度来描述学前儿童的语言能力,你也会发现,不同幼儿"说"的水平也不一样:有的幼儿说得清晰,有的说得结巴;有的说的句子很长,用了复合句,而有的幼儿只能说简单的句子。因此,描述幼儿的语言能力还要考虑到幼儿在语言内容上的表现,语言内容通常包括语义和语法。

语义是指语言的含义,即词、句子和语段三个语言要素的意义,语义是否明确、是否恰当是评价语义能力的重要指标。在学前阶段,幼儿主要表现为对语义的理解是否准确,使用词汇或句子时表达意义是否准确。

语言是一套符号系统,语法是构成这套符号系统的规则,在英文这样的表音语言系统中,往往分为词法和句法,而汉语儿童语法能力主要表现为句法能力,包括句子结构的完整性和复杂度,幼儿说出的句子是否符合约定俗成的语法规则(如主谓宾结构),以及一句话有多长,句子中是否有复合句等。如同样是午餐的时候想加菜,"老师,这个菜实在是太好吃了,让我忍不住想再吃一口"和"老师,我要加菜"的话虽然在句子结构上都有主谓宾,但前者在句子长度上更长,而且还有因果复句的结构在内,同时使用了一些表达情绪的形容词和副词,就比只有简单句的后者在语言能力上更强。

3. 语言运用

语言的目的是为了交流和运用,语言运用也称为"语用",具体指根据交际目的和语言情境恰当、灵活地使用语言,具体表现为能够在不同的场合根据不同的交往目的,理解不同句子的含义,比如当客人说"感觉有点热"的时候,是否能够理解到"客人想开电风扇或空调"。同时也表现为根据不同的情境使用恰当的语气、语调、用词甚至是句子,比如在葬礼中知道要保持肃静,别人没有倾听兴趣时,知道适可而止。

语言形式、语言内容和语用构成了语言的基本要素,学前儿童在这三个方面表现出来的能力也就构成了学前儿童基本的语言能力。儿童在这些能力上都表现为两个方面:一是对这些语言要素的理解能力,例如能够听清别人的话语,知道别人说出的词或句子的意思,能够理解别人话语中的一些隐含意义;二是这些语言要素的表现能力,例如自己说话的时候能语音清晰、发音准确,能准确地表达自己的想法或经验,使用丰富、形象化的词汇,能够根据不同的情境用不同的语调和语气来说同样的话。

了解完语言的构成后,你现在会怎么样再来描述一个"语言能力好"的孩子呢?

二、语言获得和语言习得

许多中国人感慨，自己学英语十几年，但口语水平还不如一个在国外出生的 3、4 岁幼儿。同样，一位没有接触过英语的汉语学前儿童和他学过多年英语的父母一起到国外生活，虽然出国前父母的英语口语水平比孩子要好很多，但是同样在国外生活了几年之后，孩子的口语无论是在语音，还是流畅性方面似乎都要比父母更好，这是为什么呢？回答这个问题，就需要我们了解语言发展的两种途径"语言获得"（language acquisition）和"语言习得"（language learning）之间的区别。

儿童本民族的口语能力是通过"语言获得"方式而获得的。在幼儿出生之后，他运用内在的语言学习能力，通过接触周围语言的方式来获得自己的母语，儿童对这种语言的语音、语法、语义和语用都是通过无意识的方式来获得的。而成人学习一门外语往往要系统地学习这门外语的语音、语法、语义和语用，这种学习是有意识的、需要一定意志努力的行为，这种语言学习方式即"语言习得"。

现代语言发展的研究表明儿童语言发展是终身的，是语言获得和语言习得两种方式并存的过程。即使在 3 岁前，幼儿以"语言获得"的方式获得母语的口语，但是父母如果有意识地为幼儿提供丰富的语言环境，与幼儿交谈、跟幼儿一起阅读图画书，那幼儿的词汇能力、语法能力都会有更加明显的进步。在 3 岁左右通过"语言获得"方式基本获得本民族的口语之后，儿童仍然要通过"语言习得"的方式在母语口语的语音、语法、语义和语用各方面获得发展，并且逐步习得母语的书面语言。因此，在幼儿园阶段，教师一方面要通过营造丰富、积极的语言环境，让幼儿在环境、生活、游戏中通过"语言获得"的方式来发展语言能力，另一方面也要通过多种方式，有计划、有目的地开展学习活动，让幼儿通过"语言习得"的方式得到语言能力的提升。

三、语言发展的关键期或敏感期

在学前教育中，"关键期"是一个常常被提及的概念，对学前儿童语言发展的认识也同样存在着"关键期"或"敏感期"的说法。《3—6 岁儿童学习与发展指南》（以下简称《指南》）指出"幼儿期是语言发展，特别是口语发展的重要时期"。但你是否经常看到许多早教机构或培训机构宣称"0—6 岁是幼儿外语学习的关键期"，"0—6 岁是幼儿识字的关键期"，从而鼓动家长来将孩子送到这些机构去学习外语或识字，你觉得这些提法科学吗？

"关键期"最早由奥地利的习性学家劳伦兹对动物的"印刻现象"进行研究后提出，指的是个体在发展过程中最易习得某种能力的时期。意大利儿童教育家蒙台梭利将关键期称为"敏感期"，认为在敏感期中幼儿最容易吸收外界环境中的事物，发展某种心理能力。儿童语言发展中存在"关键期"的最重要证据来自对"狼孩"（如阿维龙狼孩）的研究，这些"狼孩"在出生后不久就被与人类社会隔离，没有机会接触到人类的语言，对这些儿童的观察发现，他们在被解救时未能发展出人类的语言，对狼孩的训练结果发现，6 岁以后的狼孩很难再获得人类的语言，即使获得一些，水平也非常低，学习速度非常慢。同时对语言损伤个案的研究也发现，早期大脑语言区域受到损伤的儿童比成年后相应脑区受到损伤的成人更容易获得语言的恢复。

需要注意的是有关幼儿语言发展关键期和敏感期的研究大多是针对特殊儿童，这些儿童缺乏基本的语言环境或者受到过大脑损伤。对于正常的儿童来说，具备正常的发音、听力功能，具有基本的语言环境，都能够在 0—6 岁期间获得语言的发展。正常儿童个体的差异不是有或没有语言发展的差别，而是语言水平的差异。

"关键期"和"敏感期"的概念对学前儿童语言教育实践影响很大。一方面，人们逐渐重视早期儿童语言学习与发展的重要性；另一方面，社会上也出现了许多混淆"关键期"或"敏感期"的观念，许多人将母语发展的关键期等同于外语发展的关键期，将口语发展的敏感期等同于书面语言发展的敏感期，从而利用关键期和敏感期的旗号来蒙骗家长，对幼儿进行额外的语言或识字训练，加重幼儿的学习负担，不利于幼儿的成长。幼儿教师应对这些概念有着清醒的认识，澄清家长的观念，引导家长的教育行为。

四、外语教育和双语教育

在学前儿童语言教育中,"外语(英语)教学"和"双语教育"是教师需要明晰的另外一对概念。现今,有的幼儿园会将幼儿园命名为"双语幼儿园",有的幼儿园虽然没有使用"双语幼儿园"的招牌,但对外宣传的时候,往往会宣称幼儿园开展了"双语教育"。仔细分析可以发现,"双语"的另外一种语言就是"英语",那么外语教育和双语教育有什么不同呢?

"双语"(bilingual)在教育中指的是两种语言同等重要、共同使用的语言环境,在儿童语言发展能力上表现为能同时产生和使用两种语言的能力,布鲁姆菲尔德(Bloomfield)认为,所谓双语能力就是掌握两种本族语言的能力,即所掌握的两种语言都应达到母语的水平。在双语教育中,教师以两种语言作为教学媒介语言,两种语言是师幼交往的工具,而不只是幼儿学习的内容。我国幼儿园的双语教育包含两种形式:一是我国少数民族地区实施的双语教育,少数民族地区的双语教育在我国教育发展中始终占有重要的地位,如新疆地区实施的维吾尔语/汉语的双语教育、川藏地区实施的藏语/汉语的双语教育、内蒙古地区实施的蒙语/汉语教育、吉林省延边地区实施的朝鲜语/汉语的双语教育;二是在我国少数发达地区幼儿园实施的汉/英双语教育,在这种幼儿园中,教师使用汉语和英语组织幼儿的教育教学活动,这种双语教育和外语教育最大的区别是,在双语教育中,英语已经成为一种教学媒介语言和交际的工具,而不是当成一种幼儿需要学习的语言学科或语言课程。

"外语"(foreign language)就是除了本民族或本国官方语言之外的语言,外语教育是指以不同于本民族语言(母语),且在本国内并不通用的语言为教育内容,以培养教育对象理解和使用该种语言为教育目标的教育。幼儿园的外语教育是指在幼儿园中对幼儿开展的正式的、专门性的外语语言的教育教学活动,通常是英语语言教育。在教育实践中,开展外语教育的幼儿园一般每天或每两三天一次,安排半小时左右的时间,由教师有目的地、有计划地通过游戏、小组活动或集体学习的方式培养幼儿有关外语的语言知识和技能。

当前我国许多幼儿园开展了英语教育活动,但大部分是将英语作为一种教学内容、教育课程来进行教学(雒蕴平,2003),这种教育活动的目的是为了培养幼儿的英语听说能力,因此,国内许多幼儿园宣称开展的"双语教育"不是真正意义上的双语教育,而只是一种将英语作为学习对象的外语教育。

那在学前教育阶段,幼儿园是否应该开展双语教育呢?《幼儿园教育指导纲要》(以下简称《纲要》)指出,要为儿童"提供普通话的语言环境,帮助幼儿熟悉、听懂并学说普通话。少数民族地区还应帮助幼儿学习本民族语言";《3—6岁儿童学习与发展指南》对儿童在5—6岁时的语言发展期望也提出"会说本民族或本地区的语言和普通话"。因此,在幼儿园教育中应积极开展本地区、本民族语言和普通话的双语教育,对于少数民族地区来说,要积极开展少数民族语言和汉语的双语教育,对汉族地区来说,也应积极开展方言和普通话的双语教育。

对于一些地方和幼儿园开展的英、汉双语教育,应该认识到在我国现有条件下,在保证汉语儿童普通话能力发展的同时,有条件的幼儿园可以积极尝试开展英、汉双语教育的实验。但我们同时也不得不看到,国内有许多幼儿园或教育机构以盈利为目的,为了迎合家长的需求,打着"双语教育"的幌子,用不合格的师资、粗制滥造的内容、不恰当的方法进行着英语(外语)教育,这种做法对幼儿的发展、学前教育以及学前双语教育的科学性都百害而无一益。因此,应坚决抵制这类不科学、不合格的"双语教育"。

那如何看待我国幼儿园中的"英语教育"呢?无论是《幼儿园教育指导纲要》还是《3—6岁儿童学习与发展指南》,都没有对我国幼儿园教育中的英语(外语)教育提出明确的指导意见。我们认为不宜在幼儿园中大面积开展幼儿英语教育,但可以根据幼儿的兴趣,在环境、日常生活、游戏活动中渗透一些英语方面的内容,以激发幼儿语言学习的兴趣为目的,以游戏为基本活动,让幼儿在合格的幼儿英语教师组织的活动中感受语言学习的乐趣。

五、学前儿童语言的定位

语言的学习和发展是终身的任务,那学前期对于幼儿语言发展有什么样的作用呢? 学前儿童的语言具有何种属性? 对于学前儿童语言的定位,《3—6岁儿童学习与发展指南》在"语言"领域指出"语言是交流和思维的工具。幼儿期是语言发展,特别是口语发展的重要时期。幼儿语言的发展贯穿于各个领域,也对其他领域的学习与发展有着重要的影响:幼儿在运用语言进行交流的同时,也在发展着人际交往能力、理解他人和判断交往情境的能力、组织自己思想的能力。通过语言获取信息,幼儿的学习逐步超越个体的直接感知"。这提示幼儿教师和家长在发展学前儿童语言的过程中要明确学前儿童语言在两个方面的功能定位。

首先,语言是学前儿童交流和思维的工具。语言首先具有工具属性,语言不仅是幼儿表达自己的思想、理解他人意图的工具,同时也是发展思维和社会性的重要工具,因此在学前阶段开展语言教育活动,不仅对幼儿语言本身的发展有作用,对幼儿认知、社会性的发展都有影响。语言的工具属性提示幼儿教师和家长要特别重视在学前期为幼儿语言的发展提供机会、创设环境,同时面对有语言发展障碍或迟缓的幼儿,也应在学前期予以特别的关注,在学前期早发现、早干预、早治疗,以达到更好的康复效果。

其次,语言也是学前儿童学习的内容。学前儿童的语言还具有内容属性,学前儿童的语言与成人的语言不同,成人语言已基本成熟,使用语言的时候往往是自如、无意识的,但学前儿童需要学习如何发音,学习理解一个词汇的意义,在日常生活过程中不断尝试使用语言,在语言使用的试误过程中掌握词汇或句子的运用特点,从而逐渐成为一个成熟的语言使用者。学前儿童语言的内容属性提示幼儿教师和家长,在学前期,教育者要重视对幼儿进行语言教育,帮助幼儿学习语言中的要素,学习如何使用语言,并感受语言文学的艺术美。因此在学前期,要将"语言"作为幼儿学习和发展的重要领域之一。

第二节　学前儿童语言学习与发展的基本概况

当你与一个孩子在一起玩,跟他(她)说了一会儿话之后,你能够根据他(她)的语言水平猜到这个孩子的年龄吗? 你知道用什么语言跟他(她)进行交流吗? 当一个孩子被表扬"语言能力很好"的时候,你能评价出他(她)到底"好"到了什么程度吗?

作为一名专业的幼儿教育工作者,面对幼儿的时候,能够运用自己的专业知识对幼儿的发展水平进行初步的专业性评价,并且知道所面对的幼儿下一步的发展表现是什么,是我们"专业性"的重要体现。因此,了解学前儿童语言学习和发展的基本特点,是开展后续语言教育的重要依据,同时也是在教育实践中及时发现语言发展迟缓或语言障碍儿童的重要依据。

0—6个月期间,儿童发展出对人类语音的敏感性,表现为喜欢听人的声音,能够迅速区分不同语言和不同声调之间的差别,尤其是对抚养者的声音特别敏感,听到抚养者的声音会有转头的朝向反射。在表达方面,儿童在这个阶段开始用哭声表达自己的需求,对不喜欢或喜欢的声音做出反应,并在吃饱、睡醒、感到舒适时发出咕咕声音,这些声音是儿童最早的发音尝试。

6—12个月期间,儿童对自己名字的声音有特定反应,能够用眼神注意、触摸等动作表示对成人词汇或话语的理解,如会挥手做出"再见"的动作,能够理解一些常用物体的词汇意义。这个时期,儿童开始注意别人之间的对话,经常自主发声,开始说出第一个词,一般是"pa"或"ma"。

12—18个月期间,儿童开始指认熟悉的家庭成员或熟悉的物品,能够迅速指认身体的某些器官,如嘴巴、鼻子等;开始说出两个甚至更多的词汇,会模仿生活中常听的简单声音,如狗叫声"汪汪",或者模仿大人的语言,如"咦"、"啊"等;会比较清楚地叫人,如"爸爸"、"妈妈"、"奶奶"等;在成人说"再见"的时候会挥手,在成人说"你好"的时候会点头。这个阶段儿童语言最明显的特点是单词句,表现在两个方面,一是说话的时候只能说出一个词,如能叫出"舅舅",但不能叫出"舅妈";另一方面就是用一个词表示所有的想法,如"妈妈"这个词,即会用来表达喜欢、也会用来表达伤心,有时也会表达生理需要。

18—24 个月期间,在这个阶段,幼儿能够理解更多的词汇和简单的句子,幼儿通过交会性注意更快、更准确地理解他人话语的意思。这个时期,幼儿能够说出大约 50 个词,经常自言自语,但发音不够准确;话语中开始出现双词句,即用"主语+宾语或主语+谓语"的结构表示句子意思,在这个阶段的后期,幼儿进入"语词爆炸"阶段,即儿童词汇量迅速发展,以每天大约 10 个词汇量的速度获得新词汇的含义。

2—3 岁期间,儿童开始使用简单的短语或句子,迅速对别人的对话进行回应,开始准确地使用一些人称代词,喜欢听儿歌、童谣,喜欢阅读图画书。在这个阶段,儿童的词汇量迅速增加到 500 个左右。

3—4 岁期间,儿童大部分的言语都可以被理解。这个时期,幼儿开始理解方位名词、时间副词和抽象名词等词汇,句子长度越来越长,句子结构完整,开始出现并列复句。在这个阶段,儿童基本获得本民族的口语能力,开始熟练地运用母语与他人进行交流。

4—5 岁期间,儿童进一步发展口头语言能力,开始出现较多的疑问句,如谁、哪里、什么、为什么等问句甚至是特殊疑问句。在句子中,儿童开始使用一些文学性的书面化语言,在口语中开始出现少量的条件复句、因果复句。儿童表现出对文字、符号、图画、图形等书面化材料的兴趣,喜欢阅读图画书。

5—6 岁期间,儿童词汇能力迅速发展。在这个阶段,儿童已经获得了 8000 左右的词汇量,开始较为熟练地使用不同语法结构的句子,语言中内容越来越丰富,书面化的语言、文学性词汇使用得越来越多,儿童逐渐发展出较好的语言运用能力。儿童对书面语言材料的兴趣与日俱增,开始习得一些字形、字义,开始尝试以书面化的语言材料为阅读对象,并开始尝试用图画、图示、符号、文字等多种形式表达自己的想法,发展书写能力。

了解了幼儿语言发展的基本概况,回忆一下你所描述的那位小朋友的语言能力,你觉得他(她)的语言能力在她(他)所在的年龄段处于何种水平?是属于高水平还是一般水平?

第三节　学前儿童语言学习与发展的方式

0—6 岁期间,儿童从呀呀学语发展到能够流畅交流,其语言经历了从无到有、从简单到复杂的巨大变化。那这种变化是怎么发生的,幼儿的语言学习和方式有什么特点呢?请你仔细观察一下一位 2 岁左右的儿童,看看他(她)是如何理解一个词的含义,学会一个词的发音;记录一位 4 岁儿童在区角游戏中的语言,看看他是如何学会表达请求的;分析一下一位 6 岁儿童在亲子阅读中,是如何理解图画书的情节故事。对不同年龄阶段儿童的语言表现进行分析,我们大致可以发现学前儿童是如何学习语言的。不同的研究者在对幼儿语言学习与发展的过程进行分析后,分别提出了以下学前儿童语言学习与发展的方式。

一、幼儿的语言发展是自然成熟的结果

不论哪个国家、哪个民族的儿童,在语言发展上都有着相似的发展历程和阶段。在出生的 4 个月内都表现为对不同声音的分辨能力,尤其喜欢听人的声音;几乎所有正常的儿童都会在 10—12 个月左右的时候发出第一个比较清晰、有意义的音;所有语言中对"爸"、"妈"的发音都差不多;正常儿童在 3 岁左右的时候都能基本获得本民族的口语,而且在句子结构上都基本相似。儿童语言的发展为什么能有这么神奇的表现呢?

以乔姆斯基(Chomsky)和勒内伯格(Lenneberg)等人为代表的语言发展先天论(Nativism)的观点认为,儿童语言的发展是自然成熟的过程,是人类基因自然展开的结果。乔姆斯基认为不同语言之间存在共同的

深层语法结构,儿童通过大脑中的语言获得装置(language acquisition device,LAD)将不同的语法纳入到共同的深层语法结构中,从而获得语言,这个过程是自发自动的过程。许多研究发现,婴儿期和幼儿期被剥夺语言输入的儿童往往只能掌握很小部分的语言。对大脑损伤后不同年龄患者语言功能恢复情况的研究也发现,早期大脑损伤的儿童语言功能恢复更快、语言功能水平更高。对移民人群第二语言获得的研究发现,越早到达新居住地的儿童,其第二语言能力尤其是语音能力更强。

先天论的观点提示教育者,儿童语言发展有其自身的阶段和规律,语言教育要符合幼儿语言发展的基本阶段和特点,过早地进行语言开发并不利于幼儿语言的发展。因此,《3—6岁儿童学习与发展指南》中指出"用机械记忆和强化训练的方式让幼儿过早识字不符合其学习特点和接受能力"。在学前阶段过早地对儿童进行识字、写字等机械训练并不科学。

二、幼儿通过对他人的模仿来学习语言

当学前儿童说出一句不好听的话,我们往往会想"是不是父母在家里说过这样的话?"。在生活中经常都会听到孩子说出一些影视节目中的话,诸如"羡慕嫉妒恨"、"捣蛋鬼,别捣蛋!"。那学前儿童到底是怎么学到这些话的呢？这种学习方式在幼儿语言学习中起了什么作用呢？

以阿尔伯特(Allport)和斯金纳(Skinner)等人为代表的行为主义者(Behaviorist)认为语言是在环境和强化的过程中获得的,儿童通过模仿他人的话语和运用来学习语言,在儿童语言的学习中,父母、教师、重要同伴、影视中的话语等都是儿童模仿的对象。以儿童最早学习如何叫出"妈妈"为例,最初婴儿是发出无意义音节的"ma",母亲听到这样的声音后,马上就会对婴儿微笑,给她(他)拥抱,婴儿逐渐在"ma"和"微笑、拥抱"之间建立了"行为——强化"的联结,在不断的"行为——强化"过程中,幼儿逐渐掌握了"ma"的发音。在学会"ma"的时候,婴儿对不同的人都会叫"妈",但只有对着母亲喊出"妈"的时候,才会得到实物或精神的强化,其他人不会给婴儿强化,在这个过程中,婴儿逐渐建立"妈妈"和特定对象之间的联结。儿童不仅通过观察、模仿来学习成人使用的语言内容,同时也学习成人使用语言的方式,因此许多人会发现,儿童在说话的时候,眉宇和举手投足似乎都有父母或教师的影子。

幼儿通过观察、模仿来学习语言,发展语言能力,这就提示家长和教师要注意管理儿童所观看的节目,审视在移动终端上所玩游戏中的语言,避免在儿童观看的节目和玩的游戏中出现带有暴力、粗鲁的语言;在日常生活中,家长和教师在要给儿童提供正面、规范的语言示范,给儿童树立良好的语言榜样;在儿童说出一些粗鲁、不恰当的语言后,家长和教师要及时给儿童指出这类语言不被接受和认可,并告诉儿童如何正确、恰当地表达自己的情绪和意见。

三、幼儿在社会交往中学习语言

在生活中,常常可以看见许多妈妈在跟2岁以前的儿童说话的时候,语速很慢、音调较高、表情比较夸张,儿童会特别关注妈妈这样的语言,并用动作、表情或一串语音和父母互动,似乎在"聊天";5岁左右的儿童在与3岁的小伙伴说话的时候使用的词汇、句子、语调和语速往往跟她(他)与成人交谈的时候使用的不同,儿童面对不同的交往对象中灵活地使用语言;6岁的儿童认识了"很"这个字的时候,在街上看见"中国银行"、"工商银行"的时候,会念成"中国很行"、"工商很行"……儿童为什么会有这样的表现？这些活动在儿童的语言学习中起到了什么作用呢？

以布鲁纳(Bruner)和班杜拉(Bandura)等人为代表的社会交互作用论者认为,儿童的语言是在社会交往中学习和发展的。儿童从一出生的时候就有着与他人交往的需要,期待和别人说话。在最初的交往中,婴儿在清醒的时候,成人使用夸张的音调、简单的词汇、简短并且不断重复的句子与婴儿进行交流,当婴儿发出一个音或一串音后,母亲会根据对婴儿的了解和当时的情景去试图理解婴儿的语言,将婴儿的这些语言理解成"要吃"、"要拥抱"、"不舒服",并在给婴儿吃、拥抱的过程中不断地重复这些词汇;在1岁多的时候,儿童眼睛

看着或手指着哪里,妈妈往往会用语言将这些事物表达和重复出来,在这样的社会交往中儿童逐渐获得语音和词汇;随着儿童语言能力的提升,儿童与父母通过问答、指令、询问、重复等方式进行交往,从而进一步获得语言能力的发展。

与儿童语言学习与发展的社会交互论者观点相一致,《3—6岁儿童学习与发展指南》指出"幼儿的语言能力是在交流和运用的过程中发展起来的。应为幼儿创设自由、宽松的语言交往环境,鼓励和支持幼儿与成人、同伴交流,让幼儿想说、敢说、喜欢说并能得到积极回应。为幼儿提供丰富、适宜的低幼读物,经常和幼儿一起看图书、讲故事,丰富其语言表达能力,培养阅读兴趣和良好的阅读习惯,进一步拓展学习经验"。因此,在日常生活中,教师和家长要为幼儿创设积极的、丰富的语言交往的环境,鼓励幼儿与成人和同伴交往。

以上所列举的儿童语言学习与发展的方式,都从某一个方面揭示了儿童语言学习与发展的过程,提出这些方式的研究者都有着支持自己研究的证据,但都不能揭示儿童语言学习与发展的所有现象。儿童语言学习与发展并不只有其中某一种方式,而是多种方式的融合。这就要求教育者要重视学前阶段在儿童语言发展中的重要性,在尊重学前儿童语言发展的规律时,要创设适宜的条件,促进学前儿童语言的学习;教师要重视自身的语言修养,给学前儿童提供良好的语言示范,为学前儿童营造积极的、丰富的语言环境;教师要特别重视在一日生活、教学活动和游戏活动中与学前儿童积极互动,在提问、反馈、分享、解释等教学语言中促进学前儿童语言能力的发展。

回忆一下你在本节开始前观察过的儿童,结合本节所学的幼儿语言学习的方式,你觉得他(她)是用何种方式来学习的呢?

第四节　学前儿童语言教育的理论取向

在学前阶段,儿童的语言需要教师有计划、有目的地进行培养。那应该培养孩子什么语言能力? 采用什么方式来进行培养? 教师在培养的过程中是什么样的角色? 对这些问题的不同回答就形成了不同的学前儿童语言教育的理论取向。

一、基础技能教学取向

回想你在学习英语的过程,老师是不是先教字母、后教音标,然后教单词读音,要求背单词、丰富词汇量,然后再从简单到复杂地逐步引导你学习听力理解、口语表达、阅读和写作? 这样的一个教学模式就是典型的基础技能教学取向,这种教学取向在学前儿童语言教育中同样存在。

这种教学取向深受行为主义的影响,认为儿童语言能力划分为许多小的具体的能力,儿童语言的发展是从部分到整体的过程,儿童知道了一句话中每个字的含义、掌握了语法,就知道了整句话的意思。以阅读为例,这种取向认为在阅读的过程中,儿童需要辨认字母特征,将这些特征与辨识字母联结起来,并将字母整合为拼音模式,最后辨识单词,通过认知单词,进而加工短语、句子、段落和文本,这样才能获得文字(文本)的意义。

在这种取向的教学过程中,教师往往会事先安排好儿童需要学习的语言技能和学习步骤,在教学过程中教师往往采用直接教学的方式给儿童提供逐步的指导,重视教师的示范和儿童的语言练习,让儿童掌握基础的语言能力,最终掌握包括基础技能在内的文学作品。

以一首儿歌的教学为例,采用基础技能教学取向的教师会先关注儿歌中的词汇,希望儿童通过学习活动理解词汇意义和朗诵出儿歌。教师会先通过提问引出与儿歌有关的主题,然后让幼儿回忆出儿歌中所要学习的词汇,对这些词汇进行解释。在儿童对词汇了解的基础上,教师呈现儿歌,要求儿童注意找出其中的词汇,然后分句引导儿童对儿歌中的词汇和每句话的含义进行学习。最后,教师带领儿童将分句连成段落进行朗诵,从而完成教学活动。

采取这种教学取向的教学活动在目标上关注儿童具体语言技能的获得;教学内容往往直接聚焦到语言技能,如聚焦到颜色词汇、叠词、押韵等来发展儿童的语音意识,聚焦到重复句式培养幼儿的仿编能力,这些教学内容缺乏较好的文学性;在教学过程中,教师高度控制,儿童主动参与的机会较少,教师如果专业能力不足,往往会将该教学取向的教学活动变成"教师念,儿童跟念"的不断机械重复的活动。

二、全语言教育取向

我们每个人都有这样的经验,在听汉语的时候,我们并不是一定要每个词都听清楚了才能知道一句话的意思;同样有时听英语,即使一句话的单词都听清楚了,但仍然不知道这句话是什么意思。为此,有研究者认为,语音、词汇等片段的简单相加并不永远等于整体,语言最重要的作用是为了交流,语言学习的目标是获得信息和掌握意义,而不是掌握拼音、词汇和句子。语言能力好的儿童虽然不能识别句子中的每一个词汇,但仍然可以理解内容。语言行为只有发生在有意义的情境当中才可能获得全面发展,语言能力中的阅读、写作、倾听和表达等语言系统与任何一种认知体系如数学、科学、艺术、体育在发展过程中都是相互作用、相互支持的,尤其是刚开始学习语言时,这种相互作用、相互支持的特征尤为明显。这种儿童语言教育的观点被称为全语言教育取向。

全语言教育的代表人物古德曼(Goodman)认为,全语言教育是一种视儿童语言发展和语言学习为整体的思维方式。因此全语言教育取向不是语言教育的一种具体方法,而是一种儿童语言学习的理念,甚至是儿童发展的理念。在这种取向看来,教师需要做的是给儿童提供丰富的读写环境,将听、说、读、写整合在一起。全语言教师强调语言和文字的意义,单词的发音、词汇的意义以及音位的指导只是全语言教育的一部分而不是全部,也不是儿童语言学习最重要的内容。在这种教育取向的语言教育活动中,教师非常重视给幼儿创设丰富、积极的语言环境;在课程设计时教师关注语言学习中听说读写四种能力的整合,一个语言学习活动应该为幼儿提供听说读写这四种能力学习的机会,同时教师也关注不同领域学习机会的整合,一个活动内容不仅要给儿童提供语言学习的机会,也能为儿童创造健康、科学、社会和艺术等领域能力发展的契机;课程内容是儿童感兴趣的、与儿童生活紧密相关的,儿童所学习的语言文本不只是语言学习的素材。

三、基于文学作品的教学取向

基于文学作品的教学取向(literature based instruction)是全语言教育取向在儿童语言教育实践中的一种具体应用。这种教学取向重点强调高质量的文学作品是教学材料的核心,是支持儿童语言发展的关键。

在教学过程中,教师首先会根据专家或自己的文学水准选择高质量的文学作品(如诗歌、散文、童话故事、图画书等);然后在活动中引入文学作品,通过富有表现力和感染力的语言与儿童分享文学作品;教师引导儿童通过讨论、绘画、表演等方式表现自己对文学作品的理解;最后教师通过讨论,引导儿童发现自身生活经验与文学作品之间的联系,并表现出自己对文学作品的新理念和感受。

例如在《龟兔赛跑》的故事活动中,持有基于文学作品教学取向的老师会首先提出故事的主要事件"龟兔赛跑",引导幼儿预测谁会赢,为什么会赢,引导幼儿教师对预测和原因进行讨论;然后教师会借助挂图或PPT讲述故事,引导幼儿仔细倾听并了解故事内容;在朗读后,教师回到一开始所提出的问题,引导幼儿讨论原因,期间儿童可以以角色扮演、对话的方式来充分理解故事内容、感受人物特征、体会人物心情;最后,教师可以引导幼儿根据自己的理解,通过讲述、绘画等方式重新改编这个故事或续编这个故事。

基于文学作品教学取向的语言教育活动往往具有以下特征:(1)强调文学作品在儿童语言和文学发展中的作用,将文学作品视为儿童语言发展的主要甚至是唯一载体;(2)教师经常在班级中给幼儿朗读、分享高质量的、不同类别的文学作品;(3)教师和儿童经常相互讨论文学作品;(4)儿童在班级中有着大量接触(倾听或阅读)优秀文学作品的机会。

四、平衡化的语言教育取向

基础技能教学取向和全语言教育取向两者在儿童语言发展上均有长处,但也有明显的不足:基础技能教学取向强调听说技能,重视儿童词汇、音位等能力的获得,因此经历这种教学取向的儿童在小学阶段的阅读成绩更高;而全语言教育取向关注语言环境对幼儿语言的影响,重视高质量的文学作品在儿童语言学习中的作用,因此,经历这种教学取向的儿童阅读兴趣更浓。这两种教育取向在美国曾经引起激烈争议。以哈佛大学凯瑟琳·斯诺教授领衔的美国国家科学研究院通过综合比较,认为儿童语言教育应采取"平衡化"的教育取向。

平衡化的语言教育取向(balanced reading approach)试图整合基础技能教育取向和全语言教育取向两者的长处和优势,并避免两者之间的冲突和不足。平衡化的语言教育取向认为儿童既需要获得语言材料所承载的语言技能,同时也需要积极建构语言材料的意义,但这种意义的获得不是基础技能教学取向所设定的一个固定程序,而是儿童在自己兴趣、生活经验、认知水平的基础上来学习的。

平衡化的语言教育取向认为语言教育活动应关注四种关键的语言能力:口头语言、语音意识、字母表知识和文字意识,这四种能力是预测儿童后期阅读能力高低最重要的因素。教师在平衡化的语言教育取向活动中会有如下表现:教师给儿童提供充满文字的丰富环境;教师呈现并示范阅读和书写活动;教师会直接教给儿童表达、阅读和书写的关键能力;教师会将语言教育活动和游戏联系起来;教师鼓励幼儿进行口头表达、阅读和书写活动;教师开展的语言教育活动与幼儿的生活或所遇到的问题直接相关;教师充分利用一日生活的各个环节进行语言教育活动;教师每天给孩子朗读优秀的文学作品,鼓励幼儿阅读自己熟悉的图画书;教师使用多种方式(观察、谈话等)评估儿童的语言发展水平。

在这些理念中,基础技能教学取向于 20 世纪 60 年代至 80 年代在美国非常流行,而全语言教育取向于 80 年代至 90 年代在美国独领风骚,进入 21 世纪以来,平衡化的教育取向开始逐渐成为美国语言教育研究者和实践者的共识。

理念是行为的先导,在学前儿童语言教育活动中,许多教师往往会表现出以上某种取向的行为,但往往不知道这些行为和做法背后的理念,以及对儿童语言学习和发展的作用。因此了解学前儿童语言教育的取向,希望你在实践的过程中能根据这些理念来分析自己在语言教育中的行为,将适宜的理念内化为自己的教育行为,通过提高自己的教育活动质量,最终促进幼儿语言的学习与发展。

试一试

1. 请在你的实践或实习过程中,观察并记录一位儿童的语言,结合儿童语言学习与发展的方式,思考他(她)是如何学习语言的。

2. 请选择一位教师的语言教育活动进行观察和记录,归纳这位老师在语言教育活动中的特征,结合上文提到的语言教育的四种取向,你觉得这位老师属于哪一种取向?

第二章

学前儿童语言教育活动的目标及设计

■ **学习目标**

1. 掌握《幼儿园教育指导纲要》和《3—6岁儿童学习与发展指南》中"语言领域"的儿童发展和教育目标。
2. 掌握学前儿童语言教育活动目标设计的基本过程,初步制定出规范的语言教育活动目标。

■ **想一想**

1. 试想一下,一个幼儿从小班入学进入到你班上,大班毕业的时候他(她)有什么样的语言表现,会让你觉得在他(她)语言教育上的教育任务完成了呢? 如果将这个目标分解到小班、中班和大班三个年龄段,你觉得各个年龄段的目标是什么?

2. 请把你的同学自由分为三组,分别以小班、中班和大班为对象,以散文诗《落叶》为教学内容,试着给这个教学活动设计一下教学活动的目标。

散文诗《落叶》

树叶落在地上,小虫爬过来,躺在里面,把它当作屋子。

树叶落在沟里,蚂蚁爬过来,坐在上面,把它当作小船。

树叶落在河里,小鱼游过来,藏在底下,把它当作小伞。

树叶落在院子里,燕子看见了说:"来信了,催我们到南方去了。"

与同学们交流一下,看看他们设计的活动目标是什么? 在目标内容、目标表述格式上有什么样的相同点,又有哪些不同点?

■ **学一学**

对于第一个问题,你现在能从幼儿语言能力的构成要素来描述语言教育的目标了吗? 是不是觉得要把这些目标分解到各个年龄段还有些困难? 没关系,接下来我们将系统地分析学前儿童语言教育的目标,学习后希望你能结合幼儿语言发展的年龄阶段特点更加清晰地描述学前儿童语言教育的目标。

对于第二个问题,你是不是发现以三个年龄段的幼儿为教育对象的同学在目标上都似乎包括"理解散文诗内容"、"感受散文诗的意境美"、"学会仿编散文诗的句子",仔细想想,你觉得每个年龄段都是这样的目标合适吗? 还有的同学是不是在目标的表述上会用"教会"、"帮助"这样以教师为主语的目标,而有的同学在表述的时候用的是"学习"、"理解"等以幼儿为主语的目标。那么一个语言教育活动应该如何确定活动目标,如何表述活动目标呢? 希望接下来的学习能对你解决这些困惑有所帮助。

第一节 学前儿童语言教育的目标分析

目标是行为的先导,学前儿童语言教育的目标在宏观上要为我国的教育目标和幼儿教育目标服务,在中观层面上主要由《幼儿园教育指导纲要》和《3—6岁儿童学习与发展指南》来规定,这些目标在微观层面上都是通过具体语言教学活动目标的达成来实现的。

一、学前儿童语言教育的总目标

(一)《幼儿园教育指导纲要》中"语言"领域的总目标

教育部2001年颁布的《幼儿园教育指导纲要》是我国21世纪初幼儿园教育的纲领性文件,《纲要》将"语言"领域的目标设定为五个,分别为:

1. 乐意与人谈话,讲话礼貌。
2. 注意倾听对方讲话,能理解日常用语。
3. 能清楚地说出自己想说的事。
4. 喜欢听故事、看图书。
5. 能听懂和会说普通话。

阅读完这五个目标,你能指出这五个目标分别指向的是什么样的语言能力吗?

为了帮助教师更好地理解上述五个语言目标的具体含义,《幼儿园教育指导纲要》在"内容与要求"中对五个语言教育目标的具体表现进行了更详细的解释。

1. "乐意与人谈话,讲话礼貌"这一目标具体表现为"与教师、同伴或其他人交谈,体验语言交流的乐趣,学习使用适当的、礼貌的语言交往"。"乐意"主要表现为两个方面:一是要有语言交流的兴趣,幼儿要愿意进行语言交流,并觉得语言交流有乐趣;二是主动性,语言教育要激发幼儿与人交往和谈话的主动性。"他人"主要包括两类:一是同伴、教师、亲属等熟悉的人;二是陌生人,儿童不仅应能跟熟悉的人交流,还要学习如何与陌生人交谈。"讲话礼貌"也主要表现为两个方面:一是会使用礼貌用语;二是获得语言运用能力,在交流中能根据对象和情景,使用适当的词汇、声调、语气和表情等。

2. "注意倾听对方讲话,能理解日常用语"这一目标具体表现为"养成幼儿注意倾听的习惯,发展语言理解能力"。"倾听"主要表现为两个方面:一是要有倾听的习惯,别人说话的时候会通过表情、姿态、语言等予以积极关注;二是要有听懂的能力,要能听懂他人话语的意思,抓住他人话语中的关键信息,理解他人话语中的多重含义。

3. "能清楚地说出自己想说的事"这一目标具体表现为"大胆、清楚地表达自己的想法和感受,尝试说明、描述简单的事物或过程"。这个目标对"说出"的要求是"大胆、清楚",要求幼儿掌握两种表达技能:"说明"和"描述",在"自己想说的事"这一表达内容上,主要包括两个:一是"自己的想法和感受";二是"简单的事物或过程"。因此这个目标主要聚焦在儿童的讲述能力上,要求发展幼儿的叙事性讲述或说明性讲述能力。

4. "喜欢听故事、看图书"这一目标具体分解为三个子目标:一是对优秀文学作品的感受、体验和理解,表现为能感受优秀文学作品中语言的丰富和优美,对文学作品有深入的体验与理解;二是"前识字技能",表现为"对生活中常见的简单标记和文字符号有兴趣";三是"前阅读和前书写技能",主要表现为对"书籍、阅读和书写的兴趣",喜欢阅读图书,并通过绘画等多种形式表达自己的想法和感受。

5. "能听懂和会说普通话"这一目标具体表现为"熟悉、听懂并学说普通话",对于少数民族地区的儿童来说,除了能听懂和学说普通话外,还要学习和掌握本民族的语言。

从对《幼儿园教育指导纲要》中所规定的"语言"领域的教育目标及其表现的分析可以发现,《幼儿园教育指导纲要》强调幼儿听说读写四种语言能力的培养,重视幼儿语言学习品质(如乐意、喜欢、大胆、主动等)的形成和培养,在语言内容上关注幼儿的生活、幼儿自身的想法和感受,同时也关注优秀文学作品在幼儿语言学习和发展中的作用;同时,《幼儿园教育指导纲要》比较明确地提出"早期阅读"的三种成分:"前阅读"、"前书写"和"前识字",推动了21世纪以来我国幼儿园教育中图画书的阅读与教学应用。

（二）《3—6 岁儿童学习与发展指南》中"语言"的总目标

为了帮助幼儿园教师和家长了解 3—6 岁幼儿学习与发展的基本规律和特点,建立起对幼儿发展的合理期望,指导幼儿园和家庭实施科学的保育和教育,促进幼儿身心全面和谐发展,教育部于 2012 年 9 月颁布了《3—6 岁儿童学习与发展指南》(以下简称《指南》)。《指南》中有关"语言"领域的学习与发展目标是对《纲要》中"语言"语言领域目标的重申和发展。《指南》将幼儿语言学习与发展的目标分为两个范畴,共 6 个目标,见图 2-1。

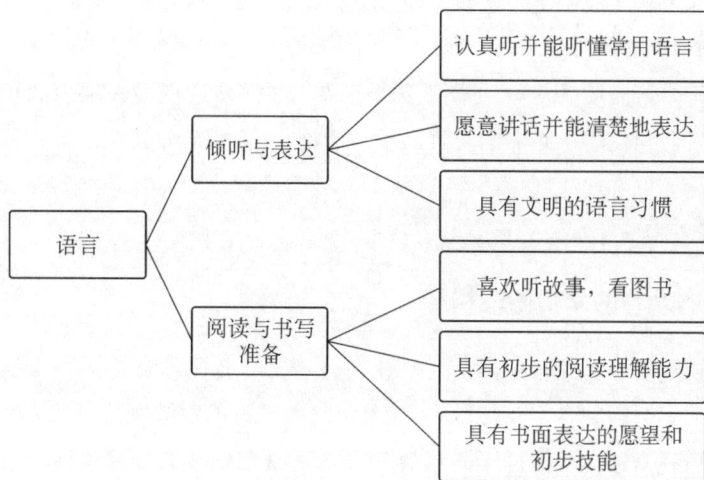

```
                    ┌─ 认真听并能听懂常用语言
          ┌─ 倾听与表达 ─┼─ 愿意讲话并能清楚地表达
          │              └─ 具有文明的语言习惯
语言 ──────┤
          │              ┌─ 喜欢听故事,看图书
          └─ 阅读与书写   ─┼─ 具有初步的阅读理解能力
             准备          └─ 具有书面表达的愿望和
                              初步技能
```

图 2-1 《指南》中幼儿"语言"领域的学习与发展目标

1. 《纲要》和《指南》在"语言"领域目标中的不同点

通过比较《纲要》和《指南》中对幼儿语言能力发展目标的差异可以发现,在"倾听"这个能力上,《指南》从"注意倾听"变化为"认真倾听",更加强调了倾听中的理解性倾听和辨析性倾听;从"理解日常用语"变化为"听懂常用语言",提出幼儿不仅要理解生活中的口语语言,也要能够听懂包括文学性语言在内的常用语言。在"语言运用"这个能力上,《指南》从"讲话礼貌"发展为"具有文明的语言习惯",适用的范围更广,突出了儿童语言运用能力。最大的区别体现在《指南》在总目标中明确提出了"阅读和书写准备"这个范畴的目标,明确提出了要培养幼儿"具有初步的阅读理解能力"和"具有书面表达的愿望和初步技能"。《纲要》和《指南》对这些目标的重视顺应了国际对幼儿早期读写能力重视的趋势,并为实践中有关幼儿前识字和幼儿前书写教育指明了方向。

2. 《纲要》和《指南》在"语言"领域目标中的相同点

作为全国性的幼儿教育纲领性文件,《纲要》和《指南》在幼儿语言发展上的要求总体上是一致的,因此相同点多于不同点。首先,《纲要》和《指南》都关注幼儿听说读写四种能力的发展,且在《指南》中更加明确了幼儿读写能力发展的重要性;其次,两者都非常关注幼儿语言运用能力的发展,要引导幼儿"说",更要教会幼儿"会说";再次,两者都重视幼儿语言学习的学习品质,强调幼儿在语言学习活动中的兴趣、主动性;最后,两者都重视幼儿的"早期阅读",《指南》更加明确了幼儿"早期读写"的学习目标。

不论是《指南》和《纲要》相比的不同点,还是《指南》和《纲要》之间的相同点,都是未来幼儿语言教育在目标上的基本趋势和走向,归纳起来,主要体现为以下方面:

第一,重视幼儿听说读写多种能力的培养。在以往的教育观念中,许多人认为幼儿需要发展的主要是听说能力,不需要也不可能进行读写活动。从第一章中有关"学前儿童语言教育的理论取向"的内容可知,在当代,"全语言教育取向"和"平衡化的语言教育取向"都认为没有脱离开读写的听说,也不存在脱离听说的读写,幼儿语言活动是听说读写多种能力的综合体。因此,在学前儿童语言教育中要关注幼儿听说读写多种语言能力的发展。

第二,重视幼儿语言运用能力的培养。幼儿的语言是在运用和交流中发展起来的,幼儿不仅要获得听说读写等语言能力,也要学习如何根据不同的对象、不同的情景、不同的目的表现自己已发展出来的听说读写等语言能力,从而帮助自己更好地交流和沟通,形成文明的语言习惯。

第三,重视早期读写能力的发展。早期读写(early literacy)的概念最早来自于萌发读写(emergent literacy),20世纪50年代人们认为幼儿未能准备好进行读写活动,读写只能在小学阶段开展;70年代开始,研究者发现,即使不进行读写方面的训练,幼儿仍然会发展出最初的读写概念和能力;进入90年代后,研究者通过研究发现,幼儿期的读写活动不是小学阶段读写能力的准备,其读写活动有着自身的特点和方式,是一种不同于正式读写活动的早期读写。《指南》比《纲要》更加明确地提出了幼儿早期读写能力的重要性和表现形式,为解决我国幼儿教育实践中由于认识不清、引导不当所出现的机械、枯燥地识字或汉字书写训练的"小学化"现象提供了指引和方向。

第四,重视幼儿语言学习品质的培养。学习品质是幼儿在活动过程中表现出的积极态度和良好行为倾向,学习品质是人终身学习与发展所必需的宝贵品质。无论是《纲要》还是《指南》,都对幼儿语言学习品质的培养提出了期望,如"乐意"、"喜欢"、"愿意"等,这些学习品质是激发幼儿参与语言学习活动、进行交往沟通、维持幼儿在语言学习过程中的注意力的重要心理特征。

二、学前儿童语言教育的年龄阶段目标

无论是《指南》还是《纲要》,其总目标都是对幼儿在经历了幼儿园教育之后所应达到的语言能力状态的期望,这种期望的实现需要分解到各个年龄段中,随着年龄的增长以阶梯式的方式来实现,因此,除了要了解学前儿童语言教育的总目标,还需要把握不同年龄阶段儿童语言教育的阶段目标。《指南》分三个年龄段在六个目标上列举了对幼儿语言学习和发展的期望,这些期望可以在教育实践中转化为学前儿童语言教育的年龄阶段目标。

(一)"认真听并能听懂常用语言"的年龄阶段目标

《指南》将不同年龄阶段幼儿在这个目标上的学习和发展表现列举如表2-1:

表2-1 "认真听并能听懂常用语言"的年龄阶段目标

3—4岁	4—5岁	5—6岁
1. 别人对自己说话时能注意听并作出回应。 2. 能听懂日常会话。	1. 在群体中能有意识地听与自己有关的信息。 2. 能结合情境感受到不同语气、语调所表达的不同意思。 3. 方言地区和少数民族幼儿能基本听懂普通话。	1. 在集体中能注意听老师或其他人讲话。 2. 听不懂或有疑问时能主动提问。 3. 能结合情境理解一些表示因果、假设等相对复杂的句子。

具体分析《指南》在这个目标上的年龄阶段目标可以发现,《指南》在这个目标上主要划分为"倾听"和"理解"两个方面。

"倾听"这个语言能力上的层次划分主要表现为两个方面:一是倾听对象和情境的变化,随着年龄的增长,倾听的对象逐渐从"别人"扩展到"群体",最后扩大到"集体",倾听的对象人数从少到多,倾听的情境从非正式的、随机的谈话活动,扩展到相对正式、有计划的交流活动;二是倾听内容和倾听方式的变化,随着年龄的增长,幼儿逐渐从倾听跟自己有关的信息扩展到需要幼儿注意的信息,幼儿从有意识倾听逐渐发展到辨析性倾听。

"理解"这个语言能力上的层次划分主要表现为理解内容的变化:从最初的对日常会话的理解,逐渐发展到对情境中不同语气、语调所隐含意义的理解;从对简单句的理解发展到对复杂句的理解。

(二)"愿意讲话并能清楚地表达"的年龄阶段目标

表2-2呈现了《指南》对幼儿在"愿意讲话并能清楚地表达"这一目标上的年龄阶段期望,仔细分析可以发现,《指南》在这个目标上主要聚焦到三个方面的能力:谈话能力、语言种类和讲述能力。

表2-2　"愿意讲话并能清楚地表达"的年龄阶段目标

3—4 岁	4—5 岁	5—6 岁
1. 愿意在熟悉的人面前说话,能大方地与人打招呼。 2. 基本会说本民族或本地区的语言。 3. 愿意表达自己的需要和想法,必要时能配以手势动作。 4. 能口齿清楚地说儿歌、童谣或复述简短的故事。	1. 愿意与他人交谈,喜欢谈论自己感兴趣的话题。 2. 会说本民族或本地区的语言,基本会说普通话。少数民族聚居地区幼儿会用普通话进行日常会话。 3. 能基本完整地讲述自己的所见所闻和经历的事情。 4. 讲述比较连贯。	1. 愿意与他人讨论问题,敢在众人面前说话。 2. 会说本民族或本地区的语言和普通话,发音正确清晰。少数民族聚居地区幼儿基本会说普通话。 3. 能有序、连贯、清楚地讲述一件事情。 4. 讲述时能使用常见的形容词、同义词等,语言比较生动。

在"谈话能力"这个方面,《指南》主要从两个方面来划分幼儿的发展层次:一是谈话的对象变化,幼儿要从能在熟悉的人面前说话发展到与他人交谈,最后敢在众人面前说话,谈话的对象从熟悉到陌生,人数从少到多;二是谈话内容的变化,3—4岁的时候幼儿只需能大方地与他人打招呼即可,逐渐发展到可以谈论自己感兴趣的话题,最后发展到在谈话中进行问题的讨论,能够提出问题、回答问题、讨论问题,谈话内容的范围逐渐扩大。

在"语言种类"这个方面,《指南》也主要从两个方面来划分幼儿语言教育的目标:一是使用类型,从3—4岁的时候基本会说本民族或本地区的语言,逐渐发展到既能使用本民族本地区的语言,同时又能使用普通话;二是使用水平上,在4—5岁基本会说的基础上,儿童要逐渐发展出标准化的普通话能力,普通话能力不断提高。

在"讲述能力"这个方面,《指南》从三个方面对幼儿发展的水平序列进行了描述:一是讲述的形式上,从最初的清楚复述,到4—5岁的时候能够完整、连贯讲述,最后发展到5—6岁的时候,在完整、连贯的基础上还要能够有序地讲述,讲述水平不断提升;二是在讲述的内容上,最早的复述内容主要是大人教的儿歌、童谣,4—5岁的时候讲述自己的所见所闻,再到5—6岁的时候能够讲述自己的经历,也可以是转述他人的事情,讲述的内容更加丰富、复杂和多样;三是讲述时使用的语言,从使用口头语言逐渐发展到能使用更加丰富和文学化的词汇,所使用的语言更加生动、丰富和书面化。

(三)"具有文明的语言习惯"的年龄阶段目标

"具有文明的语言习惯"是幼儿语言运用能力的重要体现,《指南》将不同年龄幼儿在该目标上的表现列举如表2-3。

表2-3　"具有文明的语言习惯"的年龄阶段目标

3—4 岁	4—5 岁	5—6 岁
1. 与别人讲话时知道眼睛要看着对方。 2. 说话自然,声音大小适中。 3. 能在成人的提醒下使用恰当的礼貌用语。	1. 别人对自己讲话时能回应。 2. 能根据场合调节自己说话声音的大小。 3. 能主动使用礼貌用语,不说脏话、粗话。	1. 别人讲话时能积极主动地回应。 2. 能根据谈话对象和需要,调整说话的语气。 3. 懂得按次序轮流讲话,不随意打断别人。 4. 能依据所处情境使用恰当的语言。如在别人难过时会用恰当的语言表示安慰。

仔细分析幼儿在不同年龄阶段上的表现可以发现,《指南》从三个方面来界定"具有文明的语言习惯",并根据不同程度划分了幼儿的发展目标。

一是交谈礼仪。《指南》期望幼儿从知道在交谈中要关注对方,发展到能对他人作出回应,最后能在交谈中主动进行回应。从被动到主动,从行为到语言表现出交谈礼仪的进步,同时在5—6岁的时候能够遵守谈话规则。

二是语气语调。《指南》期望幼儿从学会自己调控声音大小开始,逐渐学会根据场合调节声音大小,最后发展到根据对象和需要,不仅调节语调,还能主动调节语气,并使用恰当的词汇。语气语调的调节依据从自我到他人,从语调到语气和词汇,逐渐复杂。

三是礼貌用语。《指南》期望幼儿从在成人的提示或要求下使用礼貌用语发展到自己主动使用礼貌用语,从被动到主动,反映的是幼儿礼貌用语背后文明交往习惯的内化和习惯化。

(四)"喜欢听故事,看图书"的年龄阶段目标

目标(四)至目标(六)是《指南》中有关"阅读和书写准备"范畴的目标,"喜欢听故事,看图书"这一目标是《纲要》和《指南》都共同具有的,《指南》将这一目标按照年龄发展阶段进行了细化,见表2-4。

表2-4 "喜欢听故事,看图书"的年龄阶段目标

3—4岁	4—5岁	5—6岁
1. 主动要求成人讲故事、读图书。 2. 喜欢跟读韵律感强的儿歌、童谣。 3. 爱护图书,不乱撕、乱扔。	1. 反复看自己喜欢的图书。 2. 喜欢把听过的故事或看过的图书讲给别人听。 3. 对生活中常见的标识、符号感兴趣,知道它们表示一定的意义。	1. 专注地阅读图书。 2. 喜欢与他人一起谈论图书和故事的有关内容。 3. 对图书和生活情境中的文字符号感兴趣,知道文字表示一定的意义。

将幼儿在三个年龄段上的表现综合起来分析,可以发现《指南》从两个方面来界定幼儿"喜欢听故事,看图书"的能力。

一是阅读行为。《指南》对幼儿在阅读行为上的期望可以归为两类:一类是阅读的自主性,《指南》期望幼儿从亲子共读、师幼共读发展到能自主阅读、专注地阅读,自主性不断提高;二类是阅读中的行为表现,从听别人讲、跟读儿歌童谣发展到讲给别人听,最终表现出能讨论图书和故事中的内容,从被动接受、简单重复发展到形成自己的想法。

二是文字意识。文字意识是有关文字功能、文字形式和文字规则的意识,学前儿童所接触的"文字"不单指文字,还包括图示、符号、标识、图画等。《指南》从文字、符号来源的角度划分了幼儿文字意识的发展水平,即从对生活中标识、符号的关注发展到对图画书中文字、符号的关注。

(五)"具有初步的阅读理解能力"的年龄阶段目标

这个目标主要聚焦的是《纲要》中所提出的"前阅读技能"的目标。幼儿的阅读可以分为与成人的亲子共读(或师幼共读)和自主阅读两种形式,对于幼儿的阅读理解能力,《指南》从理解水平和表达水平两个方面对不同年龄阶段儿童的表现进行了划分,见表2-5。

表2-5 "具有初步的阅读理解能力"的年龄阶段目标

3—4岁	4—5岁	5—6岁
1. 能听懂短小的儿歌或故事。 2. 会看画面,能根据画面说出图中有什么,发生了什么事等。 3. 能理解图书上的文字是和画面对应的,是用来表达画面意义的。	1. 能大体讲出所听故事的主要内容。 2. 能根据连续画面提供的信息,大致说出故事的情节。 3. 能随着作品的展开产生喜悦、担忧等相应的情绪反应,体会作品所表达的情绪情感。	1. 能说出所阅读的幼儿文学作品的主要内容。 2. 能根据故事的部分情节或图书画面的线索猜想故事情节的发展,或续编、创编故事。 3. 对看过的图书、听过的故事能说出自己的看法。 4. 能初步感受文学语言的美。

一是理解水平。《指南》主要从理解内容的复杂度对幼儿的理解水平进行了分析,期望幼儿从听懂短小的儿歌或故事逐渐发展到能听懂更复杂的幼儿文学作品内容;从理解单个页面的内容发展到理解连续页面的内容;从理解主角的情绪发展到感受整个文学作品的语言美。随着年龄的增长,幼儿阅读的内容从短小到丰富,从浅显到复杂。

二是表达水平。《指南》主要从表达的创造性对幼儿的表达水平进行了分析,从最初能复述单个画面中的物体和故事,发展到能讲述故事的主要内容,最终发展到根据自己的想象对故事进行续编和创编。随着年龄的增长,表达中的创造性要求越来越高,《指南》期望幼儿在5—6岁时能够初步形成批判性思维,对看过的图书和听过的故事有自己的看法。

(六)"具有书面表达的愿望和初步技能"的年龄阶段目标

这一目标指向的是《纲要》中所提出的"前书写技能"目标,《指南》从书写形式、书写内容和书写姿势三个层面对幼儿的前书写技能进行了更加细致的分析。

表2-6　"具有书面表达的愿望和初步技能"的年龄阶段目标

3—4 岁	4—5 岁	5—6 岁
1. 喜欢用涂涂画画表达一定的意思。	1. 愿意用图画和符号表达自己的愿望和想法。 2. 在成人提醒下,写写画画时姿势正确。	1. 愿意用图画和符号表现事物或故事。 2. 会正确书写自己的名字。 3. 写画时姿势正确。

一是书写形式的变化。《指南》期望幼儿在书写的发展过程中,培养出书写的兴趣,并能够逐渐从涂涂画画发展到使用图画和符号进行书写活动。

二是书写内容的扩大。《指南》期望幼儿在书写的过程中,从用书写的方式表达"一定的意思"逐渐发展到用书写的方式表达"自己的愿望和想法",最终学会用书写的形式表现"事物或故事",表达内容的范围不断扩大,表达的目的性进一步增强。

三是书写姿势的规范。《指南》期望幼儿从被动调整自己的书写姿势发展到能自觉调整书写姿势,从而做好用眼卫生,并为未来汉字书写活动奠定基础。

《纲要》和《指南》中的总目标勾勒出了学前儿童语言教育的总任务,《指南》呈现了对不同年龄阶段儿童在各个子目标上的期望发展水平,总目标和年龄阶段目标为不同年龄阶段语言培养目标和具体语言教学活动目标的确立提供了指引。

根据对《指南》中年龄阶段目标的分析,回过头来审视你一开始为《落叶》这个活动所设计的目标,你觉得设计的目标符合《指南》中对相应年龄段儿童发展的期望水平吗? 如果不符合,你会如何修改?

第二节　学前儿童语言教育活动的目标设计

对于散文诗《落叶》,有人以大班幼儿为教学对象,设计出了以下目标:

1. 理解散文诗内容,激发欣赏散文诗的兴趣,感受作品优美的意境

2. 能根据原文展开联想,培养幼儿发散性思维

3. 激发幼儿热爱自然的情感和关注自然现象的兴趣

你觉得这些目标恰当吗? 如果觉得不恰当,为什么? 你会如何修改?

　　学前儿童语言教育活动中的目标是《纲要》和《指南》中目标在具体教学活动上的体现,幼儿园中一个个语言教育活动目标的实现是幼儿语言学习和发展的基础,那语言教育活动中的目标到底几个比较合适? 这些目标应包括哪些方面? 目标的表述有什么样的规范呢? 接下来,我们将以散文诗《落叶》为例,具体阐释如何设计一个语言教育活动的目标。

　　《纲要》对幼儿园语言教育的总目标进行了指引,《指南》在年龄阶段的发展水平上进行了划分,这些目标需要通过众多具体的语言教育活动目标的实现来达成,因此让具体的语言教育活动目标体现出《纲要》和《指南》中的目标要求非常重要。通过第一节中对《指南》中各年龄段儿童语言学习与发展目标的内在逻辑和具体语言能力构成要素的分析,语言教育活动的目标设计可以遵循下述过程:

一、确定语言学习与发展的核心经验

　　《幼儿园教育指导纲要》指出"各领域的内容相互渗透,从不同的角度促进幼儿情感、态度、能力、知识、技能等方面的发展",在语言教育活动中,幼儿要学习和获得的情感、态度、能力、知识和技能就是幼儿语言学习与发展的核心经验。核心经验是幼儿发展过程中主动获得的必不可少的经验,这些经验在幼儿的经验系统或经验结构中起着节点和支撑作用,依据这些核心经验,幼儿就能进行新经验的建构、原有经验的迁移和对知识的深层理解(叶平枝,2008)。语言学习与发展的核心经验支撑幼儿成为一个熟练的语言使用者,这些核心经验在第一节分析《指南》中各个年龄段的学习与发展目标部分就有所体现。以"具有文明的语言习惯"这一目标为例,构成这一目标最重要的经验就是"交谈礼仪"、"语气语调"和"礼貌用语",幼儿掌握并能表现出这三者在相应年龄段的要求,我们就可以认为这个幼儿具备了"文明的语言习惯"。

　　但《纲要》和《指南》仍然是从语言构成要素"听说读写"的角度来对幼儿园语言教育活动提出指引,希望幼儿在经过学前阶段的教育后在"听说读写"方面能有相应的表现。但在幼儿园的教育实践中,语言教育活动往往依托于具体的活动内容或活动形式,因此,幼儿在具体的活动内容或活动形式中获得语言学习与发展的核心经验,是实现《指南》中各个年龄段幼儿语言学习与发展目标的保证。幼儿园语言教育活动的类型主要包括谈话活动、讲述活动、诗歌教学活动、散文(诗)教学活动、故事教学活动、图画书阅读活动,根据各个活动类型的特点,我们归纳出了各类活动的核心经验,见表2-7。

表2-7　不同类型语言教育活动的核心经验

活动类型	核心经验
谈话活动	倾听习惯与能力;交流和表达的规则;谈话策略
讲述活动	讲述内容;讲述结构;讲述语言;讲述情境
诗歌教学活动	词汇;情节;结构;运用与表现;韵律;节奏
散文(诗)教学活动	词汇;情节;结构;运用与表现;想象;意境
故事教学活动	词汇;情节;结构;运用与表现;人物形象;评判性思维
图画书阅读活动	阅读习惯与行为;阅读内容理解与阅读策略;阅读内容的表达与评判

　　在拿到具体的教学材料时,教师将幼儿学习的语言内容(比如文学作品)所体现的核心经验分析出来,通过学习和掌握这些教育内容所承载的核心经验,就能逐步实现幼儿语言学习与发展的核心经验。

　　例如在散文诗《落叶》的教育活动前,教师首先要分析出《落叶》所能提供给幼儿语言学习与发展的机会。以词汇为例,《落叶》能为幼儿提供学习有关动词、名词和方位词的机会;再具体到动词,《落叶》能够给幼儿提供学习"落"、"爬"、"游"、"躺"、"坐"、"藏"等动词的机会。通过对诗歌、散文(诗)、故事中类似词汇的学习,幼儿才能在5—6岁的时候表现出"感受文学语言的美",以及在讲述活动中"使用常见的形容词、同义词"。每种语言活动形式或活动内容中所能提供的核心经验,我们将会在第四章至第九章进行详细分析。

语言教育活动首先要能促进幼儿的语言学习与发展，即要促进幼儿语言学习与发展核心经验的成长，因此在制定语言教育活动目标时，一定要能体现出幼儿语言学习与发展的核心经验。因此，诸如上文例子中"激发幼儿热爱自然情感和关注自然现象的兴趣"的目标，是科学目标而非语言目标，幼儿可能会在学习了这首散文诗之后表现出对自然的热爱和对自然现象的兴趣，但这不应该是语言活动中最重要的目标。

二、分析幼儿语言学习与发展的表现水平

当教师已经知道每种语言活动类型的核心经验，并且能分析出幼儿所要学习的活动内容能承载的核心经验之后，教师需要做的就是预期幼儿在所确定的核心经验上应该达到的水平。仍然以《落叶》中的"词汇"为例，当教师确定出幼儿所需要学习的词汇核心经验主要是"动词"之后，那对于《落叶》中的动词，幼儿到底是应该达到"理解"的水平，还是达到"判断"的水平，抑或是"表现"的水平呢？这种所能达到的水平，就是语言学习与发展的表现水平。

教师在确定幼儿在相关语言学习核心经验上的预期表现水平时，可从两个方面进行思考：一是参考美国教育心理学家布鲁姆（Bloom）的教育目标分类学理论，二是参考《3—6岁儿童学习与发展指南》中各个目标下不同年龄阶段的表现中所使用的动词，从而确定幼儿在核心经验上的表现水平。

布鲁姆的教育目标分类学理论将教学活动所要实现的整体目标分为认知、情感和动作技能三大领域，布鲁姆将认知领域的目标分为识记、理解、运用、分析、综合和评价六个层次，水平从低到高；辛普森（Simpson）等人将动作技能目标分成七级：感知、准备、有指导的反应、机械动作、复杂的外显反应、适应、创新；克拉斯伍（Krathwohl）等人根据价值内化的程度，将情感领域的目标分为五级：接受或注意、反应、评价、组织、价值与价值体系的性格化。

《3—6岁儿童学习与发展指南》在"语言领域"各个目标的具体描述中使用的"动词"和"副词"就是对幼儿在相应目标上表现水平的描述。比如在"倾听与表达"的目标2"愿意讲话并能清楚地表达"中，对于"本民族的语言"，都使用了"会说"这个动词，即在这个核心经验上，儿童的能力是"会说"，而不是"听懂"；随着年龄的发展，要从3—4岁时的"基本会说"发展到4—5岁时的"会说"，体现了表达程度的变化。另外在"阅读与书写准备"的目标2"具有初步的阅读理解能力"中，对于所听到或阅读的故事，3—4岁时要求能"听懂"，4—5岁的时候要求能"大体讲出"，而5—6岁时要求能"说出"，这些动词和程度副词就是对幼儿在相应核心经验上表现水平的描述。

因此，当分析出教学活动内容中的核心经验后，就要根据幼儿已有的发展水平和经验确定其在相应核心经验上的可能发展水平，用表现水平进行描述。以《落叶》中的"词汇"这一幼儿需要学习和掌握的核心经验为例，当教师确定出幼儿所需要学习的"词汇"核心经验主要是"动词"之后，幼儿对"动词"的理解水平表现在三个方面：一是理解动词的含义，例如知道"藏"是什么意思；二是能够表现出动词所描述的动作，例如能够用身体表现出"藏"的动作；三是能够分析并用动作表现出动词所描述动作背后的形态与情绪，例如用动作表现出小动物与落叶在"藏"时的形态与心情。因此如果教学的对象是中班的幼儿，那么其表现水平可能应设计在第二个水平"表现"，即能够用动作来表现相应的动词；但如果教学对象是大班的幼儿，其表现水平应定位在第三个水平"分析和表现"，即能够分析并表现出这些动作所传递的形态和情绪。

三、关注语言学习与发展中的学习品质

学习品质是幼儿在活动过程中表现出的积极态度和良好行为倾向，在教育活动的目标范畴中，学习品质的目标是"情感、态度"目标的具体体现。幼儿语言学习和发展中的学习品质主要表现为好奇心、主动性、创造性和评判性四个方面。

"好奇心"这一学习品质在语言教育活动目标或幼儿发展水平的描述中主要表现为"喜欢"，即在活动过程中表现出积极情绪，体会到活动的愉悦感；"主动性"这一学习品质在语言教育活动目标中主要通过"愿

意"、"主动"、"乐于"、"专注"等进行描述,即在活动过程中表现为积极交流、大胆表达、能够较长时间保持注意力参与活动;"创造性"这一学习品质主要表现为能够说出多样化的内容,使用丰富、更加形象化的词汇,能够进行文学作品的编构(续编、仿编、创编等);"评判性"这一学习品质主要表现为在活动中有着自己独特的认识,形成自己的想法,能够对他人的想法进行分析和评判。

在语言教育活动目标的设计中,语言学习品质这一要素会通过两种方式来呈现:一是整合在认知或技能目标中,如"敢于表达……",用学习品质来评述幼儿在获得认知或技能过程中的状态;二是将学习品质单独列为一个目标,作为"情感和态度"的目标范畴,如"乐于与同伴交谈"、"能专注地阅读图画书"。

四、专业化地表述语言教育活动目标

在分析了语言教育活动中幼儿应学习和掌握的核心经验及其具体表现,明确了幼儿在所选择和确定的核心经验上的表现水平,并且列出了幼儿在语言教育活动中所被期待表现出来的语言学习品质之后,在教学活动方案的撰写过程中,教师还需要以专业化的语言来表述所设计的语言教育活动目标。为此,在表述语言教育活动目标时,应特别关注以下方面:

(一) 以幼儿发展为目标导向

在本章之前,你和同学们在设计活动目标的时候,是不是有些同学存在在目标表述的时候,用了"教会"、"帮助"、"引导"这类词汇的情况? 这些词汇的主语往往是教师,这种目标表述方式背后反映的是教学活动以教师为中心,以教师的教学为导向,关注的是教师的"教"。

《幼儿园教育指导纲要》指出"幼儿园的教育活动,是教师以多种形式有目的、有计划地引导幼儿生动、活泼、主动活动的教育过程",教育活动的主体应该是幼儿,教师的"教"应指向幼儿的"学",目的是为了促进幼儿的发展。因此,在语言教育活动目标设计中,要注意以幼儿发展为导向,关注幼儿的学习,在表述活动目标时,目标句子的主体应该是幼儿,动词应描述幼儿的行为表现,诸如"理解"、"掌握"、"能够"、"乐意"等。

(二) 目标数量 2—3 个为宜

结合幼儿语言学习与发展的核心经验,你会分析出语言学习活动内容中许多促进幼儿语言学习与发展的核心经验,但不同年龄阶段的儿童应学习和获得的核心经验不同。比如对小班幼儿来说,《落叶》中的意境就不是小班幼儿应该学习和获得的核心经验;对大班幼儿来说早已完全掌握了《落叶》中的"名词",因此"名词"也不应成为大班幼儿在这首散文诗学习中的重要核心经验。即使对于同一个年龄段来说,需要学习和发展的核心经验可能也有很多,但这些核心经验不可能在一个教学活动中同时实现,而是需要通过系列活动来实现的。比如对大班幼儿来说,在学习《落叶》这首散文诗的过程中,他们可以理解动作背后的心情、掌握散文诗的情节内容、学会散文诗中的句子结构,也能够进行想象和仿编,当然也可以初步感受散文诗的意境,但这些核心经验不可能在一个30分钟左右的教学活动中全部达成,因此需要理顺核心经验之间的关系,通过系列活动来帮助幼儿获得这些核心经验。

从活动内容和活动时间的角度来考虑,一次教学活动实现 2—3 个目标是比较现实、可靠的,而且这两个目标之间还有一个承接关系,即第二个目标往往是在第一个目标实现的基础上再完成的。

许多教师在设计活动目标的时候,常常会出现的一个问题就是目标过"全"——一个语言教学活动中往往包含了语言、科学、社会等多个领域的目标。目标所涉及的领域过多,就会导致活动像是拼盘,缺乏指向性;即使是以语言领域的目标为主,有的教师在制定目标的时候,往往试图将需要 2—3 个学习活动才能实现的目标放在一个学习活动中实现。这种过"全"的目标实现起来有难度,即使勉强实现,也只会增加幼儿的学习负担,导致幼儿在教学活动中过于疲劳、丧失兴趣。

（三）目标应包括认知、技能和学习品质三个范畴

在语言教育活动中，幼儿不仅要获得包括认知、技能等在内的语言学习与发展的核心经验，同时也应关注幼儿学习品质的培养，要注意培养幼儿参与语言教育活动的兴趣和主动性，营造积极的语言环境让幼儿想说、敢说、喜欢说。

在语言教育活动所设计的2—3个目标中，一般前两个目标是认知和技能目标，第三个目标是表达学习品质的目标，即情感和态度的目标。也可以将学习品质目标整合在认知和技能目标当中。

（四）以表现性目标为表述形式

根据目标的可观察、可评价性，教育活动的目标可以分为普遍性目标、行为目标和表现性目标。普遍性目标往往过于宽泛，难以进行直接的观察和评价；而行为目标有时又过于具体、固定，缺乏幼儿创造性表现的空间；表现性目标因为既有可观察、可评价的特点，同时又关注了幼儿的创造性和个性表现，因此被认为是教育活动目标中的主要类型。

以散文诗《落叶》为例，以大班幼儿为教学对象，设计关于"词汇"中有关"动词"核心经验的目标，有位教师的目标是"感受文学语言的美"，这个目标就是一个"普遍性目标"：放在任何一个文学作品学习中都可以使用，在教学过程之前难以让人知道教师在教学中到底要聚焦什么内容、达成什么目标，在教学活动之后，也让人无从评价这个目标是否达成。有的教师设计成了"能复述使用散文中的动词"，这个目标虽然聚焦到了动词，也有具体的评价方式，但这样的目标往往过于聚焦，缺乏幼儿在活动中的主体性和个性。相反，有位教师根据对散文诗核心经验的分析，结合大班幼儿的认知特点和知识经验，设计出了"能用动作表现出小动物与落叶互动时的形态和心情"这样一个活动目标，就可以让人一眼了解到这位教师在教学活动中会聚焦到散文诗中的动词，其目标是幼儿理解动词表达的形态和心情，而这种理解的具体表现是动作。幼儿对动词表达形态和心情的理解具有个别化的特点，不是整齐划一，在教学活动中，教师就可以通过观察幼儿的动作来判断幼儿是否已经达到了目标所要求的水平。

结合表现性目标的构成可以发现，要写好一个表现性目标，首先要将幼儿所需要学习和发展的核心经验具体化，其次要确定好幼儿在这个核心经验上的表现水平，最后思考这种表现的条件或情景，最终采用"何种方式＋能力水平＋学习内容"的方式进行陈述。

试一试

1. 请根据以上所学知识，对你一开始设计的目标进行修改，并和周围同学讨论一下，看看有何进步。

2. 仔细阅读《幼儿园教育指导纲要》和《3—6岁儿童学习与发展指南》，对照你所设计的活动目标，看看是否与《指南》中的年龄阶段目标匹配，且如何将《指南》中的目标具体化。

第三章

学前儿童语言教育的基本途径

■ 学习目标

　　1. 了解学前儿童语言教育的四种基本途径。

　　2. 掌握学前儿童语言教育中语言教学活动的四种类型。

　　3. 理解学前儿童语言教育各种途径中的注意事项。

■ 想一想

　　1. 仔细观察一个语言发展水平较好的小朋友,思考一下,为什么他(她)语言能力能够发展得这么好?

　　2. 观察一下你见习或实习幼儿园班级中的老师,看看他们在一日生活中是如何与孩子进行语言互动的,并思考这位教师是如何促进幼儿语言学习和发展的呢?

■ 学一学

　　《3—6岁儿童学习与发展指南》指出:幼儿的语言能力是在交流和运用的过程中发展起来的。应为幼儿创设自由、宽松的语言交往环境,鼓励和支持幼儿与成人、同伴交流,让幼儿想说、敢说、喜欢说并能得到积极回应。为幼儿提供丰富、适宜的低幼读物,经常和幼儿一起看图书、讲故事,丰富其语言表达能力,培养阅读兴趣和良好的阅读习惯,进一步拓展学习经验。

　　这段话明确了幼儿语言发展的基本途径:交流和运用。那在幼儿园教育中,我们应该从哪些方面开展语言教育活动,促进幼儿的语言发展呢? 接下来,我们将讨论幼儿语言教育活动的基本途径。

第一节　语言交往环境的特征和创设

　　《幼儿园教育指导纲要》和《3—6岁儿童学习与发展指南》都指出:应为幼儿创设自由、宽松的语言交往环境。那怎样才是自由、宽松的语言交往环境呢?《纲要》用"四说一答"进行了描述,即"想说、敢说、喜欢说、有机会说并能得到积极应答的环境",这就是一种积极的语言交往环境。要理解这个要求,可以从两个方面来进一步思考:避免消极的语言交往环境,创设积极的语言交往环境。

一、消极语言交往环境的特征

　　当我们思考什么样的语言环境是积极的语言交往环境的时候,首先让我们回想一下,在你实习或见习的过程中,你听过、见过或感觉到过什么样的消极语言环境? 你在班级中听过什么消极的语言? 除了"你怎么这么笨"的侮辱性语言、"你胆子不小啊"的讽刺性语言、"你再这样,我就让你到隔壁班去"的恐吓性语言和"全班都吃完了,就你没吃完"的指责性语言之外,消极的语言环境还有如下特征和表现:

（一）教师很少与幼儿谈话

除了在教学活动中提问、回应,生活活动中的要求,游戏活动的指令、询问之外,有的教师一个星期中跟每个幼儿谈话的时间加起来可能都不到半个小时,有些在班级中属于"被忽视"的幼儿得到的与教师谈话的机会更是少之又少。许多教师因为忙于自己的事务性工作或案头工作,或者因为疲劳,他们对幼儿的活动没有什么兴趣,不主动与幼儿谈话,在游戏活动中,教师经过幼儿的身边常常一声不吭,也不试图让幼儿意识到老师在关注他们的活动。经过幼儿活动的区域时,他们不与儿童交谈,并且非常吝啬地回应幼儿对交流的期待。有些教师还把在区域活动、生活环节中本应用于和幼儿交流的时间用来与同事聊天。

（二）教师常常会打击幼儿的交流积极性

有些教师不仅自己不主动跟幼儿交流,还常常打击幼儿与自己交流的积极性。一方面是用语言来打击幼儿的交流积极性,如幼儿在说话的时候,教师常常会说"好了,好了!""还没有说完!"希望幼儿赶紧结束谈话,或者用"先安静"、"现在不行"、"等一下再告诉我",而"等一下"却似乎总也等不到。另一方面,有些教师似乎在倾听孩子,但他们的肢体动作、形态和表情似乎在告诉幼儿,他们正在做的或正在说的没有什么意思,不值得自己听,比如在区域活动中,幼儿很兴奋地与教师谈论他的作品时,教师没有将自己的目光放在他的作品或幼儿身上,而是看着其他地方。

（三）教师主导着每天的交流活动

教师每天与幼儿在一起,在生活、游戏和教学活动中不可避免与幼儿进行交流,但许多教师都希望将幼儿的活动掌控在自己的节奏之内。因此,在与幼儿进行交流的时候,尤其是面向全班幼儿的时候,教师往往主导着每天的交流活动。这种主导体现在以下方面:一是大部分时间都是教师在讲,只留给幼儿极少的时间来回应或是与同伴交流,在游戏、教学或生活活动中听到最多的是教师的声音;二是教师规定幼儿什么时候交流、什么时候谈话,幼儿必须在教师允许的时间和环节中来谈话和聊天,有些教师甚至为了禁止幼儿谈话(而不是为了掌握谈话规则),以惩罚性的方式要求幼儿趴在桌子上"静息";三是教师往往采用发号施令的方式主导幼儿的交流活动,例如直接下指令("坐到椅子上去")和警告("哪个打架"),有的教师经常要求幼儿去做某项活动,不是为了引导幼儿获得什么,而是为了避免幼儿"捣乱"。

（四）教师消极地评价幼儿

许多教师在生活、游戏和教学活动中会频繁地对幼儿进行评价,但这些评价往往是负面的,使用了许多否定词,如"好动"、"自私"、"贪吃"、"笨手笨脚"、"犟"等。有时,教师往往问一些并非想得到答案的问题。如"看看你做了些什么?!""难道我游戏前没有告诉你怎么做吗?!"不管幼儿怎么回答这些问题,都会被教师认为是无礼的、令人讨厌的。结果幼儿很快就会意识到这些言语不是教师希望与自己交流的表示。

（五）教师对幼儿说话不礼貌

教师常常教育儿童说话要有礼貌,甚至在两位带班教师交谈的时候,如果幼儿插嘴问事情,教师会教育幼儿学会等待。但教师自己与幼儿交往的时候,却常常不注意礼貌。教师常常打断幼儿的谈话,也打断幼儿之间的交流。为了能让幼儿马上就对自己所提的要求作出回应,他们不在乎幼儿是否已经完成自己正在做的或是说的事情,他们说话的语气是命令式的、不耐烦的,甚至忽视了基本的社会礼貌用语,如"对不起"、"请"和"谢谢"等。

二、积极语言交往环境的特征

在一个积极的语言环境里,教师的语言可以满足幼儿的心理需要,并让幼儿获得自我效能感。教师在与

幼儿交谈时,不仅关注谈话的内容,也注意他们的语气、语调和情绪。积极语言交往环境具有如下特征:

(一) 教师主动与幼儿交流

在一个积极的语言交往环境中,教师会主动问候每一个到园的儿童,抽时间参与幼儿的活动,回答他们的问题。此外,教师也会发表自己的看法,让幼儿知道教师关心着他们,知道他们在做什么;教师和幼儿一起游戏,分享幼儿的快乐。在一个积极的语言交往环境中,幼儿每天都有许多机会跟教师讲他们感兴趣和关心的话题,进餐、入厕、穿衣、准备午睡和排队等都是幼儿与教师交流的契机,教师并非要等到专门安排好的时间才与幼儿交流。另外,在一个积极的语言交往环境中,教师常常会与幼儿谈论幼儿想谈论的话题,例如教师会主动发起幼儿感兴趣的话题:"你周末过得怎么样?"

(二) 教师积极地与幼儿交流

在积极的语言环境中,教师无论是对幼儿本人,还是在其他幼儿所能听到的范围之内,都避免对幼儿进行负面的、否定性的评价,充分尊重幼儿的人格与尊严。在与同事或家长讨论幼儿的问题或家庭状况时,都只在私下讨论。在积极的语言环境中,教师鼓励幼儿交往,表扬幼儿的努力,赞赏幼儿所做的事情,肯定幼儿在活动中的积极表现。即使在需要批评和惩罚的时候,也明确指出相应的行为并解释原因。教师避免进行横向比较,注重树立正面榜样,鼓励孩子正面的行为,使用积极的、正性的词汇。

(三) 教师礼貌地与幼儿交流

在积极的语言环境中,教师将幼儿作为自己交流的真正对象,是可以对话的主体。因此教师会认真倾听幼儿的谈话,表现为教师在听幼儿说话的时候,会通过目光交流、微笑、点头等方式来表示自己正在倾听幼儿,同时教师会鼓励幼儿详细地把自己想要说的事情说清楚:"还有什么呢?""然后怎么样了?"在积极的语言环境中,教师会通过提问引导幼儿发言和表达,并且留出足够的时间供幼儿思考和表达;教师在与幼儿谈话时,尽量不打断幼儿,让幼儿把话说完。教师在交流中的语气耐心而友好,在交流中,教师遵循社会规范,使用"请"、"谢谢"和"麻烦你"等礼貌用语。

(四) 教师尽力维持积极交流氛围

良好的交流氛围会让幼儿觉得在这样的环境中是安全的,因此在积极的语言环境中,当教师看见幼儿沉浸于活动中或专注于与同伴的交流时,绝不随便干涉,在这种情形下,他们会用沉默来表示对幼儿的关注和尊重。即使有话要说,也会克制自己不要说得太多。另外,在积极的语言环境中,教师尽量不打断幼儿,让幼儿把话说完,教师的语气要耐心而友好。在积极的语言环境中,教师与幼儿交谈的时候,会尽量与幼儿保持同一高度,进行目光交流,会用语言(如"你说的很有意思。""还有什么有趣的事情吗?")或非言语行为(如微笑、摸摸头等)鼓励幼儿大胆表达。

在积极的语言环境中,幼儿会意识到自己是被尊重的,会将教师和同伴视为可信赖的人,愿意将自己的想法跟他们交流,并且在交流时觉得安全,而不用担心自己被打断或担心自己说得不好被批评。积极的语言环境不仅能够为幼儿创设这样自由宽松的交流氛围,同时也能帮助幼儿与教师、同伴建立和谐、融洽的关系。

三、如何创设积极的语言环境

当明白了消极和积极语言环境的特征之后,那大家到了幼儿园见习、实习或正式工作后,应该如何创设积极的语言环境呢?

（一）熟悉不同语言环境的特征

要想营造出一个积极的语言环境,教师首先要意识到不同语言环境的特征,警惕自己或他人所表现出来的消极语言环境,努力在班级中营造出积极的语言环境。大家可以根据上面我们所提到的积极的和消极的语言环境所列出来的一些特征和当中的一些具体例子,看看你实习或见习中所看到、听到和感受的语言环境,然后进行仔细分析,从而让自己在头脑中能清晰了解不同语言环境的特征,在面对不同语言或行为的时候,能够立刻反应并进行调整。

（二）分析自己与幼儿交谈时的语言

很多时候,我们自己可能都没有意识到自己的行为或语言伤害了幼儿的交往积极性,为此教师可以用录像机或录音机来记录自己与幼儿互动时的语言,看看幼儿的理解程度,想一想为什么幼儿会有这样的反应,把自己一些无意识的行为或话语记录下来,并思考怎样更好地表达。同时教师也可以请一位同事帮助自己进行记录,重点记录和分析自己某种行为或语言的频率,从而慢慢地形成积极的语言环境特征所要求的言语行为。

（三）努力营造积极的语言环境

积极的语言环境不是偶然形成的,它是教师有目的、有计划营造和创设的产物。在这个过程中,教师热心、接纳、尊重、理解的态度是营造积极语言环境的关键,这种态度也为幼儿语言乃至身心发展提供了重要的条件。因此当你在实习或工作的时候,首先要有正确的职业价值观和良好的师德,真心地喜欢幼儿,衷心地热爱幼师这份职业,以关怀、接纳、尊重的态度与幼儿交往。耐心倾听、努力理解幼儿的想法与感受,支持、鼓励他们大胆探索与表达。其次要时刻警惕自己出现的消极语言,一旦出现了消极语言,要及时向幼儿道歉并作出说明,以身作则,在班级中形成良好的语言氛围。

第二节　教学活动中的学前儿童语言教育

对幼儿来说,语言既是他（她）在日常生活中使用的工具,同时也是他（她）在学习过程中需要学习的内容（对象）。学会和掌握了一些优美的句子,幼儿才能在生活中使用;学会了如何清晰、连贯、完整、有序地讲述,幼儿才能在生活中把自己想说的事情讲得更好。幼儿语言发展中许多重要的能力都需要通过教师以多种形式有目的、有计划地引导幼儿生动、活泼、主动活动来学习和获得,即通过教学活动来获得。在幼儿园中,教师通过语言领域直接、专门地培养幼儿的语言能力,同时也通过其他领域的教学活动间接、渗透地促进幼儿语言能力的发展。

一、专门的语言教育活动

语言是幼儿园教育活动的五大领域之一,是专门培养幼儿语言能力的教育领域,《幼儿园教育指导纲要》根据五大目标对幼儿语言教育的内容提出了建议,在幼儿园的教育实践中,主要通过具体的语言教育活动来实现幼儿语言能力的发展和提升。

（一）《幼儿园教育指导纲要》中的语言教育

《幼儿园教育指导纲要》在语言领域中的"内容与要求"部分,针对语言领域幼儿学习和发展的目标提出了语言教育内容和要求,从中可以看到在语言教育中应聚焦的内容和基本活动。

1. 《纲要》指出：创造一个自由、宽松的语言交往环境，支持、鼓励、吸引幼儿与教师、同伴或其他人交谈，体验语言交流的乐趣，学习使用适当的、礼貌的语言交往。这点强调了语言教育活动中应该重点关注的谈话活动。

2. 《纲要》指出：鼓励幼儿大胆、清楚地表达自己的想法和感受，尝试说明、描述简单的事物或过程，发展语言表达能力和思维能力。这点指出了语言领域中的"讲述活动"的要求。

3. 《纲要》指出：引导幼儿接触优秀的儿童文学作品，使之感受语言的丰富和优美，并通过多种活动帮助幼儿加深对作品的体验和理解。这点指出了幼儿在语言教育活动中要接触学习的内容包括优秀的儿童文学作品。

4. 《纲要》指出：培养幼儿对生活中常见的简单标记和文字符号的兴趣，以及利用图书、绘画和其他多种方式，引发幼儿对书籍、阅读和书写的兴趣，培养前阅读和前书写技能。这点关注的是幼儿园教育中开展的"早期阅读活动"，分别对应的是"前阅读"、"前书写"和"前识字"活动。

5. 《纲要》还指出：养成幼儿注意倾听的习惯，发展语言理解能力。提供普通话的语言环境，帮助幼儿熟悉、听懂并学说普通话。少数民族地区还应帮助幼儿学习本民族语言。这两类活动的内容分别都渗透到幼儿的谈话、讲述、文学作品学习和前阅读活动当中。

（二）幼儿园语言教育活动的类型和内容

《幼儿园教育指导纲要》中所提到的这些语言能力和语言教育内容需要通过幼儿园语言教育的具体活动来实现。根据我国幼儿园语言教育的传统，幼儿园语言教育活动通常可以分为谈话活动、讲述活动、文学作品学习活动（包括诗歌、散文和故事）和早期阅读（包括前阅读、前书写和前识字）等类型。

1. 谈话活动

谈话是指两个或两个以上的人就某一主题进行交谈，是人们运用语言的最常见方式，也是幼儿交流能力发展的重要途径。学前阶段，幼儿要学习如何谈话，学会谈话，获得"倾听习惯和能力"、"交流和谈话的规则"以及"谈话策略"三个方面的谈话核心经验。

在幼儿园中，谈话活动可以通过专门性谈话和随机谈话的方式来进行。专门性谈话是教师以问题或事件为背景，以问题解决或幼儿谈话核心经验的习得为目标，有目的、有计划地开展的活动，具体形式表现为生活环节谈话，如晨间谈话、餐前谈话、离园谈话等，评议活动、辩论活动、小记者采访等形式也是幼儿园常见的谈话形式。随机谈话属于一日生活中的语言教育，在本章的第四节中会进一步介绍。

2. 讲述活动

讲述指叙述或讲解，学前儿童的讲述活动是指幼儿凭借一定的讲述对象，在相对正式的语境中采用独白语言独自叙述或讲解某一内容的活动。讲述与谈话不同，谈话是对话语言，而讲述是独白语言，需要讲述者能够自己组织讲述内容，独立完成讲述过程。学前阶段的幼儿要逐渐学会清晰、完整、连贯、有序地讲述，为此，幼儿需要学习和掌握"讲述内容"、"讲述结构"、"讲述语言"、"讲述情境"等四个讲述的核心经验。

在幼儿园中，幼儿的讲述活动按照对象和讲述结构的不同，可以分成两类：叙事性讲述和说明性讲述。叙事性讲述往往以一个事件为讲述内容，采用的是叙述性的语言，看图讲述、生活经验讲述、情景讲述等是幼儿园常见的叙事性讲述活动。说明性讲述往往以一个实物或具体对象为讲述内容，讲解讲述对象的形状、特征、功用或操作过程，讲述时较少使用形象、生动的词汇，实物讲述是幼儿园中常见的说明性讲述形式。

3. 文学作品学习活动

文学作品是幼儿语言学习与发展的重要载体，优秀的儿童文学作品能够帮助幼儿获得优美的语言，感受文学作品的意境，帮助幼儿形成初步的文学素养。在幼儿园中，幼儿较常接触到的文学作品包括诗歌、故事和散文，通过这三种类型文学作品的学习，幼儿可以获得有关"词汇"、"情节"、"结构"、"运用与表现"方面的核心经验，在文学作品的学习过程中，幼儿通过获得这些核心经验，从而在3—4岁的时候能够"复述短小的儿歌和故事",逐渐发展到5—6岁的时候"能够说出所阅读的幼儿文学作品的主要内容"等这些在《3—6岁儿童学习与发展指南》中所期望幼儿达到的目标。

文学作品除了能够给幼儿提供"词汇"、"情节"、"结构"和"运用与表现"这些共同的语言核心经验之外,不同的文学作品还能够给幼儿提供一些独特的语言核心经验。比如诗歌还能够给幼儿提供"节奏"、"韵律"的核心经验发展机会,故事还能够给幼儿提供"人物特征"、"评判性想法"的核心经验发展机会,散文能够给幼儿提供"想象"和"意境"的核心经验发展机会。因此不同的文学作品有着自身独特的价值,这些文学作品活动在教学过程中既有一定的共同性,同时又有一定的独特性。

4. 早期阅读活动

从《幼儿园教育指导纲要》颁布以来,"早期阅读"逐渐受到幼儿教师和家长的重视,但也出现了一些误区,诸如将早期阅读等同于"早期识字",将"早期阅读"等同于"看图说话"。按照《幼儿园教育指导纲要》的内容要求,幼儿的早期阅读能力包括"前阅读"、"前识字"、"前书写"三种能力,这三种能力目前在幼儿园教育中主要体现为图画书阅读活动,通过图画书阅读活动促进幼儿早期阅读能力的发展。

图画书阅读能够给幼儿提供"阅读习惯与行为"、"阅读内容理解与阅读策略"和"阅读内容的表达与评判"这些未来成为成功的自主阅读者应该具备的能力。在幼儿园的教学活动中,图画书阅读教学能够为幼儿提供图画书阅读的机会,更重要的是能够引导幼儿学会如何阅读,最终通过阅读来学习。

二、其他领域活动中的语言教育

语言是思维的外壳,也是人类交流的工具,因此有人的地方就会有语言,幼儿只要与人进行交往,在活动中与他人有互动,就一定会有使用语言的需要,也就有着语言发展的契机。《幼儿园教育指导纲要》指出:幼儿语言的发展与其情感、经验、思维、社会交往能力等其他方面的发展密切相关,因此,发展幼儿语言的重要途径是通过互相渗透的各领域的教育,在丰富多彩的活动中去扩展幼儿的经验,提供促进语言发展的条件。因此,除了专门性的语言教育活动,在其他领域的教育活动中仍然有着许多能够促进幼儿语言学习和发展的契机。

在健康领域的教育活动中,教师要引导小班幼儿学习如何刷牙、如何穿衣,往往都会采用形象化的儿歌来帮助幼儿掌握这些生活自理的方法,比如《穿衣歌》:"抓领子,盖房子,小老鼠,出洞子,吱溜吱溜上房子。"这样的儿歌既帮助幼儿掌握了穿衣的方法,又让幼儿感受到了儿歌的乐趣。同样在洗手池墙壁上,教师也会贴好洗手的6步骤,这种图谱不仅能够帮助幼儿掌握洗手的步骤,同时也促进了幼儿"前识字"能力的发展。

在社会领域的教育活动中,有许多内容都是跟人际交往有关的,这些活动中往往也有幼儿语言发展的机会。比如在"神奇的字"的活动中,通过诗歌的学习既引导幼儿掌握了日常生活的交往中要学说礼貌用语,学会与人交往的基本礼仪,同时也掌握生活中常用的礼貌用语以及这些语言的运用方法。

在科学领域的教育活动中,教师在开展科学探索活动之前,往往会通过谈话的方式引出幼儿已有的科学经验;在科学操作的过程中会通过交谈的方式引导幼儿进行操作,并提供记录工具引导幼儿对自己的操作过程和探索结果进行记录;在科学操作活动之后,会引导幼儿讲述自己的探索发现。在这个过程中,教师的谈话和引导有助于幼儿谈话能力的发展,科学操作活动中的记录也是"前书写"的重要形式,科学操作活动后的讲述给幼儿提供了发展说明性讲述能力的机会。

在艺术领域的教育活动中同样有着许多幼儿语言发展的机会。以美术活动为例,教师往往需要通过谈话的方式引发幼儿已有的生活经验或者美术经验,这有助于幼儿谈话能力的发展;在幼儿的创意表达之后会通过分享活动来让幼儿对自己所创作的内容进行表达,可以发展幼儿的叙事性讲述能力;同时美术活动中幼儿采用多种方式表达自己的想象和想法,也是"前书写"的重要表现形式。

三、提升语言教学活动的质量

专门性的语言教育活动是幼儿园以促进幼儿语言能力发展为目标的教育活动,但集体教学活动在幼儿园中所占比例不高,分摊到专门性的语言领域活动就更少。小班和中班每周往往只有1—2个语言教学活动,大班也只有2—3个语言教学活动,具体到不同教育活动类型的活动次数就更少,因此,专门性的语言教育活动要从三个方面提升教育活动的质量。

(一)语言教学活动要聚焦幼儿语言学习的核心经验

许多教师在设计语言教学活动目标的时候,往往比较关注幼儿知识的获得,如果第二章中所提到的《落叶》,许多教师会将"落叶对小动物的作用"或"小动物把落叶当作了什么"这样的知识作为目标。但优秀的儿童文学作品千千万,幼儿不可能也没必要把所有的文学作品都学完,那当我们遴选出这些优秀的文学作品,在有限的教学活动中引导幼儿学习,到底应该期望幼儿学习什么呢?答案就是获得"幼儿语言学习和发展的核心经验"。

不同的儿童文学作品在内容上可能千差万别,但是在促进幼儿语言学习与发展的核心经验上却具有共同性。比如《落叶》,它就具有许多其他散文一样给幼儿提供习得"词汇"、"情节"、"结构"、"运用与表现"、"想象"与"意境"的机会。通过学习《落叶》以及其他优秀的散文诗,幼儿获得了散文学习的这些核心经验,就获得了感受文学语言美的能力,获得这样的学习经验,幼儿就能够运用这些核心经验来在今后的学习中感受、理解和欣赏其他的散文诗,从而最终成为一个喜爱优秀文学作品、会持续倾听和阅读文学作品的人。

(二)语言教学活动要关注幼儿策略性核心经验和学习品质的发展

幼儿园的教育是启蒙性和基础性的教育,幼儿的语言教育也同样如此。我们要关注哪些核心经验对幼儿的现实需要有帮助,又有助于其长远发展,同时在这些核心经验中,哪些核心经验是在一日生活或家园共育中可以实现的,而哪些核心经验又是需要教师有计划、有目的地来引导的,从而选择那些最有利于幼儿终身发展,同时又最需要教师通过集体性的教学活动来引导而获得发展的核心经验。在幼儿的语言学习和发展中,策略性核心经验和学习品质就是教师在集体教学活动中要特别关注的。

以幼儿"图画书阅读的核心经验"为例,在三个核心经验中,"阅读习惯与行为"这样的核心经验往往可以通过日常生活中教师的示范或随机指导、家长的亲子共读来帮助幼儿获得,但"阅读内容的理解和阅读策略的形成"以及"阅读内容的表达与评判"这两个核心经验却不是幼儿能够自动发展出来的,而是需要教师通过专门性的图画书阅读活动来引导幼儿学习的。这些经验的获得有助于幼儿最终发展成为独立的、成功的阅读者,因此,在图画书阅读过程中,教师关注的不应是幼儿对图画书内容能够记住多少,而应该关注幼儿是否学会了阅读图画中的信息,形成了相应的阅读策略,是否有意识地对阅读内容进行思考和评判。如果幼儿获得了这样的核心经验,幼儿对图画书内容的理解和记忆就是水到渠成的结果。

(三)语言教学活动要实现语言性和游戏性的统一

如果对幼儿语言学习和发展的核心经验不清楚,对语言教育活动的基本环节不理解,在实践中,专门性的语言教育活动往往会被教师组织成了"小学化"的活动,呈现出来的景象就是在教学活动中幼儿不断跟学、跟念、跟读,即"教师说、幼儿听"、"教师读、幼儿看"、"教师念、幼儿跟"的现象。这样的教学活动非但不利于幼儿语言能力的发展,还会消磨幼儿参加语言活动的兴趣,更谈不上让幼儿感受文学语言和教师语言的美。

保证幼儿园语言教学活动的质量,避免在语言教学活动中出现"小学化"的倾向,就一定要在语言活动设计和活动实施的过程中关注语言性和游戏性的统一,让幼儿在游戏的过程中愉快地学习,获得语言能力的发展。让幼儿参加游戏而主动地学习某个内容或获得某种能力,而不是为了让幼儿学习某个句式设置一个游戏让幼儿来操练。

第三节　一日生活中的学前儿童语言教育

《3—6岁儿童学习与发展指南》指出："幼儿的学习是以直接经验为基础，在游戏和日常生活中进行的。要珍视游戏和生活的独特价值，创设丰富的教育环境，合理安排一日生活，最大限度地支持和满足幼儿通过直接感知、实际操作和亲身体验获取经验的需要。"幼儿的语言是在运用和交往中发展起来的，幼儿在园的一日生活是幼儿交往的主要情境，是幼儿运用和发展语言的重要契机，一日生活的各个环节：入园、晨检、晨间谈话、盥洗、入厕、喝水活动、户外活动、餐后活动、午睡活动、离园等，都有着许多幼儿学习语言、运用语言进行交往的机会，因此，教师要充分组织好一日生活，在一日生活的各个环节中关注幼儿语言的学习与发展，潜移默化地培养幼儿的语言能力。

一、入园、晨检环节中的语言教育

在入园过程中，幼儿应学会在幼儿园大门处跟保安或门卫叔叔问好，与值班的教师敬礼问好，掌握和使用基本的礼貌用语。在保健医生处晨检的时候，幼儿同样要学习问好，如果有不舒服，需要清晰地向保健医生进行描述，从而学习和运用讲述能力。在进入班级的时候，幼儿要向主班教师问好，与先到幼儿打招呼，与接送的家长或长辈道别，并与教师或其他幼儿进行交谈。

在这个环节中，教师良好的精神面貌、热情地与幼儿、幼儿家长互问早安有助于形成积极的语言氛围。主班教师在幼儿来到班级的时候，通过互问早安示范礼貌用语的使用。教师学会发现幼儿衣着、情绪的变化，及时与幼儿谈话，是与幼儿沟通、解决幼儿情绪问题的重要方式，同时也是教师创设谈话与幼儿交往的契机。

二、盥洗、入厕、喝水环节中的语言教育

在盥洗活动中，教师往往会在洗手池的墙壁上贴好洗手的步骤图，既帮助幼儿了解了洗手的基本步骤，同时也给幼儿创设前识字的机会，学习如何阅读图示、符号。在洗手的过程中，教师还会组织幼儿学习如何洗手，常常会配合儿歌来帮助幼儿掌握洗手步骤，如"小朋友，来洗手，卷起袖，淋湿手，抹上肥皂搓啊搓。搓搓搓，搓手心，搓搓搓，搓手背，搓搓搓，手指缝。清清水里冲一冲，冲冲冲，冲干净，关上水管甩一甩，再把小手擦干净"，通过儿歌的学习，幼儿既知道了洗手的步骤，在唱儿歌的过程中完成了洗手这一环节，同时在愉快的洗手过程中也感受了儿歌的趣味。

在入厕活动中，幼儿要学会有便意时主动告知成人，在入厕时保持安静，在便后必要时请求保教人员的帮助，因此幼儿要学习掌握请求、告知的常用语言，并能清楚地表达自己的需要。在这个环节中，教师也会通过张贴正确脱、提裤子的示意图，引导幼儿按照图示脱、提裤子，这种方式同样给幼儿提供了"前阅读"和"前识字"的机会。教师还会在幼儿入厕的时候采用提醒的方式让幼儿通过倾听掌握入厕的基本规则，必要时在入厕活动后通过讨论的方式对幼儿入厕的行为进行评价，也给幼儿创设了表达和谈话的机会。

在喝水活动中，教师也可以通过呈现接水、喝水的示意图帮助幼儿了解接水和喝水的基本步骤，这些方式也可以帮助幼儿获得"前阅读"和"前识字"的能力。在喝水的过程中，有的小朋友会多接水，导致喝不完浪费，也有的小朋友会不愿意喝水。教师在喝水活动中，通过对幼儿喝水情况的观察，可以组织谈话活动，让幼儿谈谈"喝水的好处"、"如何做到不浪费水"，通过谈话既解决喝水活动中出现的问题，也给幼儿创设了谈话的机会，发展了谈话的核心经验。

三、户外活动环节中的语言教育

户外活动通常包括早操和户外体育活动,有时也包括餐后的户外散步。在早操活动中,幼儿要学会倾听广播指令,听懂教师的口令。教师在早操过程中有许多机会与个别幼儿进行交流,通过眼神、肢体动作等方式提醒幼儿,也会通过语言进行具体的指导,对注意力不集中、动作不规范的幼儿进行个别化的指导。通过这些个别交往,教师既帮助幼儿调适自己的行为,同时也创设了与幼儿个别谈话的机会。教师在个别指导过程中使用的语言一方面会给幼儿提供语言示范,同时也帮助幼儿习得基本的谈话规则。

户外活动中幼儿不仅有许多肢体活动的机会,也有充分的与其他幼儿进行交流的机会。在大型玩具区域,如何协商先后次序;遇到肢体冲撞的时候,如何道歉或寻求帮助;在户外活动过程中,幼儿会幻想自己有不同的角色,通过角色的表演和互动学习不同角色的语言……在这些活动中幼儿不断运用自己已经习得的语言经验,并学习交往的规则。在户外活动过程中,教师往往会在活动前提示活动中的基本规范,在活动中处理幼儿之间的纠纷、冲撞和告状等,在活动后总结活动过程中出现的问题,表扬儿童的良好行为,这些又为教师提供了大量与幼儿交往互动的机会。

四、餐后活动环节中的语言教育

在午餐之后、午睡之前幼儿有一大段自由活动时间,在餐后活动环节中教师有三个机会丰富和发展幼儿的语言。

餐后自由活动。在进餐环节,有的幼儿吃得比较快,有得吃得比较慢,吃得快的幼儿在收拾完自己的餐具之后就会有自由活动的时间。有的幼儿会选择阅读图画书,有的幼儿可能会到娃娃家游戏。在这样的餐后自由活动中,幼儿翻阅图画书有助于养成良好的阅读习惯,并通过阅读了解图画书的故事内容,发展图画书阅读的理解能力。与其他幼儿共读图画书,或在餐后自由交谈,都给幼儿提供了与他人交往的机会。

餐后散步。幼儿进餐完毕,如果天气晴好,温度适宜,教师可以带领幼儿在园内进行餐后散步。在散步活动中,经过其他班级的时候,幼儿需要学会保持安静,即使要说话,也要学会控制自己的声音大小。在户外散步时,教师可以引导幼儿观察幼儿园中植物角、养殖区中的动物以及园内环境的变化。教师解答幼儿的问题,描述一个事物的过程中会给幼儿呈现规范的描述性语言,幼儿在观察的过程中也会习得更多的词汇。

睡前故事。在午睡环节,许多教师会通过睡前故事的方式帮助幼儿入睡。教师通过有感情地朗读温情、舒缓的故事,帮助幼儿尽快入睡,同时也能让幼儿感受故事情节和优美的语言。

五、离园环节中的语言教育

在离园活动中,幼儿有与同伴自由交谈的机会,这种谈话的过程中,幼儿能够向教师和同伴大胆清晰地表达自己想法和感受。在家长来接幼儿的时候,幼儿需要学习向保教人员、同伴道别、说再见。在离园回家的过程中,幼儿会向家长讲述自己在园的状况,发展谈话和良好的讲述能力。

在离园活动中,教师往往会开展离园谈话,帮助幼儿梳理一天的活动和内容,这个环节的谈话既帮助幼儿做好离园的心情整理,也能给幼儿提供学习和发展谈话核心经验的机会。在教师组织幼儿有序离园的过程中,教师与家长的谈话和交流也会给幼儿提供良好的语言示范,并在与幼儿相互道别的过程中示范礼貌用语的使用。

在一日环节中开展学前儿童语言教育,促进幼儿的语言学习和发展,需要注意以下方面:

第一,教师要有意识地关注一日生活环节中能够给幼儿提供语言学习与发展的机会。教师只有意识到了在入园和离园过程中给孩子示范礼貌用语的重要性,才能有意识地在环节中注意自己的言行举止,关注自身的语言示范。只有意识到在户外活动中幼儿的冲突或争议是幼儿学习使用语言进行协商的重要机会,教师才能有意识地充分让幼儿进行表达，并帮助幼儿学习如何更加清晰、完整地讲述。

第二，教师要在一日生活中鼓励幼儿与教师、同伴充分互动。教师在意识到交往、交流在幼儿语言学习和发展中的重要性之后，就要积极寻找和创设机会与幼儿进行充分互动。除了上述的一日生活各个环节，还有许多情境和活动能够与幼儿交往和交流，比如在起床环节、幼儿梳头环节、幼儿自由活动过程中，教师不能只顾跟其他保教人员聊天，而是关注幼儿，主动关心幼儿，与幼儿交谈，就能创设大量的与幼儿互动的机会。同时，在幼儿园中，教师与幼儿建立良好的常规，让幼儿有与其他幼儿充分、自主、有效的交谈机会，因此，在一日生活环节中，安排一些自由活动、自由聊天的环节鼓励幼儿之间进行谈话和交往。

第三，教师要在一日生活中关注语言学习和发展的核心经验。在一日生活中，教师不仅要明确各个环节中与幼儿的谈话交往能够帮助幼儿习得和掌握生活环节的规范，解决幼儿在一日生活中出现的问题，同时也要明确不同的谈话或交往活动能够给幼儿提供的语言学习与发展的核心经验是什么。比如在入园和离园环节中，如果教师意识到这个环节能够给幼儿提供使用礼貌用语的学习机会，教师可能就会有意识地在不同年龄段使用不同的问候或道别语，从而丰富幼儿的礼貌用语。教师要对照《3—6岁儿童学习与发展指南》中的要求，结合本书中所列出来的幼儿语言学习与发展的核心经验，结合上述一日生活环节中的具体做法，让教师在一日生活中的行为更具有教育性。

第四节　游戏活动中的学前儿童语言教育

游戏是幼儿园的基本活动，是幼儿学习和发展的最佳方式。游戏也是幼儿交往和互动最主要的情境，幼儿在游戏中学习语言，并在游戏中运用语言。教师可从以下方面着手，在游戏活动中促进幼儿的语言学习与发展。

一、开展语言游戏活动

语言游戏活动采用游戏或竞赛性的方式为幼儿提供语言运用的机会，促进幼儿语言学习和发展。在幼儿园中语言游戏通常可以分为听说游戏、儿歌游戏、词汇游戏等。这些游戏活动往往会有一定的情境，幼儿在游戏过程中不仅有语言的参与，还有动作、音乐的辅助，有的还具有竞赛性质，能够充分调动幼儿的积极性。

听说游戏是一种培养幼儿倾听和表达能力的游戏，在这样的游戏中，幼儿需要认真听教师或他人所说的内容或要求，然后根据要求做出相应的动作和说出对应的语言。比如在常规活动中，许多教师会采用"请你像我这样做"的听说游戏，教师边做动作边说"请你像我这样做"，幼儿对应地边做动作边说"我就跟你这样做"；有的老师也会用"小眼睛"来提示，幼儿用"看老师"等语言来回应。众多幼儿喜欢的"老狼老狼几点了"的游戏，也是一种典型的听说游戏：教师走在队伍前面，幼儿结对在教师后面问"老狼，老狼，几点钟？"，老师回答"1点钟"；教师和幼儿边走边玩，一直到幼儿问"老狼老狼几点钟"，教师回答"7点钟"（表示老狼起床了）的时候，幼儿要赶紧跑到"兔窝"去。这个活动就要求幼儿认真听，并能赶紧做出相应的动作和说出相应的语言。在一问一答、边做边做中幼儿感受到游戏的快乐，同时也发展了倾听和表达能力，丰富了词汇。

儿歌游戏是以儿歌呈现游戏内容，幼儿边念儿歌边做动作的一种语言游戏。幼儿园的民间游戏有许多都是儿歌游戏，这种游戏有的采用问答调的方式来推进，一问一答培养幼儿的听说能力，句子结尾往往采用押韵的词汇，从而让幼儿感受儿歌的韵律和节奏。比如儿歌游戏《数字对对歌》，两个幼儿面对面，互相拍手，一问一答，一个幼儿问"我说一，谁对一，什么菜叶扁又扁"，另外一个幼儿回答"你说一，我说一，韭菜叶儿扁又扁"，幼儿不断地一问一答，从数字一到数字十。随着幼儿对儿歌的熟悉，游戏可以扩展到更多的幼儿一起玩,并且可以把拍子节奏加快,让幼儿以更快的语速来念儿歌,从而锻炼幼儿的思维、词汇和表达能力。

词汇游戏是采用问答或比赛形式进行的以词汇为游戏内容的语言游戏,重点培养幼儿的词汇理解能力和反应能力。在幼儿园中较为常见的词汇游戏有"说相反",教师用"说,说,说相反,我说高",幼儿一般会接着说"我说低(矮)",采用这样的形式不断地说出相反意思的形容词。教师可以和幼儿调换角色,由幼儿先说,教师来答。教师也可以采用比赛的形式,将幼儿分为两组,教师来说,两组幼儿轮流回答,限定时间内回答正确次数最多的小组获胜。这个词汇游戏还有另外一种变式就是"正说反做",教师和幼儿商定身体中几组相反的部分,比如"头和脚"、"手和腿"、"前胸和后背"、"左手和右手"等,教师说出其中一个部位,幼儿要能迅速做出与指令相反的动作,如教师说"左手",幼儿要迅速举起"右手",教师说"摸摸头",幼儿要迅速"摸摸脚"。这种游戏既锻炼了幼儿认真听、迅速反应的能力,同时也丰富了幼儿的词汇。

二、区域游戏活动

区域游戏是幼儿个别化学习的重要方式,区域游戏活动中幼儿语言的学习与发展重点通过两个方面来实现:一是语言区角的设计与指导,二是其他区域活动中教师对幼儿的语言进行指导。

语言区角在许多幼儿园班级中的主要形式是"语言角"或"阅读区",有的幼儿园会专门在幼儿园中设置一个少儿图书馆作为阅读的专项活动室。这些区域在功能上都直接指向幼儿语言的发展,为幼儿提供学习和运用的平台。在规划班级语言区角位置的时候,教师要尽量将语言区角的位置远离过道,并与建构区、娃娃家等相对分离,以创设一个较为安静的氛围。一般来说,教室内的阅读角可以设置在卧室的一角或活动室的窗台下。在规划班级语言区角功能的时候,要注意包括视听功能、表演功能、阅读功能,要让幼儿有倾听或数字阅读的机会,要让幼儿有通过头饰、手偶或指偶表演的情景,也要有幼儿进行独自阅读或同伴共读的图画书和坐垫等。在投放班级语言区角材料的时候,要注意采用多元化、高品质的材料,既可以有布娃娃、手偶等高结构化的材料,同时也应有如纸话筒、箱子电视等低结构化的材料。尤其在阅读材料上,教师要精选优质的图画书,在类型上不仅给幼儿提供故事性的图画书,立体书、翻翻书、科学图画书、操作书等都应在区角当中有所体现。同时,教师要努力开发一些有趣的语言游戏材料,让幼儿喜欢在语言区角中玩这些语言游戏,并且能够持续地玩,创造性地玩,在游戏的过程中发展语言能力。

在幼儿开展区角活动的时候,教师往往通过观察、参与的方式对幼儿的游戏进行指导,在介入的过程中,教师不仅应关注自己的介入在维持、指导幼儿游戏中的作用,同时也要关注自己的语言在幼儿语言和思维上的作用。比如在小班的娃娃家中,一个小朋友正在玩"做饭"的游戏,当教师发现幼儿没有顾客的时候,往往会假装自己是顾客参与到幼儿的游戏中去。如果教师只是说"老板,我想要吃青菜,我还要吃肉",那这种参与只是低水平的平行参与;如果教师将自己的语言改成"老板,我想要吃炒青菜和红烧肉",虽然内容是一样的,但不知不觉中加上了动词"炒"和"红烧";当幼儿端上"食物"之后,教师可以说"这盘炒青菜看起来很好吃","这份红烧肉看起来也很好吃",一方面再次重复了"炒"和"红烧"这样的动词,同时还加上了"盘"、"份"这样的量词,另外还重复了图画书《你看起来很好吃》里面的那句有趣的"看起来很好吃"。这些动词、量词和重复的句子并不是要求幼儿一定要在一次游戏中掌握,或一定要幼儿在与教师互动中表现出来,但如果教师有意识地关注自己在指导过程中的语言,在以引导者、合作者和支持者的身份参与幼儿游戏的过程中能够关注幼儿语言的发展,则不仅能推进幼儿的游戏活动,同时又能促进幼儿语言的学习和发展。

区域活动的组织过程中也有着许多幼儿语言发展的机会。在幼儿进入区域之前,教师往往会通过谈话的方式让幼儿说一说自己想去哪个区域,想玩什么,有的教师还会引导幼儿讲述自己的游戏计划或者通过绘画、"前书写"的方式来呈现自己的游戏计划。教师有时也会系统地介绍某一区域中新提供的游戏材料的玩法,这个过程既能培养幼儿的表达能力,也能发展幼儿的有意识倾听和理解性倾听,培养良好的倾听能力。在区域活动结束之后,教师会请幼儿介绍自己今天在区域活动中的游戏,或者就区域活动中出现的问题让幼儿进行讨论。讲述自己在区域活动中的游戏能够发展幼儿的叙事性讲述和说明性讲述的能力,讨论区域活动中出现的问题可以发展幼儿谈话、辩论以及评判性想法的能力。有的教师还会引导幼儿通过"前书写"的方式来记录自己的游戏故事,所记录的游戏故事一方面为幼儿讲述自己的游戏提供了"支架",同时也发展了幼儿"前识字"和"前书写"的能力。

幼儿的语言既是在环境、一日生活、游戏和教学活动中运用和发展的,也需要在环境、一日生活、游戏和教学活动中进行学习。在幼儿园教育中,教师要充分重视这几个途径在幼儿语言学习和发展中的重要性,不能只强调某一个途径的作用、只开展某一途径的教育活动,而要综合、协调地让几种途径都能够促进幼儿的语言学习与发展。教师要创设积极的语言环境,让幼儿在这样的环境中"想说、敢说",要合理安排好一日生活的各个环节,在生活环节和游戏活动中让幼儿"喜欢说,有机会说"。在教学活动中,教师要关注幼儿语言学习中方法和策略性的核心经验,关注幼儿的学习品质,让幼儿"学会说",在所有这些途径中都要有教师具有教育性和语言性的积极回应,从而促进学前儿童语言能力的发展。

练一练

1. 观察和记录一个游戏活动中幼儿的语言交往,看看他们的语言交往呈现出了什么样的特点,思考一下,如果你要参与进去,怎么让你的语言具有教育性和语言性?

2. 到幼儿园去观察一个班级的语言区角,看看这个语言区角在位置上、功能上、材料上有什么样的特点,根据所学内容,提出你的调整意见。

3. 制作一个语言游戏材料,投放到幼儿园的语言区角,看看幼儿是否喜欢玩,思考如何使你制作的语言游戏材料让幼儿喜欢玩、持续地玩并且创造性地玩。

第四章

谈话活动的组织与实施

■ 学习目标

1. 了解幼儿谈话的基本特点。
2. 掌握谈话活动的核心经验及其分析方法。
3. 能初步设计和组织幼儿的谈话活动。

■ 想一想

1. 在班上和你的同学讨论一下你们各自的"珍贵的宝贝",你是怎么理解"珍贵的宝贝"的? 把你们的讨论记录下来,看看你们讨论了什么,是怎么讨论的。为了听明白别人的意思,你是怎么做的? 你是怎么让别人明白你的意思的? 你觉得在谈话中有什么样的规则需要遵守呢?

2. 幼儿园的李老师在大班组织了一次活动,她请小朋友说一说"什么是'宝贝'",以下是一些幼儿发言的记录:

幼儿1:我觉得宝贝就是很漂亮、很漂亮!

幼儿2:我觉得宝贝就是不让人家碰,碰了就要打他的东西!

幼儿3:宝贝就是每天挂在身上,也不能离开它的东西!

幼儿4:宝贝就是藏在一个地方的东西!

幼儿5:宝贝就是金银财宝!

幼儿6:宝贝就是很有价值!

幼儿7:宝贝就是你有钱你也买不到的!

看完这些孩子天真的发言,你觉得这些孩子的语言能力怎么样? 再看看你和同学的讨论,看看你们讨论的内容和孩子们说的相比有什么样的不同? 如果你是组织这次教学活动的老师,你会在这个谈话活动中培养孩子什么能力呢? 将你列出来的目标和同学讨论一下,看看哪个目标是跟幼儿语言的学习和发展有关的? 另外,如果你是这位李老师,你接下来会组织什么样的活动环节来实现你所设计的活动目标呢?

■ 学一学

在人们的观念中,一个语言能力好的幼儿就是"很会说话"的孩子,最直接的表现就是很会"聊天"。但一个孩子到底应该具备什么样的核心经验才能"会说话"、"会聊天"呢? 只"会说话"、"会聊天"就够了吗? 如果面对一个不怎么"会说话"、"会聊天"的孩子,你会用什么样的办法发展他(她)的语言能力呢? 接下来,我们就将对幼儿口头语言中的一种重要能力——谈话进行分析,系统了解其核心经验,并学习如何组织谈话活动以促进幼儿谈话核心经验的发展,最终培养出一个有着良好谈话能力的幼儿。

第一节　谈话活动的特点与内容选择

谈话是指两个或两个以上的人就某一主题进行的交谈,是人们最常使用的语言运用形式,也是儿童交流能力发展的重要途径。谈话是学前儿童口头语言能力的重要组成部分,良好的谈话能力是学前儿童口头语言能力的重要表现。谈话不仅对学前儿童口头语言能力发展有重要价值,而且对学前儿童其他方面的发展也具有重要意义。

一、幼儿谈话中的语言要素

就一个完整的谈话过程而言,包含着谈话的传递、谈话的导向和谈话的推进等语言要素(周兢,1996),每一个过程中又涉及若干个谈话的要素,其中较为关键的是谈话的发起、谈话中的应答与轮流、谈话主题的深入与转换、谈话的总结与结束等语言要素,这些语言要素都是儿童在口头语言发展过程中要逐渐学习和获得的。一般来说学前儿童的谈话具有以下特征:

一是具有一个有趣的中心话题。确立一个有趣的中心话题首先需要大部分幼儿都要有相似的经历,如节假日的所见所闻、旅游过程中的奇闻逸事、日常生活中的点滴趣事。但是围绕这个主题,每个幼儿又有着各自独特的经历、见解和看法,因而在谈话中能有所表达。其次中心话题还应该是有趣的,主要表现为所谈论的话题是幼儿刚刚经历的事情,如暑假回来说旅游,春节回来说压岁钱,最喜欢的玩具等等;最后,有趣还表现为所谈话的话题是儿童共同关注的,如热播的《西游记》,幼儿园刚刚发生的事情,大家一起看过的图画书等等。

二是有着多方的信息交流。在一个有着和谐谈话氛围的情境中,无论何种形式的谈话,每个人每次说话的时间都不会很长,在幼儿讲出一个事情、说出一个观点、提出一个问题后,立马就会有其他人进行回应或反驳,因此在谈话中会有着谈话方之间多方、多循环的信息交流。通过多方、多循环的信息交流,大家产生和吸收更多新的意见和想法,从而自然地围绕谈话的主题不断深入,最终找到问题解决的办法,或形成较为一致的意见。

三是具有轻松自由的氛围。这种轻松自由的氛围一般表现为"童言无忌",无论是幼儿与父母、教师等成人的谈话,还是幼儿之间的讨论、辩论等都不太会受权威的影响,一般没有"统一"的标准,因此幼儿在谈话中更愿意表达。比如在一起阅读完《三个强盗》这本图画书后,针对"这三个强盗,到底是好人还是坏人?"这个问题,有的小朋友会说这三个强盗是坏人,因为他们抢别人东西;但有的小朋友就会反驳,认为他们后来很喜欢小朋友,所以是好人。在这种没有"对错"和统一标准的环境中,幼儿往往更能充分地交流和讨论。

在幼儿园教育中,幼儿的谈话有日常谈话和集体谈话两种形式。日常生活中的谈话带有强烈的情境性和随机性,如进餐、户外活动、生活的照料、玩具的分配、幼儿的冲突等。这种谈话人数不一、时间不定、内容往往是谈话方即时性关注的事情。正因为具有随机性,这种谈话对幼儿口头语言能力的发展具有重要价值,同时还能关注到幼儿口头语言能力发展的个别差异。集体谈话往往由教师组织,是有目的、有计划的谈话活动。这种活动中教师往往根据幼儿的兴趣和教学的内容引入一个谈话主题,通过提问的方式引导幼儿发表自己的观点,并鼓励幼儿积极地质疑和讨论不同的观点,并适时通过回应和引入新问题将幼儿的讨论带入新的学习领域,从而帮助幼儿学习谈话的规则,逐渐掌握谈话过程中的策略。

日常生活谈话和集体谈话两者相辅相成,是幼儿口头语言能力发展的重要途径。由于学前儿童家庭背景各异,进入幼儿园时,幼儿口头语言能力之间存在较大差异,因此集体谈话活动对帮助幼儿系统性地发展口头交流能力有着不可取代的作用。

二、谈话对幼儿发展的价值

首先,谈话对幼儿理解和认知发展具有重要作用。在谈话中,幼儿的语言能力表现在倾听和表达两个方面,因此幼儿要学习倾听成人和同伴的谈话,并学会适时、适当地进行回应,学习如何告知他人自己的想法,学习表达自己的经验和意见,学习在不同的情景中调整自己的谈话行为。这些经验的获得对幼儿的语言和认知提出了更高的要求,通过与他人交谈,幼儿可以丰富词汇、理解词义、学习语言运用规则并促进思维的发展。因此让幼儿获得谈话的核心经验有助于发展幼儿的理解和认知能力。

其次,谈话经验中所包含的能力是后期语言发展的重要基础。Betty Hart 和 Todd Risley(1995)的研究发现,不同经济文化社会水平的幼儿的词汇发展能力有差异,接受福利家庭的孩子与父母交谈的时候一个小时只说 616 个字;工薪家庭是 1251 个字;而高知家庭是 2153 个字。研究结果发现,这种差异对幼儿后续发展有着显著的影响,对儿童 3 岁和 9 岁时候的语言和学业能力发展有预测作用。同时谈话中幼儿表达能力的发展、谈话规则的掌握、表达策略的运用等对后期的叙事能力和观点采择能力都有着显著影响(Gleason,2007)。

最后,谈话是幼儿社会性发展的重要途径。谈话是与人交往的过程,在交往的过程中,能够认真倾听他人谈话,并听懂他人意思是交往的基础;能够有礼貌地与人交谈,并把自己的意思清晰地表达清楚让对方理解是交往得以成功的前提;在讨论的过程中,能够通过多种方式帮助辅助表达,使整个谈话过程不断深入是交往得以成功的保证。因此,谈话能力是幼儿社会交往的基础,谈话能力强的幼儿社会交往水平往往较高,相反,谈话能力弱的幼儿,社会性发展水平可能较低。通过学习谈话,掌握谈话的技巧、规则,学前儿童能够更顺利地与他人交往,发展更好的同伴关系。

三、不同年龄阶段学前儿童谈话的特点

一般而言,3 岁时,幼儿已经掌握了本民族的口语。这个时候幼儿能对成人的指令进行回应,对成人的问题进行简单的回答,在游戏中向同伴表达自己的想法和意见,但在与他人交往中,还没有表现出明显的谈话意识。在幼儿园阶段,儿童谈话能力的发展呈现出以下特点。

在小班阶段,幼儿因为与班级中的伙伴还不是很熟悉,加之认知经验有限,因此谈话中的表达不够积极。幼儿还不善于有意识地倾听他人的讲话,对他人的讲话还不能很好地理解,对教师的提问往往只是作简单的回应,如教师提问"故事里面有哪些小动物?",幼儿可能只是回答"小狗",未能完整地进行回答。小班幼儿在谈话中,也会表现出表达不够清楚,声音较小,吐字不清晰等现象。

在中班阶段,随着幼儿年龄的发展、认知经验的丰富,在谈话中表达和表现的积极性明显提高,开始能集中注意倾听成人和同伴的谈话,但难以持久,未能较好地掌握谈话的规则,在谈话过程中往往迫不及待打断教师或同伴的发言。中班幼儿的谈话开始能围绕主题进行,但是表现为对主题的横向展开,在谈话中缺乏与同伴的多方、多循环的互动。这个阶段中幼儿谈话能力发展的差异较为明显,有些儿童发展较好,而有些却滞后于大多数。

在大班阶段,幼儿的谈话能力明显提高,主要表现为能逐渐完整理解谈话对象的意思,逐步掌握谈话的规则,知道轮流谈话,举手发言,适时插话。在谈话过程中开始有意识地运用举例、质疑等方式证明自己的观点,谈话中语句长度明显加长,复杂句出现得更为频繁。幼儿在谈话中能较为密切地围绕主题进行,并会主动回应、质疑、反驳成人或同伴的观点,通过初步思考提出新的观点,促使谈话主题的纵向深入。在谈话过程中,幼儿开始采用肢体语言、声音表情等手段。

四、谈话活动内容的选择

学前儿童的谈话活动分为日常生活谈话和集体谈话两种。日常生活的谈话往往是随机谈话,以个别谈话或小组谈话为主,主要是教师与个别幼儿交谈,谈话的主要内容是幼儿正在进行的活动,教师给幼儿提出建议或要求,解决个别幼儿的问题。集体谈话主要是教师针对大部分幼儿都感兴趣或者与大部分幼儿都有关的话题和内容开展的谈话,这种谈话活动时间可长可短,这样的话题往往包括以下几个方面。

1. 我经历的……。这类话题往往是幼儿有着相似的经历或感受的内容,比如春节见闻、假期趣事、旅游经历、活动过程等。教师往往会在假期开始前或假期结束后开展这类主题的谈话活动,帮助幼儿整理自己的经历,分享自己的快乐。比如"三八"妇女节,教师会组织幼儿谈一谈如何给妈妈过节日;在学习了"梦姑娘的花篮"后,会说一说"自己做过的梦";周一的时候,会聊一聊自己周末春游的地点、见闻和感受。幼儿对这类

话题往往有着直接的经历和直观的感受,因此也就更容易"有话可说"。

2. 我喜欢的……。这类话题主要涉及幼儿对某物的情绪情感,比如我喜欢的玩具,我喜欢的动画人物,我喜欢的食物,我喜欢的运动等等。这类主题可以帮助幼儿分享自己喜欢的事物或感受,为幼儿交往找到共同点,同时也能帮助幼儿发展清晰表达的能力,并通过说出自己喜欢的理由发展幼儿的思维能力。这样的话题因为能够照顾到每个幼儿的情感感受,因此能激发幼儿"想说"。

3. 我知道的……。这类话题往往涉及某个事件的所见所闻,随着幼儿接触电视、网络等媒体的机会越来越多,加之家庭中往往会就某个事件进行讨论,幼儿有许多机会获得相关事件的信息,当教师就某个事件开展讨论时,就为幼儿的这些经验分享创造了平台。比如某次下暴雨导致城市内涝,黄金周某个景点游客爆满,某个商品大家疯狂抢购,某个事件众人热议……这些事件都会通过电视新闻、家庭讨论等途径传递给幼儿,当教师以这类事件为话题的时候,许多幼儿往往会积极对这类事件表达看法。

4. 我想要的……。这类话题主要涉及幼儿的愿望,比如我长大了想当什么,我最想要的生日礼物,我最想对妈妈说的一句话……这类话题能够激发幼儿在谈话中的积极性,让幼儿"想说"。

除了这些谈话主题,在日常生活中教师还会随时根据幼儿在一日生活中的表现进行谈话,重点指出正确的做法、注意的事项。比如教师会就幼儿离开座位踢小椅子的行为进行谈话,让幼儿思考正确的做法;就个别幼儿下楼梯的时候摔跤的事情进行谈话,提醒其他的小朋友在下楼梯时应该注意的事项。

第二节 谈话活动的核心经验分析

在幼儿园教育过程中,许多教师常常把谈话活动作为建立常规的一种班级管理方式,重点培养幼儿的某种习惯或行为,或是将谈话当作主题活动开展前的一种预热,通过谈话激发幼儿的行为,这些都是谈话在幼儿园教育中作用的体现。但作为学前儿童语言教育活动的谈话活动,应该聚焦幼儿谈话核心经验的学习与发展,让幼儿在谈话活动中获得成功交往所需的习惯、能力和策略,从而能在其他活动中运用这种核心经验。

《幼儿园教育指导纲要(试行)》对学前儿童的谈话能力的要求主要表现为"乐意与人交谈,讲话礼貌"、"注意倾听对方讲话,能理解日常用语"、"能清楚地说出自己想说的事"。在《3—6岁儿童学习与发展指南》中,第一个范畴"倾听与表达"的三个目标分别从"谈话对象"、"谈话内容"、"交谈礼仪"、"语气语调"和"礼貌用语"等方面对幼儿在不同年龄段提出了期望(见第二章的内容),这些都构成了学前儿童在谈话活动中需要学习和发展的核心经验。

一、谈话活动中幼儿语言学习与发展的核心经验分析

一个有着良好倾听习惯和能力、乐于交往、敢于表达、能围绕主题谈话不偏题、掌握谈话规则、会轮流谈话的学前儿童往往被认为具有高水平谈话能力,这些特点也是学前末期一个有着良好谈话能力的学前儿童应有的状态,支撑这种状态背后的核心能力或品质就是学前儿童谈话的核心经验。因此,根据谈话本身的语言要素、学前儿童谈话活动具有的特点,我们总结出学前儿童谈话的核心经验主要包括以下范畴:倾听习惯和能力;交流和表达的规则;谈话策略。这三个范畴支撑着幼儿谈话的过程。学前阶段对幼儿"谈话"能力的培养,主要是帮助学前儿童获得未来口头交流能力发展所需的核心经验,为塑造一个有着良好谈话、交流能力的人奠定基础。

为了更好地帮助大家了解如何在具体的教学活动设计和实施中分析谈话活动中的核心经验,我们以谈话活动的一种独特形式——辩论活动为例,结合对"晴天好还是雨天好"这一活动中体现的核心经验进行分析,来阐释谈话活动中的核心经验。

（一）倾听习惯和能力

倾听是沟通的基础，注意听并能听得懂是进行谈话的第一步，也是确保谈话顺利进行的保证，良好的倾听习惯和能力是学前儿童谈话能力中的首要核心经验。《3—6岁儿童学习与发展指南》将"认真听并能听懂常用语言"列为了学前儿童语言能力发展的首要目标，在学前阶段重点要发展的是主动倾听的经验，从有意识倾听和辨析性倾听，逐渐发展到理解性倾听。有意识倾听，即学前儿童跟随成人的指令作出回应；辨析性倾听，即学前儿童对谈话对象中的特定内容有区别，对谈话对象的言语中的声调变化有意识；理解性倾听，表现为学前儿童听懂了谈话对象的言语意义，对谈话对象的观点进行评价并形成自己的观点，也表现为谈话对象的内容激发了学前儿童的想象和情绪，学前儿童通过言语和行动自发地和自由地表达。这个核心经验包括两个方面：

1. 倾听习惯

倾听习惯主要表现为三个方面：倾听的主动性、倾听的行为和回应行为。倾听的主动性主要表现为幼儿从被动倾听到主动倾听，逐步有意识地集中注意力听取相关信息；倾听的行为主要表现为在倾听的过程中能保持安静，会做出倾听的动作如侧耳等，注意力能跟随谈话对象指示物的变化而变化；回应行为主要表现为幼儿在倾听的过程中会用眼神、肢体动作、面部表情或回应性的口头语言对对方作出回应。在"晴天好还是雨天好"的辩论中，幼儿需要学习在对方发表观点的时候保持安静，这是幼儿可以学习和发展倾听习惯的机会。

2. 倾听能力

倾听能力主要表现在两个方面：理解对方话语的直接含义，做出相应行为；初步理解对方话语中句子、词汇或语气语调隐藏的含义。在对方说出一句话后，幼儿需要明白对方话语的直接含义，如果是一个自己应该做的指令，则做出相应的动作；如果不明白对方的话，会通过提问的方式来要求进一步说明。有的谈话对象话里面有隐藏含义，幼儿要初步理解这种隐藏含义，比如自己做错事情的时候，成人问"你多大了"，幼儿要理解这表示批评，而不是问自己几岁了。在"晴天好还是雨天好"的辩论中，幼儿要理解对方所说的理由，并判断这种理由是否成立，应该如何反驳，从而发展幼儿的倾听能力。

（二）交流和表达的规则

一个谈话活动要能推进，离不开谈话过程中对交流和表达规则的掌握和使用。谈话过程中的规则主要有使用文明礼貌用语、注意倾听他人发言，及时给予应答和反馈、不随便插话，发言时先示意、注意谈话对象之间的轮流等。《3—6岁儿童学习与发展指南》中的目标3"具有文明的语言习惯"主要涵盖的就是这个范畴的经验。这个部分的核心经验主要包括三个方面：礼貌用语、谈话规则和谈话主题。

1. 礼貌用语

文明礼貌用语是交谈交往的润滑剂，因此幼儿在谈话的过程中要学会从在他人的提示下使用礼貌用语到自己主动自觉地使用礼貌用语，能够在特定的谈话场合使用特定的礼貌用语，比如一般场合使用问候语，求助场合使用问询语等；在谈话的过程中不说脏话、粗话。在"晴天好还是雨天好"的辩论活动中，一般会有辩论活动中特定的文明礼貌用语，比如"对方辩友好"；在辩论激烈时，不能说脏话和粗话等。

2. 谈话规则

谈话规则是谈话双方共同商议或自然形成的要求双方遵守的规则，是谈话得以有效沟通的保障。对于幼儿来说，最需要学习和发展的谈话规则包括轮流发言，发言要示意，等待他人发言结束，不插话、不抢话。由于许多谈话主题都与幼儿的生活体验、想法感受联系密切，在谈话的时候，许多幼儿只想着说自己的，不太容易遵守谈话规则，因此需要教师予以特别引导。在"晴天好还是雨天好"的辩论活动中，幼儿就需要学习和遵守轮流发言、举手示意、有序发言等辩论活动中应该遵守的谈话规则。

3. 谈话主题

谈话主题是谈话活动中的核心话题,围绕主题开展谈话是保证谈话有意义、有效率的关键。小班和中班幼儿在谈话的时候往往容易跑题,谈话主题不稳定,到了大班,谈话的主题才比较稳定,但不够深入。因此,教师要注意通过谈话活动引导幼儿意识到谈话的主题,在谈话中围绕主题,通过谈话主题的深入推进谈话。在"晴天好还是雨天好"的辩论活动中,幼儿需要围绕"好"这个主题进行谈话,通过对"哪个好?""为什么好?""为什么比另外一个好?"等问题的谈话让幼儿的想法"越辩越明"。

(三) 谈话策略

谈话是一个多向交流和沟通的过程,谈话双方能否很好地发起谈话关系到谈话能否开展;谈话双方通过多种方式帮助自己进行表达是谈话得以顺利进行的基础;谈话双方能否通过提问、追问、分享等方式维持谈话是谈话能否持续并深入的关键。这就构成了谈话活动中幼儿需要学习和运用的谈话策略:发起谈话的策略、辅助表达的策略、维持谈话的策略。学前儿童在谈话中往往会不自觉地使用一些谈话策略,如表达强烈意愿或观点的时候往往比较激动、大声,对他人观点不认同的时候会不自觉摇头、摆手,但这些策略的使用都不是主动、有意识的,策略使用的有效性比较低。因此学前阶段,幼儿要学习和发展这些谈话策略,保证谈话活动的顺利进行。

1. 发起谈话的策略

发起谈话是一个人交往的第一步,能否主动发起谈话是幼儿是否"敢说"的重要表现。发起谈话的策略可以包括寒暄,自我介绍,分享自己的想法,表达自己相同的情绪,以及提问、提议等。幼儿从最初的被动回应,以回答问题的方式偶尔参与到他人的谈话中,逐步发展到会主动与熟悉的人发起谈话,会主动通过观察、表达自己意见等方式参与他人的谈话,并通过提问、提议等方式主动发起谈话。在"晴天好还是雨天好"的辩论活动中,谈话的发起主要由主持人来负责,但幼儿可以通过提问(质疑)、表达自己主张(陈述某个观点)的方式来发起对同一主题不同内容的辩论。

2. 辅助表达的策略

在谈话活动中,除了通过语言来表达意思之外,还需要通过其他辅助表达的策略来帮助双方正确理解意思。辅助表达的策略分为两类:一是辅助对方表达的策略,包括请求对方重复、重复对方话语、解释对方意思等方式;二是辅助自己表达的策略,包括在表达的过程中使用表情、动作、语气、语调、表演等方式。幼儿要学习从不会使用辅助表达策略,发展到无意识地使用一些表达策略(如动作、表情),而后发展到有意识地、恰当地使用一些辅助表达策略(如语气、语调、表演等)。在"晴天好还是雨天好"的辩论活动中,幼儿可以学习使用一些反问的语句、恰当的表情、动作等方式来帮助自己更好地表达观点和理由。

3. 维持谈话的策略

在谈话的过程中,幼儿还需要学习一些维持谈话的策略,这样才能让谈话活动不至于冷场,能够持续进行。常用的维持谈话的策略主要包括提出新的话题,分享自己的想法、感受,提问或追问对方等。幼儿在维持策略上的发展主要表现在意识性的增强和策略使用的效率上,随着年龄的增长,使用维持策略的意识性不断增强,并且使用多样化的策略。在"晴天好还是雨天好"的辩论活动中,最常见的维持策略就是追问、反问,要求对方回答,从而力求对方在陈述的过程中出现理由不成立的现象。

二、谈话活动中幼儿语言学习与发展核心经验的层次关系

通过对学前儿童谈话学习与发展的核心经验分析,结合"晴天好和雨天好"这样具体的谈话活动中核心经验的分析,你是不是更加明确一个谈话活动中应该培养幼儿语言学习与发展的何种核心经验了? 所分析出来的这些核心经验往往也就成了教师有目的、有计划地组织的集体谈话活动的教育目标。但是一个谈话活动往往能够体现多种核心经验,那在设计和组织谈话活动的过程中,教师应该如何处理核心经验之间的层

次关系呢?

(一) 以幼儿的谈话能力发展特点为依据

在谈话的核心经验中,有些核心经验在幼儿年龄较小的时候就会出现,有些则要到后期才开始萌芽,比如"倾听习惯和能力"往往是较早发展出来的,而"谈话策略"对于幼儿的认知能力要求较高,在中大班的时候才会作要求。因此,一般在小班,重点聚焦幼儿"倾听习惯和能力",让幼儿想说、敢说,在中大班往往会聚焦"交流和表达规则"、"谈话策略"的核心经验上,让幼儿"会说"。另外,同一个核心经验往往有着不同的发展水平,如"倾听能力"中,幼儿听懂对方话语中的隐藏含义的要求就比较高;在"辅助表达的策略"中,幼儿能够使用语气、语调来辅助表达的要求就比用表情和动作来辅助表达的要求更高。因此,即使聚焦同一个谈话的核心经验,教师要根据幼儿在该经验上的发展水平,设计和规划核心经验发展的目标。

(二) 以谈话主题的分析为主线

在教师有计划、有目的地组织的集体谈话活动中,谈话主题往往是核心、主线,教师只有把谈话主题分析、分解得比较清楚,才能有意识地引导幼儿围绕主题开展谈话,并在谈话过程中发展幼儿相关的核心经验。比如在组织"我最喜欢的玩具"的谈话活动中,教师要事先分析出这个谈话主题的小主题,重点是抓出谈话主题中的关键词,如"玩具"、"喜欢"、"最喜欢",根据这些关键词列出一些小主题,如"我有什么玩具"、"我最喜欢的玩具是什么"、"我为什么最喜欢这个玩具"、"别人最喜欢的玩具是什么?"通过小主题谈话的层层递进推进幼儿的谈话。教师只有把这样的小主题分析出来,并按照层次进行排列,才能明确在谈话的过程中能够给幼儿提供发展何种谈话核心经验的机会。

如果你现在要跟幼儿一起讨论"珍贵的宝贝",你会选择什么关键词? 你会列出什么小主题? 这些小主题之间的层次关系应该怎么排列?

(三) 综合分析活动中最能体现出来的核心经验

在幼儿谈话主题分析清楚之后,教师就需要结合幼儿在谈话核心经验的各个成分上的发展水平,分析出在这样的谈话主题中,幼儿最需要、最能够发展的核心经验有哪些。比如在"晴天好还是雨天好"的辩论活动中,幼儿在活动中可以发展出来的核心经验就有"倾听能力"中"理解对方的观点";"交流和表达规则"中围绕"谈话主题"谈话,不跑题,遵守"谈话规则",使用辩论活动中的"礼貌用语";"谈话策略"中通过假设、追问、质疑等方式来发起谈话、维持谈话。在一个活动中有这么多可以发展幼儿谈话核心经验的机会,那么在这个辩论活动中,最需要学习和运用的核心经验是什么呢? 通过分析之后,遵守"谈话规则",在辩论活动中有序发言是辩论活动的要求,同时在这个活动中也体现得比较明显。另外,辩论活动一般需要交锋,因此对对方的发言进行假设、质疑是幼儿在这个活动中应该逐步感受并学习的。通过这样的分析,教师就会将"晴天好还是雨天好"的辩论活动目标在核心经验上定位在"交流和表达规则"中遵守"谈话规则"和"谈话策略"中的通过假设、质疑、追问等方式"维持谈话"上。

第三节 谈话活动的组织与教学策略

本章开始部分曾希望大家能就"珍贵的宝贝"试想自己如何与幼儿开展谈话活动,请把你设想的活动计划跟同学们讨论一下,看看你们安排了什么样的活动环节来引导幼儿顺利地围绕主题开展小主题的讨论,在小主题的讨论之间顺利递进,你会如何使用什么样的教学策略(提问、图示)来帮助幼儿注意到可以发展的谈话核心经验,并在谈话的过程中学习并运用这些核心经验呢?接下来,我们将以"晴天好还是雨天好"的辩论活动为例,具体谈谈如何组织幼儿园的谈话活动,并讨论促进幼儿谈话核心经验发展的教育支持策略。

一、幼儿谈话活动的组织

为了成功地组织有计划、有目的的集体谈话活动,教师一定要明确三个关键要素:一是要有"话"可谈,即谈话活动一定要有谈话主题;二是要让幼儿有机会"谈",谈话活动是幼儿的谈话,因此,在活动中要充分引导幼儿与同伴交谈;三是要让幼儿会"谈",关注幼儿谈话学习与发展的核心经验,通过学习和运用这些核心经验,让谈话更顺利、更深入。这三个要素可以通过以下活动环节来实现。

(一) 创设谈话情境,引入谈话主题

在谈话活动中,教师首先要激发幼儿的谈话兴趣,让幼儿有话想说,从而引出谈话主题,鼓励幼儿参加谈话活动。在组织过程中,教师可以采用以下策略来引出谈话主题。

1. 直观引入

在活动中教师可以通过环境创设、实物呈现和内容展示等方式直观地呈现幼儿的经验,从而引出谈话的主题。比如在谈话活动"我的春节"中,教师通过班级环境或区角布置,创设春节的氛围,教师引导幼儿观察周围的环境,进而引出谈话的主题"你在春节发生了什么好玩、有趣的事情?"也可以通过实物呈现的方式,比如在区域活动之后,教师组织幼儿开展区域活动的谈话,呈现幼儿在区域活动中的作品(如结构作品,美工作品等),让幼儿直观感受,提出谈话的主题"你们觉得哪个好?为什么?"更多时候教师会通过内容展示的方式引出主题,比如教师让幼儿将自己"喜欢或不喜欢下雨"的理由画出来,然后教师将这些图画进行归类,分为"喜欢"和"不喜欢",让幼儿直观看到自己的想法,从而引出谈话的主题:"你喜欢下雨的原因是什么?你不喜欢下雨的原因是什么?"

2. 言语引入

有的谈话主题会有一定的故事性,或者幼儿对该主题曾经有过经验,但这种经验又未能通过绘画、录像、照片等方式记录下来,这种时候教师就会采用言语导入的方式来引出谈话的主题。比如在讨论"节约用水"时,教师首先讲了一小段故事,让幼儿对故事中的人物特征有直观的感受,然后引导幼儿根据自己的想法对故事中小朋友"节约用水"的做法进行讨论。另外,教师可以通过言语帮助幼儿回忆大家的所见所闻,如班级中的意外事件、某位曾经来过班级的老师等,从而开展谈话。

3. 情境导入

有些谈话主题需要幼儿进入相应的情境,教师会通过表演的方式或实验演示的方式创设一个冲突或疑难的情境,激发幼儿的讨论。比如在"如何减肥"的谈话活动中,教师让一位幼儿扮演一位肥胖的幼儿来寻求帮助,从而激发幼儿开展"如何减肥"的讨论。

谈话主题的引入方式可以多样,但都要能紧扣谈话主题,尽量开门见山地指向谈话的主题,让幼儿及早开始谈话。在辩论活动"晴天好还是雨天好"中,教师在活动前带领幼儿了解晴天和雨天给人们生活带来的好处和方便,并且观看成人辩论的基本过程,为幼儿的辩论提供了经验基础。在活动中,教师通过出示"晴天"和"雨天"的图片,直接引出谈话的主题:"在我们生活的这个地方,晴天的时候多还是雨天的时候多?你更喜欢晴天还是雨天?"

(二) 幼儿表达想法,教师观察幼儿表现

在引出谈话主题之后,教师可以通过点名、分组、幼儿自由谈话等方式给幼儿创设表达想法的机会。点名一般适用于没有对立立场的谈话主题,比如"我最喜欢的玩具","我最喜欢的图画书"等;分组比较适用于谈话的主题可以分为两个或多个平行或对立的观点,比如"男孩好还是女孩好"、"动物应不应该穿衣服"等这

些话题往往可以分为两个不同的观点,教师可以请幼儿选择一种立场,表达自己的想法;幼儿自由交谈往往可以让幼儿体会多种交流,比如在"好听的话"的谈话活动中,教师在引出话题之后,会引导幼儿与教师、幼儿与幼儿之间先进行几分钟的自由交往谈话,收集自己听到的"好听的话"。

在这个环节,教师主要是为幼儿创设一个"有机会说"的环境,并参与到幼儿的谈话中去,同时在幼儿的谈话过程中观察幼儿的表现,主要观察两个方面:一是观察幼儿谈话内容,看看幼儿首先对什么小话题感兴趣,随时准备调整小话题的次序;二是观察幼儿在谈话中核心经验的发展水平,观察幼儿是否学会了倾听,是否能够运用交流和表达的规则,是否使用了谈话的策略,并结合自己对活动核心经验的分析,重点关注活动中幼儿在相关核心经验上的表现和发展水平,以便在后续环节中聚焦这样的表现,促进幼儿核心经验的学习和发展。

在"晴天好还是雨天好"的辩论活动中,教师采用分组的方式,让幼儿自由选择自己的立场,然后让幼儿轮流发言来表达自己的理由。在这个过程中,教师特别注意幼儿在说明理由的时候"是否遵守了轮流说"的规则,"是否说了不一样的理由",包括说理由时"是否完整",从而为后面环节的提问和示范奠定基础。

(三) 教师依次推出小话题,呈现谈话的核心经验

在第二个环节观察了幼儿在谈话中的表现后,教师可以首先关注幼儿已经掌握但未能很好运用的核心经验。教师可以表扬在这些核心经验上表现好的小朋友,比如倾听习惯的核心经验,教师可以表扬说"我发现,刚才小朋友在发言的时候,×××小朋友特别安静地在听别人发言",让幼儿重新回忆或复习已经掌握的核心经验。教师也可以呈现谈话核心经验中较为容易掌握的部分,让幼儿先掌握这些较易学习的核心经验,并在后续的讨论中运用,比如在"我喜欢的玩具"的谈话中,教师会特别表扬那些说得很完整的、能说出玩具名称和样子的小朋友,从而为幼儿在后续的谈话中完整表达提供示范。但这个过程不宜持续太长,要迅速引导幼儿进入到新的小话题的讨论。

在复习和掌握熟悉以及容易的核心经验之后,教师要通过归纳幼儿在第二环节中谈话的内容,引出幼儿最感兴趣的小话题,从而引导幼儿围绕主题开始谈话。比如在"动物应不应该穿衣服"的谈话中,认为动物应该穿衣服的幼儿认为"动物应该穿衣服,这样就不会感冒",而认为动物不应该穿衣服的幼儿认为"动物不应该穿衣服,因为它穿上会不方便",教师根据幼儿的回答,归纳出幼儿主要是从"美观"、"方便"的角度来阐释自己观点的,然后就引导幼儿说"还有没有其他不一样的理由",从而让幼儿学会围绕话题开展谈话,说出不一样的想法。教师发现幼儿在谈话的时候往往会只关注自己的理由,两方的观点没有交锋,就引导幼儿学习对对方的观点进行反驳,这样即进一步围绕主题开展了小主题的谈话,同时又发展了谈话中"谈话策略"的核心经验。

在"晴天好还是雨天好"的辩论活动中,教师在幼儿发言后就某个幼儿的表现问"他说得完整不完整?",表扬这位幼儿"他先说了自己的观点,'我喜欢晴天',然后说出了理由'因为晴天可以晒被子'"。当幼儿已经能开始完整地表达自己的观点进行讨论时,教师发现幼儿还只能说出自己的理由,认为幼儿应该学习和运用提问、质疑等谈话策略,因此当一个幼儿说"我喜欢晴天,因为晴天可以让植物有充足的阳光,如果是雨天,植物就可能会被淹掉"时,教师适时插话"他说得非常完整,而且用了一个很好的词'如果','如果是雨天,就……'"引导幼儿使用假设、提问、质疑的谈话策略,不仅表达自己所持立场的理由,还去反驳对方的理由,促进幼儿核心经验的水平不断提升。

这个环节是谈话活动中的主体环节,教师组织幼儿"围绕小话题谈话——学习相关的核心经验——围绕小话题运用核心经验进行新的谈话",通过这样的方式,幼儿既围绕主题进行了谈话,同时也学习和运用了谈话的核心经验。但需要注意的是,谈话中小主题的推进要根据幼儿的表现和水平自然展开,切忌教师直接提出新的谈话小主题,同时也要注意幼儿谈话核心经验需要较多的运用机会才能巩固,因此不要试图在一次活动中使幼儿掌握所有核心经验,要注意多给幼儿创设谈话的机会。

（四）教师总结谈话内容，评价谈话表现

在幼儿围绕小主题进行充分谈话，并学习和初步运用了谈话经验之后，教师可以总结谈话的内容，以评价谈话表现的形式来结束谈话活动。

教师首先会总结谈话的内容，总结幼儿这次谈话活动围绕主题谈了什么，归纳出幼儿谈话内容中的共同点。在这个过程中，教师可以通过图示、符号或文字的方式呈现归纳的结果，帮助幼儿梳理自己的谈话经验，比如在"我的暑假"的谈话中，教师在总结部分，可以根据幼儿的谈话归纳出幼儿暑假生活：上兴趣班、旅游、回老家、玩等。

教师还会评价幼儿的谈话表现，在评价的过程中，应该把幼儿自我评价、同伴评价和教师评价三者相结合。评价可以聚焦到参与谈话活动的兴趣上："大家觉得这次谈话有趣吗？"更应该聚焦到谈话的核心经验上来："你觉得今天谁表现最好，为什么？"教师在总结的时候要特别指出谈话过程中幼儿学习到的新的谈话经验，鼓励幼儿在今后的谈话中使用。

在"晴天好还是雨天好"的辩论活动中，教师在结束环节，首先引导幼儿进行自我评价："你们觉得自己表现得怎么样？哪里好？哪里不好？"然后教师根据幼儿的表现，从"交流和表达规则"、"谈话策略"两个方面对幼儿予以积极评价，鼓励幼儿在今后的辩论中使用质疑、假设等谈话策略。

二、学前儿童谈话核心经验发展的教育支持策略

《指南》指出：幼儿的语言能力是在交流和运用的过程中发展起来的。想要促进幼儿谈话能力的发展，就要为幼儿提供交流和运用的平台，让幼儿在谈话中表现已有的谈话核心经验的发展水平，同时在与教师、同伴的互动中获得谈话核心经验的发展。在幼儿园教育实践中，教师可采用以下教育支持策略促进幼儿谈话核心经验的发展。

（一）创设积极的语言交往环境

《幼儿园教育指导纲要（试行）》和《3—6岁儿童学习与发展指南》都指出：要创设一个能使幼儿想说、敢说、喜欢说、有机会说并能得到积极应答的环境。幼儿的谈话经验是在谈话过程中得到发展的，因此，教师首先要注意创设积极的语言交往环境，激发幼儿谈话的兴趣，让幼儿想说、敢说和喜欢说。

首先，多途径丰富幼儿的经验，让幼儿有内容可谈。教师要注意通过家园联系了解幼儿的兴趣和交流能力发展的特点，鼓励家长多创设机会让幼儿参与到各种类型的活动中，接触大自然、了解新科技、阅读图画书，丰富幼儿的所见所闻，并在这个过程中积极与幼儿互动。教师可以创设相应的游戏、语言区角，提供玩具材料，让幼儿积极与材料以及同伴和教师互动，通过观察、访问、记录等方式拓展幼儿的经验，从而丰富幼儿的认知经验和生活经验，让幼儿在谈话活动中有内容可谈。

其次，选择恰当的谈话主题，让幼儿想谈。教师可以根据某一生活事件与不同人数的幼儿进行谈话，如幼儿出现争论时，教师可以让争论双方进行表述，并让一方对另外一方的说法进行回应，鼓励目击的幼儿参与到谈话中，让事实在谈话过程中逐渐明晰起来，让幼儿通过谈话自主解决问题，发展谈话能力。在谈话中，教师可根据教学内容、时令节气、突发事件甚至新闻轶事，选择幼儿熟悉且有一定相关经验的谈话主题。比如，教师可以就看到有关地震的新闻后的感受、如何躲避地震等话题引导幼儿进行谈话；阅读完《敌人》这本图画书后，可以就"敌人是什么"这个问题引导幼儿进行讨论。当幼儿对谈话主题有了一定的知识经验，并有自己的想法和感悟时，他们自然就会想说。

再次，营造一种安全、积极的谈话氛围，让幼儿敢谈并有机会谈。在安全的谈话氛围中，教师不以禁止谈话作为惩罚手段；幼儿的谈话在规则范围内不会被限制，幼儿有在闲暇时间谈话的自由；一旦幼儿在谈话中出错，教师的反馈是示范、鼓励，而不是批评或嘲笑。在积极的谈话氛围中，教师和幼儿都会积极寻找时间和空间进行多方的交流；教师与幼儿的谈话不是检查，不是拷问，而是真诚的倾听、用心的交流；教师会有意识

地通过自己积极的语言营造有利于幼儿自我价值感发展的语言环境。

（二）在一日生活中促进幼儿谈话核心经验的发展

教师要善于在一日生活中设置相关的谈话环节来聚焦幼儿的谈话内容，并在一日生活的各个环节中充分寻找机会引导幼儿进行谈话，以促进幼儿谈话核心经验的发展。

首先，一日生活中要有必要的谈话环节。在以往的一日生活中，教师往往会设置晨间谈话、餐前谈话、离园谈话等环节，这些环节有的聚焦幼儿的生活经验，有的聚焦主题内容，有的聚焦常规养成或行为管理，时间往往在 10—15 分钟，具有时间短、主题明确的特点。但近年来，有的教师感到在一日生活中谈话环节"无话可谈"，因此忽视甚至取消谈话环节。我们认为，这是不可取的，一日生活中还是应保留 1—2 个谈话环节，让幼儿有基于一日生活情境的集体性谈话机会，以发展幼儿的倾听习惯和能力，这样教师也可以在一日生活中示范、引导幼儿学习基本的谈话规则和策略。

其次，一日生活中的谈话要注意处理好四对关系。在谈话主题的预设与生成之间的关系上，既要根据幼儿已有的共同经验预设谈话主题，又要重视幼儿生成的谈话主题；在谈话形式的随机与集中之间的关系上，要以随机谈话为主，确保集中谈话有效率；在谈话内容的广度与深度之间的关系上，要围绕主题拓展谈话内容，不强求幼儿开展深度讨论；在谈话中教师主导与幼儿主导之间的关系上，应强调幼儿是主导者，教师是助推者。

最后，关注一日生活中的师幼谈话。一日生活中，幼儿有着较为充分的机会与同伴交谈，通过与同伴交谈，幼儿能展示和锻炼自己的谈话能力。然而，有的幼儿可能因为性格、社会性等方面的原因未能充分参与到同伴的谈话中，而教师能给幼儿谈话经验的发展提供示范和指导作用，因此，教师应尽可能在一日生活如入园、离园、整理等环节中与幼儿开展单独的师幼谈话。

（三）以师幼互动促进幼儿谈话核心经验的发展

谈话是言语互动的过程，在谈话中教师不仅是幼儿的倾听者、信息的分享者，更是幼儿谈话核心经验发展的促进者。在谈话中，教师要有意识地根据幼儿谈话核心经验的发展水平和谈话核心经验的发展目标，通过师幼互动促进幼儿谈话核心经验的发展。

首先，在师幼互动中，教师要有意识地通过提问促进幼儿谈话核心经验的发展。教师的提问要能引导幼儿说并有意识地学会"怎么说"，从而推动幼儿谈话核心经验的发展。如在晨间谈话中，谈到幼儿昨天的经历时，教师可以通过"你们去了哪里"、"你和谁去的"、"你最喜欢的动物是什么"、"发生了什么有趣的事情吗"、"你有没有看到……"这些问题不断引导幼儿围绕主题进行谈话，从而促进幼儿"掌握并运用交流和表达的规则"这一谈话核心经验的发展；也可以用"仔细听一听小朋友昨天去了哪些地方"、"发生了哪些事情"等问题初步培养幼儿"良好的倾听习惯和能力"这一谈话核心经验；还可以用"你记得谁也去过那里"、"你最想跟谁分享这个故事"等问题来培养幼儿"初步运用谈话策略"这一谈话核心经验。

其次，在师幼互动中，教师应关注幼儿谈话核心经验发展的薄弱环节。在实践中，我们发现教师在与幼儿谈话的过程中存在"三重三轻"的现象：一是"重说轻听"，许多教师重视是否每个幼儿都有机会表达，是否让想表达的幼儿都表达了，但忽视让幼儿首先学会倾听别人、听懂别人讲话，即忽视倾听的习惯能力的发展；二是"重'敢说'轻'会说'"，许多教师认为一个会大胆表达的幼儿就是语言能力发展好的幼儿，忽视引导幼儿学会怎么说；三是"重机会轻引导"，有的教师重视让幼儿有说的机会，如在小组里说、在集体面前说等，但对幼儿的表达往往是宽泛的表扬"说得真好"，或者是"还有谁想说"，根本没有对幼儿的表达进行引导。而这些教师所忽视的方面往往是幼儿谈话核心经验发展的薄弱环节，如"良好的倾听习惯与能力"中的"有意识倾听"和"辨析性倾听"，"掌握并运用表达与交流的规则"中的"围绕主题谈话"、"轮流发言"、"初步运用谈话策略"中所涉及的发起、维持和辅助表达的策略，这些核心经验发展的薄弱环节都需要教师在师幼互动中有意识地根据幼儿经验发展的已有水平重点加以培养。

练一练

1. 根据所学习的谈话的核心经验，请在"我最喜欢的玩具"、"幼儿园的新变化"、"我的暑假"、"男孩好还是女孩好"等话题中选择一个谈话主题，分析这个谈话主题的核心经验。

2. 根据所学习的谈话活动的组织实施过程，将所选择的谈话主题设计一个活动方案，到幼儿园中去开展一次谈话活动，并对自己的组织过程进行录像，观看后分析：幼儿是否按照你所设想的小主题进行谈话的？他们学习和运用了什么样的核心经验？

第五章

讲述活动的组织与实施

■ **学习目标**

1. 掌握学前儿童讲述的四个核心经验及其分析方法。
2. 掌握讲述活动组织与实施的四个环节。
3. 能初步开展学前儿童的讲述活动。

■ **想一想**

1. 请观察下面一幅图，然后根据这幅图讲一段小故事，把这个故事讲给旁边的同学听听，也听一听你同学讲出来的故事，对同学所讲的故事从清晰、完整、连贯、有序四个角度进行评价。

你和旁边的同学讲出来的故事是什么样的？你们讲出的故事包括了时间、地点、人物、事件（起因、经过、结果）等要素吗？是否包括了人物情绪、动作、对话的描述？你在故事讲述的过程中使用了哪些比较独特的词汇？同学所讲的故事在清晰、完整、连贯、有序方面有什么特点？

2. 接下来，我们来看三位幼儿看到这幅图讲出的故事，分析一下，你觉得哪个幼儿讲得最好，为什么？

幼儿 A：小乌龟把小蜗牛当成自己的客人。

幼儿 B：小蜗牛找不到妈妈了，它想它妈妈肯定在海里，找不到了，它就想让乌龟宝宝带它去找妈妈，它叫着："妈妈，你在哪儿？"

幼儿 C：有一天，有只小蜗牛在地上爬啊爬，前面有一条河，但是它不会游泳，刚好下面有只小乌龟，小蜗牛对小乌龟说："小乌龟，我站在你的背上游过去好吗？"小乌龟说："好的。"

■ **学一学**

从刚才的活动，你是不是可以发现，把一个故事清晰、连贯、完整、有序地讲完并不是一件非常容易的事？再在讲述的时候加上点生动的词汇可能就更难了？因此，要想你班里的幼儿在长大后的讲述能力能够发展得更好，你不仅自己要学会如何讲述，明白要讲什么，还要明白学前儿童的讲述有什么样的特点；当你在幼儿园中组织讲述活动的时候，要明确幼儿需要学习什么样的核心经验，才能讲得更好、更精彩。接下来，我们将聚焦学前儿童谈话讲述的核心经验，具体阐释如何组织讲述活动，从而让学前儿童获得讲述核心经验的学习和发展。

第一节　讲述活动的特点和内容选择

一、讲述活动的概念和特点

幼儿园的讲述活动是幼儿在一个相对正式的语境中，采用独白语言，将某个事件、事物或看法表达出来的一种语言活动。这种活动具有以下特点：

（一）相对正式的语境

与谈话活动中的一问一答、一来一往、谈话对象在谈话的过程中不断修正自己的看法不同，讲述活动往往需要讲述者事先对要讲述的内容进行初步的组织，先讲什么，后讲什么，要思考怎么讲才能更好地让别人理解自己的叙述或描述。在讲述的过程中往往没有他人（尤其是教师）的提问来不断引导自己的讲述，而且在讲述的过程中不能断断续续、结结巴巴、反反复复，要争取比较连贯地讲完。另外，在讲述的过程中，往往使用的是第三人称（讲述自己经验除外），幼儿需要通过自己的讲述让没有看过、经历过的其他人对自己讲的内容能够有比较清晰、完整、准确的理解。比如本章前面呈现的幼儿 A 则需要成人再问她：小乌龟为什么要把小蜗牛当成自己的客人？小乌龟会邀请小蜗牛做什么事情呢？从而帮助幼儿把自己想说的内容说得更完整，而幼儿 B 和 C 的讲述就能够比较连贯地把自己想象故事的时间、地点、人物、事件讲得比较完整。

（二）独白语言

独白语言是指讲述者在没有他人引导或帮助的情况下讲述某个事件、事物或看法时使用的语言，这种语言具有两个方面的特点：一是在句子的使用上，会使用更长、更加书面化、逻辑性更强的句子。比如在本章前面呈现的三位幼儿的讲述中，幼儿 C 就使用了更长的句子，能够比较完整地把自己的故事描述清楚，并且这样的描述就与小学生要写的看图作文的句子非常地接近，这个幼儿还把小乌龟和小蜗牛之间互动的因果关系排列得比较清楚。二是在词汇的使用上，会使用更多形象、生动、准确的词汇。同样是本章所呈现出来的幼儿 B 和幼儿 C，他们会使用"肯定"、"乌龟宝宝"、"刚好"等这样的词汇，就让人听起来更加地直观、形象。

（三）自己的想法

讲述活动中会有一定的凭借物，最常见的是故事性的图画或具体的实物。虽然不同幼儿看到的图画和实物都是一样的，但因为幼儿的生活经验、观察的方式和兴趣不同，不同幼儿所讲述出来的故事或内容是不一样的，这种不同的内容体现了幼儿语言创造性的要求，促进了幼儿语言创造性的发展。故事教学或图画书阅读教学中，虽然也会让幼儿观察画面，但这些教学活动中希望幼儿讲出来的是故事或图画书中作者表达的内容，因此这些活动中幼儿讲述的不是自己的想法，而是作者的想法或故事。例如在本章前面呈现的三位幼儿的讲述，虽然他们看到的是同样一张图画，但是三位幼儿所讲述出来的故事都是不一样的，这种不一样没有对错之分，只有水平的差异，教师要做的就是鼓励幼儿用更高水平的讲述能力将自己想象出来的丰富的、富有创造性的内容讲述出来。

二、讲述活动的类型

幼儿园中的讲述活动按照讲述的内容体裁和讲述的凭借物可以分为不同的类型。

(一) 按照讲述的内容体裁分

体裁是指门类或形式,文章的体裁通常有记叙文、议论文、说明文、应用文。讲述的内容体裁是指根据讲述的内容在篇章、结构、句型和词汇上的特点所形成的门类或形式,根据这些特点,学前儿童的讲述活动可以分为叙事性讲述和说明性讲述。

1. 叙事性讲述

叙事性讲述的内容主要是事件,学前儿童叙述的事件可以是自己想象的一个故事,可以是自己的一段经历或历程,也可以是自己看到的一个事件。叙事性讲述的内容要素主要是事件的六大要素:时间、地点、人物、事件的起因、结果,有的还会加上背景介绍,人物特征或心理状态的描述,人物之间的对话等。在叙述的顺序上,幼儿可以采用时间顺序、地点顺序等方式进行叙事,也可以采用倒叙或插叙的方式来叙事事件。在叙述的语言上,叙事性讲述往往会采用"从前、有一天"等表示时间的词汇为开篇;在叙述过程中往往采用"然后、后来"等连接词连接讲述的内容;在叙述的最后,会用"终于、最后"等总结词表示结尾或叙述结束。在叙述的语气语调上,往往会用有感情的语气表现叙事内容中人物的情绪、心理状态或对话。

2. 说明性讲述

说明性讲述的内容主要是静态的事物,包括实物、场景、特征、状态、态度、观点等,也有研究者(周兢,2005)将说明性讲述具体分为描述性讲述和议论性讲述。说明性讲述的内容主要是事物的外形、特征、关系、要点等,如在实物为对象的讲述中,要把实物的外形特征讲清楚,如形状、颜色、味道等;在人物特征的讲述中要把人物的身高、体重、外貌特征,尤其是面部特征等讲清楚;在讲述自己的观点时,要把自己观点中的核心观点、理由讲清楚。在讲述的语言上,说明性讲述往往采用平实、准确、简明的语言,不会带有太多的感情色彩。在不同内容的连接上,往往使用"先、然后、最后"等一些描述性的连接词。在说明性讲述的过程中,幼儿往往按照空间顺序来说明事物的形状、构造、特征等,按照逻辑顺序说明事物之间的关系和内在联系等。

(二) 按照讲述的凭借物来分

讲述的凭借物是指讲述内容的载体,学前儿童的思维以具体形象为主,因此讲述的过程中需要凭借物来给幼儿呈现情景或事物,以激发幼儿的讲述兴趣,形成幼儿讲述的内容。

1. 看图讲述

看图讲述是指以图片为凭借物的讲述形式,图片在内容上可以是一个实物,可以是一个场景,也可以是一个完整的故事情节;在形式上,可以是照片、绘画或者图示;在呈现方式上,可以是单幅单图、单幅多图,也可以是多幅图来呈现内容;在图片的运用上,教师往往运用图片开展排图讲述、拼图讲述。

看图讲述是叙事性讲述中的主要形式,在幼儿园教育实践中,看图讲述的内容在情节上可以是递进式的,也可以是平行式的。递进式的看图讲述指的是不同图画之间在情节上有递进关系,平行式的看图讲述指的是不同图画之间在情节上是平行关系。

2. 实物讲述

实物讲述是指以实物为凭借物的讲述形式,实物在类型上主要有植物、动物、玩具、生活用品等。在运用实物的讲述过程中,学前儿童可以讲述跟这个实物有关的人和事件,也可以就实物本身的外形、特征、功用、玩法等进行介绍。实物讲述是说明性讲述中的常见形式。

三、讲述活动的内容选择

讲述活动能够培养幼儿的观察、分析能力,可以促进幼儿语言组织能力、语言表达能力和语言调适能力的发展,让幼儿感兴趣的讲述内容能激发幼儿"想说"、"敢说"和"喜欢说",而不同内容在能力要求上的不同可以帮助幼儿学会"说"。教师在开展讲述活动之前,要认真选择讲述活动的内容,让讲述的内容符合幼儿的兴趣,贴近幼儿的生活,适合幼儿的水平又能促进幼儿讲述能力的发展。为此,在内容选择上应注意以下几点：

（一）讲述主题从近到远

在选择讲述内容时，教师要注意从幼儿的生活经验出发，先选择与幼儿生活直接相关的内容，即离幼儿生活经验最近的主题进行讲述，主题的"近"主要包括：时间上的"近"，如周一讲述自己周末游动物园的经历，刚刚在户外活动时发生的事情；空间上的"近"，如讲自己最喜欢的动物或玩具；关系上的"近"，如讲自己的爸爸或妈妈，最好的朋友等。这些讲述的内容是与幼儿直接相关的，幼儿有着切身的感受和体会，因此最有话可说。随着年龄的增长，在大班的时候，讲述的主题逐渐扩展，主题的"远"主要指：时间上的"远"，可以离现在过去较长的一段时间，讲述记忆中的内容，如在开学的时候讲"我的暑假见闻"；内容上的"远"，例如讲"我长大了要当什么"，或者自己对某个事件的看法，这些都涉及幼儿的想象或看法，是无形的内容。但无论是"近"的主题还是"远"的主题，教师都要选择幼儿感兴趣的话题，而且是每个小朋友都有机会感受和参与的话题，这样才能确保选择出来的话题让幼儿喜欢说。

（二）讲述所需的水平从易到难

幼儿园的讲述活动不仅是为幼儿讲述能力的表现提供一个平台，让幼儿"有机会说"，同时教师还要有意识地在讲述活动中培养幼儿的讲述能力，因此，教师在选择讲述的内容时要有意识地创造幼儿讲述水平发展的"最近发展区"。按照讲述所需水平从易到难选择内容，主要从以下方面来把握：

一是讲述凭借物的内容从简单到复杂。以看图讲述为例，在小班的时候，往往是单幅图的讲述，画面比较简单，背景比较简单，突出人物和事件；在中班时，开始增加图的数量，要求幼儿能将多幅图之间的关系讲得比较连贯、合理；到了大班，图的数量更多，形式上也更加多样，增加排图和拼图等形式。因此在选择讲述内容的时候，小班往往以单幅图为主，内容较为简单，情节比较单一，到了中大班，图画数量逐渐增加，图画之间的故事情节应该更加复杂。

二是讲述所需的观察要求从易到难。同样以看图讲述为例，在小班的时候，对幼儿的要求往往比较低，只要求幼儿注意观察画面中的人物、动作等具体的、突显的内容；在中班的时候，幼儿要开始观察画面中人物的表情、猜想人物的心理状态、观察人物之间的关系、比较画面中人物动作的差异；到大班的时候，就要求观察不同画面之间的因果关系，能注意到画面中的细节变化，观察到画面中人物表情的差异，猜想某种动作代表的含义。因此在选择讲述内容的时候，小班阶段的图画应颜色比较鲜艳，主角比较突出，动作比较明显；中班阶段的图画人物要更多，人物的动作多样化，画面之间随着故事发展有较为明显的变化；大班阶段的图画要具有多义性，能够激发幼儿的多种想象和多种解释，画面更加丰富，人物关系和故事情节更加复杂。

三是讲述时对儿童的语言要求从单一到丰富。在小班的时候，对幼儿的讲述只要求能说清楚图画中的人物，干什么（动作）；在中班的时候，一般要求幼儿在讲述的时候能够比较完整和连贯地讲出图画中的故事，包括时间、地点、人物、事件等；在大班的时候，幼儿应该在清晰、完整、连贯的基础上还要能有序地讲述，并且在讲述的过程中使用形象、生动的词汇。因此在选择讲述内容的时候，在小班主要选择人物形象突出，背景简单明了的图画，在中班主要选择多幅图，图画之间的关系比较清楚，画面中情节的基本要素比较突出，到了大班，要在选择多幅图的基础上，让图画内容具有多种合理解释。

（三）讲述活动的类型从单一到多样化

讲述活动按照凭借物可以分为看图讲述和实物讲述，按照讲述内容的体裁可以分为叙事性讲述和说明性讲述。一般而言，在小班的时候，主要以看图讲述和叙事性讲述为主，到中班的时候，增加实物讲述或说明性讲述，到大班的时候，说明性讲述会逐渐增多。讲述活动类型的多样化能够帮助幼儿发展语言的多样性，促进幼儿思维能力的发展，尤其是说明性讲述中可能运用到科学性语言、今后学校教育中可能接触到的学业语言,这些语言中词汇、句式的使用,为幼儿今后学业能力的发展奠定了基础。

第二节　讲述活动的核心经验分析

正如前面所说,讲述活动给幼儿提供了一个"想说"、"敢说"的平台,教师在讲述活动中要促进学前儿童讲述能力的发展,引导幼儿学会"说","说"得更好。那么一个讲述能力强的幼儿应该有哪些表现,具备哪些基本能力呢? 请结合在本章导言部分让大家比较的三个小朋友在同一张图上的讲述记录,分析一下自己的判断,看看你是从哪些方面来评价一个幼儿的讲述能力的。

《幼儿园教育指导纲要(试行)》对幼儿讲述发展的目标描述为"能清楚地说出自己想说的事",并在"内容与要求"中进行了更加具体的解释,"大胆、清楚地表达自己的想法和感受,尝试说明、描述简单的事物或过程"。《3—6 岁儿童学习与发展指南》,在"倾听与表达"中的目标2"愿意讲话并能清楚地表达"对幼儿讲述能力的发展提出了期望,具体请回顾本书的第二章中的相关内容。结合《纲要》和《指南》可以发现,对幼儿讲述能力发展的要求或期望主要体现在以下三个方面:一是讲述的内容的复杂化和多样化,逐渐从说别人告诉自己的内容,发展到说自己的事,最后说清楚一件事;二是讲述的形式上要求更高,从清楚,发展到完整和连贯,最后发展到有序;三是讲述语言逐渐文学化和书面化,在大班的时候要求能够使用生动、形象的语言。

一、讲述活动中幼儿语言学习与发展的核心经验分析

为了更好地帮助广大教师在学前儿童语言教育中把握幼儿讲述能力的要求,我们将学前儿童讲述学习和发展的核心经验概括为四个方面:讲述内容、讲述结构、讲述语言、讲述情境。无论是叙事性讲述还是说明性讲述,无论是看图讲述还是实物讲述,都体现着这四个方面的多个或全部核心经验。教师如果意识到这些讲述类型中幼儿能够学习和发展的讲述核心经验,有助于在讲述活动中促进这些核心经验的发展。接下来,我们将以"小蜗牛和小乌龟"这一讲述活动为例,具体分析讲述活动中的核心经验,在此之前,请观察"小蜗牛和小乌龟"的图画,并试着讲一讲你自己想出来的故事,并在分析核心经验的过程中,分析你所讲的故事。

(一) 讲述内容

讲述内容即指讲述者观察凭借物后,讲述中所包括的基本要素。《3—6 岁儿童学习与发展指南》中对幼儿讲述内容的要求是"完整",指的即是讲述内容要素要齐全。根据讲述内容体裁的不同,讲述分为叙事性讲述和说明性讲述,两种讲述在内容上也有着区别。

1. 叙事性讲述的内容

在叙事性讲述活动中,讲述内容主要包括两个方面:一是整个故事所讲述的内容,其主要要素包括时间、地点、人物(包括人物的动作、表情、心理状态、人物之间的关系、对话等)、事件的起因、经过、结果等故事的六大要素,同时还包括背景介绍等。二是单个画面所呈现的内容,同样可能包括背景、时间、地点、人物、事件等,尤其要关注画面中人物的动作、表情、情绪、人物之间的关系和对话这些内容。

2. 说明性讲述的内容

在说明性讲述的内容中,以实物为对象的说明性讲述往往包括实物的外形特征(包括颜色、形状、味道等)、功能和用途、构造、类别等;人物描述的说明性讲述则应包括人物的年龄、身高、职业、爱好、衣着服饰、外貌特征,尤其是面部特征等;想法、观点陈述的说明性讲述,主要应包括想法或观点的介绍、具体含义、原因等。

无论是叙事性讲述还是说明性讲述,幼儿在讲述内容上都表现出从个别要素到多个要素、从直观内容到

抽象内容的发展特点。小班和中班幼儿在讲述的时候往往讲述的是讲述内容中的几个要素，而且这些要素都是显性的、直观的，比如在叙事性讲述中，关注的是人物、地点、行为等，在说明性讲述中关注的是形状、大小、颜色等外在特征。随着幼儿年龄的增长，幼儿在讲述中逐渐关注讲述凭借物（图画故事、实物等）的大部分要素，也关注了一些隐性的、抽象的要素，比如叙事性讲述中关注人物之间的关系、情绪、对话、想法等，在说明性讲述中关注爱好、个性、原因等内容要素。

在"小蜗牛和小乌龟"这一讲述活动所呈现的图画中，可以看到：大部分的图画都包括了"人物"（小乌龟和小蜗牛）、"地点"（它们去的不同地方）、"事件"（小蜗牛在小乌龟的背上，小乌龟在爬/游泳）、"对话"（小蜗牛和小乌龟的对话）、"心理状态"（小乌龟和小蜗牛觉得怎么样）等。

你的讲述中包括了这些叙事性讲述要素中的哪几个要素？尝试着根据这些要素把你的故事说得更加丰富、具体、生动吧。

（二）讲述结构

讲述结构是指讲述内容的组织方式，幼儿在观察、思考了讲述对象后，产生许多想讲述的内容，如何按照一个合理的顺序使讲述让人更容易理解，这个顺序就是讲述的结构。在《3—6岁儿童学习与发展指南》中，对幼儿讲述结构的要求是：在4—5岁的时候，能"连贯"地讲述，在5—6岁的时候，能够"有序"地讲述。"连贯"和"有序"就是对幼儿讲述结构的要求。

1. 叙事性讲述中的结构

在叙事性讲述中，叙事结构主要包括两类：一是叙事线索，包括人物线索、地点线索、时间线索和事件线索等，幼儿通过观察和思考，根据人物、地点、时间等的变化来组织不同画面之间的内容。在叙事性讲述中，往往表现为使用"后来，它遇见了小乌龟"（人物线索）、"它们来到了大海边"（地点线索）、"到了下午的时候"（时间线索）这样的句子来串联起自己的讲述内容，从而做到有序讲述。二是叙事顺序，叙事顺序主要包括顺序、倒叙和插叙，在幼儿的讲述中，主要以顺序讲述为主，极少出现倒叙和插叙。

叙事性讲述的结构不仅要关注不同画面或内容之间线索的变化，按照一定的结构组织讲述的内容，同时也要关注讲述内容中每个情节的结构。比如在"彩虹色的花"的讲述活动中，每个情节都可以用"谁来了——彩虹色的花询问——动物说出自己的困难——彩虹色的花送花——动物如何使用花瓣"这样的一个结构来呈现，通过清晰的讲述结构，幼儿不仅能够把内容的要素讲完整，而且能够有序地讲述。

2. 说明性讲述的结构

在说明性讲述中，讲述内容之间一般情节性不强，甚至没有情节性，且讲述对象往往是单一的事物，如人、物体或想法等。说明性讲述内容的组织一般有三种顺序：一是空间顺序，包括从上到下、从近到远、从外到里等，主要用来说明对象的空间特征，如大小、形状、构造等；二是时间顺序，根据事物生长变化的顺序来组织内容，比如在讲述小动物或植物的生长变化的时候，往往使用这样的顺序；三是逻辑顺序，主要根据观点或想法的逻辑关系来讲述，如在说明自己观点的时候，或者先说观点，然后举例子，或者先举例子，然后再总结归纳。

幼儿在讲述结构这一核心经验的发展特点主要表现为讲述结构意识性和稳定性的逐步发展。小中班的幼儿往往还不具备讲述结构的意识，往往看到什么就说什么或者想到什么就说什么，随着年龄的增长或者通过教师的提示，幼儿逐渐能够意识到讲述的结构，但往往讲述过程中稳定性不够，有时会脱离讲述结构，导致逻辑性混乱。

在"小蜗牛和小乌龟"讲述活动所使用的图画中，不同画面是按照"地点"这一线索来转换故事情节的，在单个情节内，可以形成这样的一个结构"小乌龟来到了哪里——小蜗牛和小乌龟的对话——小蜗牛和小乌龟的心情"。当然，因为讲述活动没有固定的情节内容，所以教师要鼓励幼儿发挥自己的想象，归纳幼儿讲述中的合理结构。

分析一下"小蜗牛和小乌龟"的画面,根据你在讲述内容这个核心经验中所分析出来的内容要素,思考:1. 不同画面之间是按照什么线索来转换的? 2. 你讲述的内容中单个情节内的内容要素是按照什么结构来组织的?

(三)讲述语言

讲述语言指的是幼儿在讲述活动中使用的词汇、句子。讲述中使用的语言是独白语言,这种语言不同于谈话活动使用的对话语言,在句子长度、句式结构、使用的词汇等都更加规范、准确。在《3—6岁儿童学习与发展指南》中,对3—4岁儿童讲述的语言要求是"口齿清楚",对5—6岁儿童讲述时的语言要求是"能使用常见的形容词、同义词,语言比较生动"。这个核心经验具体体现为幼儿在讲述的过程中使用的词汇和句子。词汇包括实词如动词、名词、形容词、数词、量词、代词等,也包括虚词如副词、介词、连词、助词、拟声词等;句子按照结构来分,可以分为简单句和复合句,按照功能来分,可以分为陈述句、疑问句、祈使句和感叹句等。不同讲述类型在词汇和句子的使用上有着显著的不同。

1. 叙事性讲述

在叙事性讲述中,情节之间有对话,有着人物表情、情绪和心理状态等内容要素,因此在词汇上会使用较多的动词、名词、形容词,同时也会使用大量的虚词,如连词、拟声词等。教师要特别注意分析,在一次叙事性讲述活动中最能突显出来的词汇是哪一类,这类词汇的具体表现形式是什么。比如在讲述活动"石头蛋"中,几个画面中有四个小老鼠做出不同的动作,老师就可以提取出这个讲述活动中能够给幼儿提供动词的学习机会,例如"拖"、"推"、"滚"、"运"等词,同时还能够给幼儿提供连词的学习机会,如"有的……有的……"。

在叙事性讲述中,因为不同情节之间大多会有相同的讲述结构,因此,在讲述时往往会使用相同的句式,或者会有一句同样的话。同样在讲述活动"石头蛋"中,要详细地叙述画面故事,幼儿就会使用"有的……有的……"这样的连词,从而形成了并列复句的句子形式;又如在讲述活动"捞球"中,三个画面中都有小朋友试图将球捞起来,可是都失败了,在讲述的过程中,幼儿往往会在讲述这些尝试的结果时说"但是,球还是捞不上来",这句重复的句子也是幼儿在这个活动中可以学习使用的。

在叙事性讲述中,幼儿在讲述语言这一核心经验的发展特点主要表现为:词汇从白描走向生动,句子从简单走向复杂。在小中班的时候,幼儿叙事的语言往往是白描式的,比如"运蛋"中,只是用了一个"搬"字,但是到大班的时候,不仅使用了大量的动词,同时还会加上形容词来形容动作。小班的时候幼儿讲述使用的句子很短,句子结构也主要是动宾结构,进入中大班后,幼儿开始使用完整的句子结构,并且开始使用多种类型的复合句。

在"小蜗牛和小乌龟"的叙事性讲述所提供的材料中,教师可以分析出在这个讲述活动中幼儿可以学习和使用表示情绪的形容词,比如小蜗牛在看到小河时的"着急"、在小乌龟背上的"兴奋"、离开乌龟时的"舍不得(不舍)",也可以有机会使用到礼貌用语,如小蜗牛的询问、请求、致谢等。在句子的学习和使用上,幼儿有机会学到"先……然后……"这样的句子。

2. 说明性讲述

说明性讲述要求幼儿准确地描述所讲述的内容,因此在使用的词汇上更加地准确、规范、书面化,词汇的情感色彩不浓。如平时小朋友描述苹果的时候,会说"这是苹果的皮","这是苹果的肉",而在讲述活动中,幼儿要逐渐掌握"里面"、"外面"、"中间"方位名词来代替"这"这样的指示词,要逐渐用"果皮"、"果肉"等规范、准确的科学性词汇来代替"皮"和"肉"这样的生活性词汇。

在说明性讲述中,幼儿往往会使用并列复句来全面地描述讲述对象,使用因果复句、假设复句等来陈述观点或想法。比如在讲述活动"我爸爸"中,幼儿会用"我爸爸……"来开头,从而描述爸爸的身高、职业、爱好等,这样的句子就是完整的并列复句。在讲述自己对"楼上好还是楼下好"这一问题的看法时,幼儿需要学会使用"我觉得住楼上(下)好,因为……"这样的因果复句来详细陈述自己的观点。

在说明性讲述中，幼儿讲述语言主要表现为从生活化逐渐走向规范化，从笼统发展到具体，逐渐使用恰当的复句形式辅助自己表达。

看看你的讲述中使用最多的词汇是哪一类，讲述的句子中有什么样的句子是幼儿可以学习和掌握的？尝试根据词汇和句子的要求，把你的讲述修改一下，让它变得更加地生动和形象吧。

（四）讲述情境

讲述活动中，幼儿需要一个人面对老师或众人连贯地将内容讲述完整、清楚，这就需要幼儿在讲述之前能够整理好自己的讲述内容，克服在众人面前讲述的羞怯或胆怯心理，考虑对象的接受特点。掌握"讲述情境"的核心经验，幼儿才能使自己讲述的内容让听者更明白。

在《3—6 岁儿童学习与发展指南》中，对幼儿讲述情境的要求随着年龄逐渐提高，在 5—6 岁的时候要求幼儿"敢在众人面前谈话"、"能依据所处情境使用恰当的语言"以及"能根据谈话对象和需要，调整说话的语气"，这些都是对幼儿感知"讲述情境"、调整自身语言的要求。

在叙事性讲述活动中，"讲述情境"的核心经验主要表现为幼儿能在叙事的时候通过语气把人物的情绪、状态表现出来，能在叙述的过程中用不同的语气表现人物之间的对话；在说明性讲述活动中，"讲述情境"的核心经验主要表现为幼儿能够根据谈话对象的接受特点使用不同的词汇，并且使用一些辅助手段，丰富自己的讲述内容。

在"小蜗牛和小乌龟"的讲述活动中，一位小朋友如果在有丰富的讲述内容，有序、连贯的讲述结构，掌握形象、生动的词汇和句子之外，还能够在讲述的过程中用不同的语气把图画中小蜗牛和小乌龟的对话表现出来，就会让讲述更加精彩，这就是这个活动中幼儿可以学习和发展的"讲述情境"的核心经验。

请你试一试，看什么样的叙事或对话语气、语调才能把小蜗牛和小乌龟的对话表现得更加精彩，让你的叙述能表现出两个小动物之间的情感。

二、讲述活动中不同核心经验的层次分析

通过对讲述活动中核心经验的分析，可以发现，一个讲述活动中包括了讲述内容、讲述结构、讲述语言和讲述情境四种核心经验，幼儿只有掌握这四种核心经验，才能在讲述活动中讲得清楚、完整、连贯、有序，并且讲得精彩。但在一次讲述活动不可能也没有必要让幼儿把四种核心经验都掌握；即使是一个核心经验，比如讲述语言，不可能也没有必要让幼儿把所有的词汇和句子都掌握并运用。那当分析出一个讲述活动中的对象、内容或材料中的核心经验之后，应该如何处理核心经验之间的层次关系呢？

（一）分析不同核心经验对认知水平要求的高低

在讲述的四个核心经验中，讲述内容、讲述结构、讲述语言和讲述情境对幼儿认知能力的要求是不一样的。一般来说，讲述内容的认知水平要求较低，小班幼儿就已经能通过观察了解讲述内容的基本要素；讲述结构和讲述语言所需的认知能力稍高，需要幼儿更加有意识地归纳、总结和使用；讲述情境的要求最高，需要幼儿具备较好的心理理论能力，语言表达能力和逻辑组织能力。即使是一个核心经验中的不同成分，也存在着对认知水平要求高低的不同，比如在讲述内容中，外显的内容如人物、地点、动作等更容易被理解，而内隐的内容如心理状态、前因后果等则需要更高的认知能力。

不同核心经验对认知水平要求的高低构成了在学前阶段对幼儿讲述能力发展要求的阶梯，《3—6 岁儿童学习与发展指南》中对幼儿讲述内容、讲述形式上的要求也正体现了幼儿核心经验发展的阶段。因此，在开展讲述活动的过程中，教师要根据幼儿年龄和认知发展水平，确定在相应年龄段重点发展的讲述核心经验及其类型。比如在小班，重点是发展幼儿的观察讲述对象的能力，丰富讲述内容，重点放在讲述内容的核心经验上；而在大班，则要求幼儿能够按照一定的结构，使用恰当的语言进行讲述，重点应放在讲述结构和讲述语

言上；当大班幼儿在讲述内容、讲述结构和讲述语言上都达到了较高水平后，教师就可以考虑促进幼儿讲述情境这一核心经验的发展了。

（二）理顺讲述活动中核心经验的学习逻辑

讲述活动中的四个核心经验并不是并列关系，在讲述活动中有着一定的逻辑关系，因此，教师在组织讲述活动时，也要理顺这些核心经验在活动中的学习逻辑，根据学习逻辑组织活动内容、设计活动环节、实施教育活动。

一般而言，在讲述活动中，幼儿首先要通过观察、感受理解讲述内容，在明确讲述内容之后，思考用何种结构将所要讲述的内容完整、连贯、有序地讲述出来，在讲述的过程中学习使用生动、形象的语言。这个学习逻辑对于大部分的讲述活动来说都是适合的，在教师开展教学的过程中，可以根据幼儿的认知发展水平和已有的讲述能力，结合这个学习逻辑，设计讲述活动的组织过程。

（三）突出主要的核心经验

在组织讲述活动的过程中，教师不可能也没有必要希望幼儿在一次讲述活动中把所有活动中可能涉及的核心经验都学会，教师要通过教研活动从分析出来的核心经验中选择最突显的核心经验，为幼儿学习与发展的目标设计相应的教育活动，将其他核心经验作为准备、铺垫或补充，重点聚焦最突显、最关键的核心经验。在教育的过程中，如果幼儿的讲述表现出了对其他核心经验的兴趣，教师可以通过有意识的示范或总结，鼓励幼儿使用那些可以发展的核心经验。

即使是在分析出来的最突显的核心经验上，其成分也不宜过多，比如讲述语言中的"词汇"，一个讲述活动中，幼儿能够学习、发展和运用2—3类词汇就可以了，不应要求幼儿把讲述活动中所有可能涉及的实词和虚词都来学习。例如说明性讲述中的科学性词汇，要聚焦关键性的科学性词汇，不应要求幼儿使用所有的科学性词汇。聚焦最突显、最关键的核心经验，突出这些核心经验的主要成分，按照这个目标来设计和组织讲述活动，教育活动才具有指向性，才能保证教育活动有效率。

第三节　讲述活动的组织与教学策略

当我们把"小蜗牛与小乌龟"这个讲述内容中的核心经验分析出来之后，如果你面对的是中班幼儿，你最后确定出来的需要幼儿学习与发展的核心经验是什么？你会如何组织这个教育活动？请把你设计出来的活动环节与周围的同学讨论和交流一下，看看你们设计出来的活动环节有何异同？

接下来,我们将以"小蜗牛与小乌龟"为例,讨论讲述活动的组织与实施,并且介绍在幼儿园开展讲述活动中应该注意的事项和可以采用的教学策略。

一、讲述活动的组织

在看图讲述中,幼儿要首先要学会观察、理解讲述对象,并在运用已有的讲述经验进行讲述的基础上,通过学习运用新的讲述核心经验讲述剩余的内容或全部内容。具体来说,教学活动可以分为以下四个环节:

(一) 引导幼儿感知、理解讲述对象

在讲述活动中,幼儿首先需要感知、理解讲述对象,从而获得讲述内容的核心经验。如果是叙事性讲述,讲述对象可以是一幅有故事情节的图画,一段小朋友熟悉的视频或者反映幼儿经历的照片或其他记录。在说明性讲述中,讲述对象往往是具体的实物,如玩具、植物或动物,也可以是体现人物特征的照片或图片,以及能反映某种观点的符号等。

在引导幼儿感知、理解讲述对象的过程中,教师可以充分采用多种方法来帮助幼儿充分理解讲述对象:一是提问法,教师针对内容的提问请幼儿集中注意力,观察相关的内容,产生自己的想法;二是设疑法,教师不出示具体的对象,通过录音或音乐的方式吸引幼儿的兴趣,让幼儿猜测;三是遮挡法,教师将幼儿所要观察的对象遮挡起来,让幼儿进行猜测。在这些方法中,提问法用得最多,教师往往通过手偶或图片的方式出示讲述对象中的关键要素(在叙事性讲述中往往是主角,在说明性讲述中是实物),让幼儿首先了解关键要素,然后提示幼儿注意观察讲述对象中的其他要素。

这个环节在讲述活动中主要是帮助幼儿感知、理解讲述对象,初步理解讲述中需要包含的内容要素,发展"讲述内容"的核心经验,并为后面能够根据讲述结构、运用讲述语言来进行讲述作好内容准备。

以"小蜗牛和小乌龟"为例,教师首先呈现图一,引导幼儿观察并想象:"看看这上面都有谁?""它们在哪里?""它们之间会发生什么事情呢?"教师在请幼儿回答的时候,重点强调地点和事件,并对讲述事件的小朋友追问:"小蜗牛会是什么心情?""小蜗牛和小乌龟是怎么说的呢?"通过追问让小朋友逐渐掌握讲述所依据图画中的内容要素:时间、地点、人物、事件、人物动作、情绪与对话等要素。

(二) 鼓励幼儿运用已有经验自由讲述

当教师通过提问、对话、归纳等方法引导幼儿感知讲述对象、理解了讲述内容的基本要素之后,要鼓励幼儿运用已有的讲述经验来讲述刚刚感知过的讲述对象。教师可以请小朋友在集体面前进行独立讲述,在讲述的过程中,根据幼儿讲述的内容进行指图提示,即有意识地用手势(指着画面或实物的具体部分),或者是递词提示,即用言语提示人物、地点或动作等方式帮助幼儿尝试独立、完整地讲述。

这个环节在讲述活动中的主要作用是,通过幼儿的自由讲述,一方面可以观察幼儿在讲述的过程中是否掌握讲述内容的相关要素,教师可以帮助幼儿进一步巩固讲述内容方面的经验;另一方面,还可以观察幼儿已有的讲述水平,尤其是在讲述结构和讲述语言上的发展水平,为第三个环节中幼儿学习和发展新的讲述经验提供基础。

在"小蜗牛和小乌龟"的讲述活动中,教师提问"刚才是老师和小朋友一起把这幅图上的内容讲完的,小朋友能不能一个人把这幅图的故事全部讲完?"先请幼儿对旁边的小伙伴讲一讲自己的故事,在幼儿自由讲述的过程中,教师仔细聆听,观察幼儿总体讲述的水平和特点,为后续教学环节的调整作好准备,并适时对幼儿进行个别指导。然后教师邀请2—3名幼儿进行独立讲述,在个别幼儿独立讲述的时候,请其他小朋友"仔细听,看看他(她)讲得是不是跟你一样"。在幼儿独立讲述的时候,教师通过用手势指着图画的方式,必要的时候用语言("他们……","小蜗牛对小乌龟说……")帮助幼儿完整讲述。

（三）教师归纳并提出新的讲述核心经验

在邀请个别幼儿在集体面前独立讲述的过程中,教师要注意归纳总结出幼儿讲述的特点,在这个过程中教师可以归纳出本次活动幼儿需要学习和发展的新的讲述经验,并通过提问的方式问幼儿可以怎么讲,在幼儿进一步尝试后,教师通过图谱的方式将新的讲述经验展现出来。比如在"彩虹色的花"的讲述中,幼儿在独立讲述后,教师出示了讲述结构的图谱,并总结说"他们都是按照'谁来了,彩虹色的花向小动物问好,小动物说出自己的困难,彩虹色的花送花瓣,小动物怎样使用花瓣'这样的顺序来讲的,这样讲,让我们听得更清楚,故事更有趣"。幼儿在讲述的时候,教师可以用手指着结构图谱。又如在"我最喜欢的玩具"中,教师在一位幼儿讲述完了之后,拿起讲述者的玩具,说"他刚才先说了玩具的名称,然后说了玩具的形状,后来还说了玩具的颜色,最后说了他玩这个玩具的玩法",通过这个归纳提示幼儿在讲述中要注意讲述的结构。无论是通过图谱还是语言,教师都要非常明确地归纳并提出新的讲述核心经验。

这个环节是讲述活动中的重要环节,是实现讲述活动中幼儿讲述核心经验发展的重要过程,因此,在讲述活动中,教师要非常谨慎:教师要归纳和引入的是讲述的核心经验,而不是具体的讲述内容,要避免幼儿变成模仿教师的讲述。在这个环节中,幼儿如果掌握了新的讲述经验,就能为更好地讲述奠定基础。

在"小蜗牛和小乌龟"的讲述活动中,教师在幼儿独立讲述之后,通过逐步呈现图谱的方式进行总结:"刚才的小朋友都是先说小蜗牛和小乌龟到了哪里,然后说它们的对话,后来说它们做的事情,最后说出了小蜗牛和小乌龟的心情","刚才有位小朋友用了一个很好的词'难过',你还会用什么词"。鼓励幼儿按照图谱所呈现的结构再进一步组织自己的讲述内容,并进行讲述。教师通过请幼儿在集体面前讲述的方式观察幼儿是否掌握所归纳和引入的核心经验。

（四）鼓励幼儿运用新的核心经验讲述其他内容

当幼儿已经掌握了环节三中引入的新讲述经验后,接下来,教师就应该为幼儿创设机会运用这个学习和发展的核心经验。在看图讲述中会让幼儿运用新的讲述经验去讲述其他图片,或者完整地将所有图片的故事独立讲完;在实物讲述中会给幼儿提供能够运用这个讲述经验的新的实物,让幼儿运用新的讲述经验来讲述新的事物,比如在讲完自己的玩具之后,去讲一讲别人的玩具,讲完苹果之后,讲一讲梨的结构等。

这个环节主要是为幼儿提供运用新的讲述核心经验的机会,在这个阶段,教师要根据讲述对象的不同提供新的讲述材料或对象,让幼儿有机会表现出自己对新讲述核心经验的掌握情况。在创设讲述机会的形式上,教师可以引导幼儿自由讲述,也可以邀请幼儿在集体面前独立讲述,许多时候,教师都会先让幼儿自由讲述,然后再次邀请个别幼儿在集体面前独立讲述。在这个阶段,应争取让每位幼儿都能够有一份讲述的对象(图片或实物),让幼儿有具体的凭借物。在幼儿讲述的过程中,教师可以根据幼儿的情况,鼓励或引导幼儿运用新的讲述经验。

在"小蜗牛和小乌龟"的讲述活动中,教师在邀请个别幼儿在集体面前运用新的讲述经验讲述图一之后,再次强调了讲述的结构和讲述中使用的语言,然后用"后来,小蜗牛和小乌龟又去了哪里? 它们又发生了什么事情呢?"的问题来吸引幼儿,将图二至图四制作成小图发给每位幼儿,"请小朋友们看看后来发生的故事,跟旁边的小朋友说一说你的故事",教师在幼儿讲述的过程中倾听幼儿的讲述并进行随机指导。最后,教师总结这次活动的收获,"今天我们学会了用这样的顺序来讲小蜗牛和小乌龟的故事,还学会了这些好听的词",鼓励幼儿在活动之外积极讲述,"回家后,把你的故事讲给爸爸妈妈听",从而结束整个活动。

二、讲述活动组织中的注意事项

讲述活动不仅能够培养幼儿讲述内容、讲述结构、讲述语言和讲述情境等核心经验,同时也能促进幼儿观察能力、思维能力、语言组织能力、大胆尝试、创造性等多种能力和学习品质的发展。因此在幼儿园教育中,要认真组织讲述活动,确保讲述活动的有效性。从现有的幼儿园讲述活动出现的问题来看,主要应注意以下方面：

（一）要区分讲述活动与其他活动的区别

讲述活动是幼儿园语言教育中必不可少的一种类型，但在开展讲述活动时，许多教师往往难以区分讲述活动和其他活动的区别，尤其常常将以图画故事为讲述对象的叙事性讲述，即常见的看图讲述和有挂图的故事教学和图画书阅读相混淆。有些教师的教学过程往往是每出示一幅图，都提问"有谁"、"干什么"、"为什么"、"怎么样"，这种方式只是"看图谈话"，而不是"看图讲述"；有的教师让小朋友讲，但最终都要引导幼儿讲出教师预先设定的内容，最后教师根据图片顺序，把原有的故事重复一遍。这些做法都是在讲述活动中要避免的。

要将讲述活动和其他活动区分开来，就要明确讲述活动的特点，正如前面谈到讲述活动的特点的时候所说，讲述活动中幼儿要讲的是自己想象的故事、自己的经历、自己的观察、自己的意见，因此虽然看到的是同样的图画，但不同的幼儿会讲述不同的故事，幼儿讲述出来的内容没有对错之分，只有讲述水平的高低之别。

（二）要明确讲述活动中的核心经验

有些教师认为，讲述活动就是让幼儿讲，所以比较关注给幼儿提供讲的机会，集体面前讲，同伴之间讲。在指导的时候，会比较关注幼儿讲的内容是不是完整，但往往忽视幼儿的年龄差异，这其实是幼儿教师不明白讲述活动中幼儿所需学习和发展的核心经验所致，导致在讲述活动中目标不够明确。

在讲述活动中，教师要事先对讲述对象进行分析，分析和挖掘出讲述活动能够给幼儿提供的核心经验发展的机会及其具体表现，根据幼儿的年龄发展特点和讲述核心经验的发展阶段来预设讲述活动的目标，围绕讲述的核心经验组织教学环节，让幼儿在活动中学习、运用、表现核心经验，并提高幼儿使用这些核心经验的水平。

（三）教师要归纳和示范的是核心经验，而不是具体的内容

在讲述活动中，教师要尽量通过分析幼儿的讲述来归纳幼儿讲述的特点，引入新的讲述核心经验，有时新的讲述核心经验还需要教师亲自示范。但有些教师在示范的过程中，往往示范的是讲述的具体内容，而不是讲述的核心经验，结果导致幼儿的讲述变成了对教师的复述，缺乏幼儿自己想象、观察的内容。

在讲述活动中，教师要归纳和示范的是核心经验，而不应是具体的内容。比如在讲述内容的核心经验中，教师要归纳和提示的是讲述的内容要素，以人物的对话为例，要提示幼儿有人物的对话，但不是示范人物对话的具体内容，以免让教师的示范成为幼儿讲述的唯一样板。

（四）幼儿要有充分、自由讲述的机会

讲述活动和所有的幼儿园语言教育活动一样，都应该是幼儿积极、主动、生动活动的过程，讲述活动中一定要让幼儿有"讲"的机会，才能展现幼儿已有的讲述水平，运用新的讲述核心经验。因此，教师在讲述活动中，一定要有多种形式的讲述，集体面前讲、同伴互相讲、小组合作讲、师幼之间讲，并且在活动中将多种讲述形式结合起来；另外，要给幼儿提供丰富、多样化的凭借物，例如在看图讲述中，要争取要让幼儿人人都有图画，在实物讲述中，要让幼儿人人都有实物，这样幼儿才能愿意讲，并讲得更好。

练一练

到幼儿园去观摩一位教师的讲述活动，试着分析一下这位教师的讲述活动聚焦的是何种讲述经验，他的教学环节是否都围绕核心经验的层次来展开，并思考看完活动后，你最大的收获是什么。

第六章

儿歌学习活动的组织与实施

■ **学习目标**

1. 了解儿歌的基本特点,能选择优秀的儿歌。
2. 掌握儿歌核心经验的分析方法,能合理安排核心经验之间的关系。
3. 掌握儿歌学习活动的基本过程,能初步开展儿歌学习活动。

■ **想一想**

1. 想一想,你小时候学过什么样的儿歌?你还记得什么儿歌?你是怎么学会这些儿歌的呢?

2. 请朗读儿歌《小圆形》:小圆形,变变变;变太阳,红彤彤;变气球,飞上天;变苹果,甜又甜。你能把这首儿歌的韵律和节奏念出来吗?如果你要用这个儿歌来组织一个教学活动,你会选择哪个年龄段?会设计什么活动目标?计划如何组织你的教学活动环节?将你的思考与同学分享交流一下,看看大家有什么样的困惑和问题。

■ **学一学**

在学前儿童的语言学习与发展中,文学作品的学习对于学前儿童语言能力发展具有非常重要的意义。通过文学作品的学习,幼儿接触文学化的语言,习得书面化的词汇或结构,理解文学作品的内容,感受文学作品传递的情感和意境。从本章开始,我们将首先学习幼儿文学作品中的一种重要形式——儿歌。让我们一起来看看:应该给幼儿选择什么样的儿歌?学前儿童在儿歌学习的过程中需要学习和发展的核心经验是什么?今后你在教学活动中应该如何组织教学环节以帮助幼儿获得这些核心经验?

第一节 儿歌的特点与学习内容的选择

儿歌是"儿童歌谣"的简称,也称为"童谣",是幼儿较早接触到的一种文学样式。儿歌与幼儿诗统称为幼儿诗歌,但两者又有一定的区别:儿歌往往适合年龄较小的学前儿童,幼儿诗适合年龄较大的儿童。根据诗歌的特点和幼儿的认知特点,幼儿园的语言教育活动中往往在小、中班较多选择儿歌开展学习活动,在大班开始选择幼儿诗开展学习活动。但因为大班的幼儿诗往往与幼儿散文形式上非常接近,因此幼儿诗活动的组织与实施将在第七章《散文(诗)活动的组织与实施》中讲到。

一、儿歌的特点

仔细朗读和分析不同类型的儿歌,可以发现,学前阶段幼儿学习的儿歌往往具有以下特点:

(一)音韵和谐

儿歌在句子的结尾通常会采用押韵的方式,并且一句话中的平仄形成了起伏变化,造就了儿歌的音乐感。许多儿歌被谱曲,能够供幼儿传唱,比如《小熊过桥》《数鸭子》《排排坐》等儿歌,不仅可以念,还可以唱,这种音韵和谐的儿歌往往让幼儿易记易唱,深受幼儿喜欢。

儿歌的押韵通常有以下方式:(1)句句押韵,一韵到底,比如《摇摇船》;(2)偶数行押韵,如《狐狸做衣裳》《小猫和小弟》;(3)第一、二、四句押韵,这种押韵方法往往是采用四行或八行"诗"的押韵方法,如《小鸭子》;(4)一字韵,即用一个字押韵到底,比如《好孩子》等。

在儿歌《小圆形》中,作者采用的是第一、三、四句押韵的方法,押"ian"韵,同时将每一句分成两个三字句,读起来朗朗上口。

(二) 语词浅白

儿歌不仅易唱易记,而且易懂,所使用的词汇往往是口头语言的再现,即使会使用夸张、比喻等手法,在理解上也不会给幼儿造成太大的难度。比如在儿歌《小圆形》中,里面所有的词汇都是幼儿生活经验范畴内的,如太阳、气球和苹果,另外这些词汇如圆形、变、太阳等,小班幼儿理解起来没有难度。

(三) 节奏明快

儿歌中的节奏是指儿歌在念唱过程中声调、语气的变化,节拍是衡量节奏的单位。在念唱儿歌中,正确地划分儿歌中的节拍,表现出儿歌中的节奏对于传递和表现儿歌的情绪非常重要。尤其是在绕口令这种类型的儿歌中,不同节拍能够体现出不同的效果。

许多儿歌的节拍常常为四二拍,即每拍两个词,例如七言儿歌《吃豆豆》:"桌上有盘香豆豆,弟弟看见舔舌头,吞吞口水摇摇头,等着姐姐分豆豆",每句都是按照"｜×× 　×× ｜× ××｜"这样的节拍来划分的;五言儿歌《上山打老虎》:"一二三四五,上山打老虎。老虎打不着,遇见小松鼠。松鼠有几只,让我数一数。数来又数去,一二三四五",其节拍为"｜×× 　×× ｜×○ ○｜";三言儿歌《大青蛙》:"大青蛙,小青蛙,鼓眼睛,大嘴巴,肚皮白,背背花,捉虫虫,顶呱呱",其节拍主要为"｜× ××｜"。

在儿歌《小圆形》中,其节拍是混合节拍,每句的前半部分为四二拍,后半部分为四三拍,其节拍形式为"｜× ××｜× × ×｜",具体来说就是"｜小 圆形｜变 变 变｜变 太阳｜红 彤彤｜变 气球｜飞 上 天｜变 苹果｜甜 又 甜｜"。

(四) 表现性强

儿歌内容形象生动,表现力强,幼儿在学习儿歌的时候可以用动作来表现儿歌中的人物特征和动作,如在《小猫小猫你别叫》的儿歌中,在出现小猫的声音"喵,喵,小猫叫"的时候,幼儿可以用双手表演出小猫的样子。在幼儿学习的儿歌中,许多儿歌是幼儿游戏的内容,比如儿歌《水果宝宝去旅行》,幼儿可以扮演不同的水果,双手抡动表示"咔嚓咔嚓开火车",在听到水果名称的时候,跟上火车队伍,边开火车边念儿歌。

在儿歌《小圆形》中,也有着许多可以让幼儿表现和参与的地方,幼儿在念"小圆形"的时候,可以用双手画出一个圆,说到"变变变"的时候,可以用其中一只手往空白处一指。这个儿歌在提供幼儿发展"运用与表现"的机会,我们还会在第二节中具体分析。

二、儿歌的分类

儿歌按照不同的划分方法可以有多种分类,比如按照创作者的不同可以分为传统儿歌和作家创作的儿歌。在幼儿园中两种类型都有,幼儿的年龄越大,会更多地学习作家创作的儿歌。按照儿歌的行数格式可以分为"绝句型"儿歌和"自由体"儿歌,在幼儿园中,主要以"绝句型"儿歌为主。按照儿歌每行字数的多少可以分为"三言"、"四言"、"五言"、"六言"、"七言"、"三三七言"儿歌或杂言儿歌。在幼儿园中,以"三言"、"五言"、"七言"和"三三七言"儿歌为主。具体来说,幼儿园中幼儿学习和运用的儿歌主要有以下几类:

(一) 摇篮曲

摇篮曲是人一生中最早接触到的儿歌,原来是指抚养者(主要指母亲)哄孩子睡觉的儿歌。幼儿园中的摇篮曲在语言上更加文学化和书面化,层次更加多元,意境更加深远,主要以"睡觉"为主题,意在营造一种安静、祥和、温馨的氛围,如陈伯吹创作的《摇篮曲》和冯幽君的《睡觉》。

(二) 游戏歌

游戏歌往往是儿歌伴随游戏,幼儿边游戏边念儿歌。这类儿歌形象突出、动作丰富,富有表现力。儿歌指引着动作的顺序和快慢节奏,动作给幼儿提示儿歌的内容,在活动中两者相辅相成,为幼儿带来快乐,中小班的幼儿尤其喜欢这类儿歌。

(三) 知识儿歌

这类儿歌将知识性内容按照儿歌的韵律、格式进行组织,以生动有趣的形象来给幼儿传递有关时令、节气、植物、动物、数、形方面的知识。在幼儿园中常见的有时序歌,如张明富的《四季儿歌》;数字歌,如《上山打老虎》、《数蛤蟆》等;动物儿歌,如《蝌蚪从哪里来》;植物儿歌,如《十二月花开》等。

(四) 绕口令

绕口令又称急口令,是由一些读音相近而容易混淆的字组成诙谐的句子而构成的儿歌,绕口令有两个特点:一是"绕",不仅每句的结尾押韵,而且每句中的韵母都押韵,且连续出现四声的转换,达到"绕"的效果,如"八百标兵奔北坡,北坡炮兵并排跑,炮兵怕把标兵碰,标兵怕碰炮兵炮";二是"快",绕口令一快起来,就会让念的人吐字不清、发音不准,结果出错,从而达到诙谐、幽默的效果,如"坡上立着一只鹅,坡下就是一条河。宽宽的河,肥肥的鹅,鹅要过河,河要渡鹅,不知是鹅过河,还是河渡鹅"。

(五) 谜语歌

谜语歌是将谜语的谜面用儿歌的形式呈现出来的一种儿歌类型,谜语歌的每一句都能寓意或暗示谜底的一个特征或信息,幼儿一边听有韵律和节奏的谜面,一边开动脑筋猜想谜底,最后在假设和验证中揭晓谜底,并在此过程中感受儿歌的韵律。

(六) 颠倒歌

颠倒歌也称错了歌、古怪歌、滑稽歌,是运用夸张的手法和大胆的想象,故意违背常理,有意颠倒事物之间的正常关系的一种儿歌类型。这种儿歌契合了幼儿天马行空、荒诞的想象,同时又从另外一个侧面为幼儿提供了事物正常关系的一种暗示。这种儿歌往往首先会用"三三句式"来引题说明颠倒关系,如"颠倒颠,颠倒颠",儿歌里面的内容不仅违反合理性,在形象的反差上也富有冲击性,如"蝇子踢死马,蚂蚁架大桥。丫丫葫芦沉到底,千斤秤砣水上漂"。

三、学前儿童语言教育中儿歌的选择与改编

在你所需学习的幼儿文学这门课程中会接触到许多优秀的儿歌,但什么年龄阶段的幼儿对何种儿歌感兴趣,应该学习什么样的儿歌呢? 另外,今后你到幼儿园去工作的时候,拿到幼儿园课程的《教师参考用书》后,你会发现,幼儿园课程中有些儿歌要么在年龄适宜性上有问题,要么本身儿歌就达不到优秀的标准,这个时候,就需要你能对这些不适宜、不优秀的儿歌进行选择和改编,让学前儿童在为数不多的儿歌学习活动中能够接触、感受、理解、掌握优秀的儿歌。

(一) 儿歌的选择

请看以下四个以"小蜡笔"为标题的儿歌,试着分析一下,你觉得这些儿歌分别适合哪个年龄段? 为什么? 请将你的理由与周围的同学讨论一下,看看他们选择的标准和你是不是一样的。

小蜡笔(一)

画苹果,苹果香。

画小鸟,小鸟唱。

画星星,星星亮。

小蜡笔,你真棒。

小蜡笔(二)

我有一盒神奇的小蜡笔,

我用红色画太阳,

我用绿色画小草,

我用蓝色画云彩,

我用彩色画花朵,

神奇的小蜡笔,

我真喜欢你。

小蜡笔(三)

小蜡笔,真好看,

红、黄、黑、白、绿、紫、褐、橙、青、蓝。

红笔画太阳,一个圆圈圈。

蓝笔画小河,三条弯弯线。

黄笔画个小片片,那是小帆船。

绿笔画个大三角,那是一座山。

各种蜡笔一齐画,那是咱们幼儿园。

小蜡笔(四)

小蜡笔,手中拿,妈妈教我画图画。

先画蓝天白云飘,再画山坡开杏花。

褐石墙,青灰瓦,吹烟斜斜微风刮。

红彤彤的是太阳,绿油油的是庄稼。

两个小鸟枝头闹,一只黑狗地上趴。

小姑娘跳绳单腿蹦,老爷爷下棋端着茶。

车后的媳妇儿抱着娃,牛背上骑着个光脑瓜。

青山座座像馒头,小河弯弯似蛇爬。

我问哪里这样美,爸爸说是奶奶家。

在幼儿园中,我们会发现,同样的主题往往会有着不同的儿歌,就像刚才你看到的《小蜡笔》一样。但是同样的主题到底应该怎么样来为幼儿选择适宜的内容呢? 我们认为主要应该从幼儿的认知水平和儿歌自身两个方面的特点来进行选择。

1. 根据幼儿的认知水平来选择

小班幼儿的认知能力往往比较有限,注意力集中对象的范围较小,记忆力容量不大。在语言能力上,小班幼儿口语中的平均语句长度不长,一句话中约有 3.5 个词。而到了大班,幼儿的注意力范围逐步扩大,记忆容量也增加,在言语表达时,每个句子中的词汇能达到 8.4 个词。因此,从幼儿的认知水平来选择儿歌,在小班的时候主题要比较明确,儿歌内容要比较简单,每句词量应在3—5个之间比较适宜,而且词汇要浅显易懂,句子之间有着统一的韵脚。在中班的时候,儿歌内容逐渐丰富,儿歌句子中可以传递1—2个相关信息,每句词量可以在4—6个词之间,词汇逐渐书面化,韵脚可以逐渐有变化。在大班的时候,儿歌的主题可以更为抽象,内容更加复杂,每句词量可以在6—8个词之间,词汇可以更加抽象化、书面化和文学化。

2. 根据儿歌自身的特点来选择

从四个《小蜡笔》儿歌中可以发现,小蜡笔(一)是"三言式"的儿歌,整首儿歌采用顶真的手法,句尾都押"ang"韵,在内容上,主要呈现的是用小蜡笔绘画的"形状",使用的词汇都偏向口语化;小蜡笔(二)是自由体的儿歌,句末不押韵,但主体部分是"七言"的句式,句式结构比较整齐,在内容上主要包括了绘画的两个要素:颜色和形状,使用的词汇也偏向口语化;小蜡笔(三)也是自由体的儿歌,句式以"五言"和"七言"为主,整首儿歌都押"an"韵,在内容上呈现了绘画中的物品、形状和颜色三个要素,在词汇上出现了幼儿不太容易理解的词汇"褐、橙、青"等;小蜡笔(四)的主体是"七言",整首儿歌押"a"韵,在内容上呈现了一幅农村田园生活风光的多彩画面,有人物、植物、动物、事件等,使用的词汇比较文学化和书面化,如"褐石墙,青灰瓦,吹烟斜斜微风刮"。

综合幼儿的认知发展特点和四首《小蜡笔》的特点可以发现,如果在小班,选择小蜡笔(一)和小蜡笔(二)是比较合适的,而且小蜡笔(一)要更加容易;如果面对的是中班,则可以选择小蜡笔(二),且放在中班上学期比较合适;小蜡笔(四)对大班的幼儿来说句子数量比较多,学习和掌握起来有一定难度,因此放在大班下学期会比较合适。

(二) 儿歌的改编

除了选择适宜的、优秀的儿歌外,在幼儿园的教育实践中,教师往往会遇到大体上不错,但还有进一步修改、完善的空间的儿歌,这时,教师就需要具备改编儿歌的能力。儿歌的改编可以有三种方式:增加内容,减少内容,修改内容。

1. 增加儿歌内容

有些儿歌,从内容或节奏的角度,需要增加内容,从而保证儿歌的整齐、押韵。比如,请朗读儿歌《小花狗与大石头》,根据儿歌的特点分析这首儿歌,试想一下:如果你来修改,会如何修改?

小花狗与大石头

一只小花狗,

出门走走走,

碰个大石头,

跌个大跟斗,

咕噜咕噜噜。

从儿歌押韵的角度来说,你是不是会认为这首儿歌的前四句都是押"ou"韵,但最后一个"噜"却是"u"韵结尾,所以会把"咕噜咕噜噜"改成"哎哟哎哟哟"?这说明你已经基本掌握了儿歌的一些特点,会进行初步的修改了。但如果仔细分析《小花狗与大石头》,可以发现,整首儿歌只有五句,但是在儿歌中很少出现只有五句的情况。这首基调是比较欢快的,念儿歌的过程中,你眼前会浮现一只可爱的小花狗碰石头跌倒的情景,在它跌倒后,滚了几个圈,然后才停下来,因此如果再加一句"咕噜咕噜噜",并且在节奏和节拍上比第五句的节奏更慢,节拍变成四四拍,则能够更好地展现小花狗跌倒后从滚得很快到慢慢停下来的过程。

2. 删减儿歌内容

有些儿歌如果删减一些词句或内容往往能够更加地押韵和整齐,有些儿歌可能在词句上不太适合学前阶段的孩子,这个时候就需要教师适当删减儿歌内容。比如上面的小蜡笔(二),仔细朗读后,你觉得这首儿歌哪个地方不够顺,难以朗朗上口?将第一句"我有一盒神奇的小蜡笔"中的"神奇的"三个字去掉之后,变成

"我有一盒小蜡笔"再朗读试试看,是不是觉得更加地顺畅,而且和儿歌后面的句子字数、节拍都保持一致了,同时把第一句的"神奇的"去掉,这让倒数第二句的"神奇的"更加具有点睛作用。

3. 改编儿歌内容

有些儿歌在主题、寓意上是不错的,但是在语言、句式和押韵上可能有明显缺陷,难以达到优秀儿歌的标准和要求,这个时候就需要教师能够根据自身的文学修养来进行修改。例如《小鱼的幼儿园》这首儿歌:

大水池,圆又圆,绿油油的荷叶漂水面,红艳艳的荷花坐在叶上边。荷花阿姨哄着一群鱼宝宝玩,有的摇头,有的摆尾,有的吹泡泡,有的转圈圈……一会儿聚在一块儿,一会儿四散跑开。哦,这圆圆的大水池就是小鱼的幼儿园!

从儿歌的基本特点来说,你觉得这首儿歌存在什么不足,如果你来修改,会如何修改呢?

儿歌首先要押韵,但是纵观《小鱼的幼儿园》,不论是总体还是分节,有的地方押韵,有的地方又不够押韵;另外,从句式的角度来考虑也不够整齐,整体上没能呈现出儿歌的韵味、韵律和节奏。为此,我们将这首《小鱼的幼儿园》改编如下:

小鱼的幼儿园(改编后)

小水池,圆又圆,
绿绿荷叶漂水面,
红红荷花坐上边。
小鱼儿,真调皮,
摇头摆尾吹泡泡,
游来游去转圈圈。
叮铃铃,叮铃铃,
鲤鱼阿姨来召唤,
午睡啦!午睡啦!
哦!……
原来这是它们的
幼儿园。

改编后的儿歌在押韵上面通过"圆"、"圈"、"园"来押"uan"韵,朗读起来更加顺口;另外通过句式的修剪,让每节的句式都是"三三七"的样式,显得更加整齐;在第三节的地方将原文中的"荷花阿姨"改成"鲤鱼阿姨",一方面避免了上面的荷叶之间有重复,同时角色更加形象,在这一节中采用一个突兀转换,带出第四节中的"哦",让人在朗读的时候会有一种豁然开朗的感觉。

当然,大部分的儿歌都是经过作者精心创作、课程编制者仔细分析过的,因此在文学性、语言性等方面大多能符合优秀儿歌的标准,如果一定要改编儿歌,一定要从优秀儿歌的标准和幼儿的认知、兴趣特点出发,保证你所改编的儿歌比原文更好、更合适。

第二节　儿歌学习的核心经验分析

当你已经知道了幼儿儿歌的特点,能够为幼儿选择和改编出优秀的儿歌之后,接下来,你需要思考的就是,幼儿在儿歌的学习过程中,到底要学习什么,要获得何种知识或能力的发展?这就是幼儿儿歌学习的核心经验,把儿歌学习过程中所需要获得的核心经验分析清楚,你的教学活动才有明确的指向性。

一、幼儿儿歌学习的核心经验分析

根据儿歌的特点,幼儿在儿歌学习的过程中可以获得六个方面的核心经验:词汇、结构、情节、结构、运用与表现、韵律和节奏。接下来,我们将以儿歌《小圆形》为例,具体阐释如何在拿到一个儿歌后,将幼儿在这首儿歌中可以学习和发展的核心经验分析出来。

(一) 词汇

词汇指所有词的总和,也指某一范围内所使用的词的总和,是构成句子的最小单位,分为实词和虚词两大类。在儿歌中,常用的词汇主要是实词,包括名词、动词、形容词、数词和量词等。

1. 名词

名词是表示名称的词。在儿歌中有许多表示人物、动物、植物、颜色、日常生活用品、交通工具等的名词。在《小圆形》中,就有"圆形"、"太阳"、"气球"、"天"、"苹果"等名词供幼儿学习,这些词汇有的是幼儿非常熟悉的,如"太阳"、"气球"、"苹果"等,但像"圆形",尤其是从"太阳"、"气球"和"苹果"中抽象出其外在形状的"圆形"是幼儿要重点理解的。

2. 动词

动词是表示动作、情况、变化的词语。根据幼儿年龄和儿歌本身要表达的内容不同,有的可能会一个动词贯穿整首儿歌,有的会使用多种不同类型的动词,但这些动词的主语往往都是一个,在作用上具有共同性。在《小圆形》中,作者就使用了"变"、"飞"这两个动词,而"变"这个动词又是贯穿整个儿歌的,因此,最重要的就是动词"变"。

3. 形容词

形容词是用来表示特征、状态、情绪的词,通常用来修饰名词。在儿歌中,许多儿歌会呈现多样化的形容词,但形容词的组词方式往往相同,在字数上常是 3 个字,而且常常以叠词的方式(如 ABB 或 ABA 结构)来组词。在儿歌《小圆形》中,有"小"、"圆"、"红彤彤"和"甜又甜"等形容词,但以"红彤彤"和"甜又甜"两个形容词最为明显,这两个形容词分别采用的就是 ABB 和 ABA 的组词方式。这两个形容词符合幼儿的生活经验和平时语言表达的特点,朗读起来也容易形成平仄节奏。

4. 数量词

在许多儿歌尤其是数字歌中,会有大量的数词或量词,如《数字歌》"1 像铅笔会写字,2 像鸭子水中游,3 像耳朵听声音,4 像小旗迎风飘,5 像秤钩来买菜,6 像哨子吹声音,7 像镰刀来割草,8 像麻花拧一道,9 像蝌蚪尾巴摇,10 像铅笔加鸡蛋。"就通过儿歌呈现了 1—10 的数词。

在儿歌中,有时作者根据内容或押韵的需要会使用一些虚词,如拟声词,在《小花狗与大石头》中的"咕噜咕噜噜"就是一种拟声词。这些虚词需要教师像分析实词一样详细地分析出来,并发现其最突出的词汇类型。

(二) 结构

在你朗读儿歌《小圆形》时,你发现哪些句子叙述的方式是一样的,试着"提取公因式",把这种叙述方式表达出来。当你这么做的时候,就已经在分析儿歌的结构了。结构是指表述、叙述或描述的模式,在一首儿歌的结构中,有整首儿歌的结构,如《我是三军总司令》是根据"海陆空"的顺序来呈现内容的。也有儿歌中每节或每句的结构,如同样是《我是三军总司令》中,每一节都是"×妈妈问我,我的×儿去哪了? 我说:××做了我的××"这样的结构;在儿歌《小圆形》中,从第二句开始到第四句的结构都是"变××(什么),×××(怎么样)"的结构。

将儿歌中的结构核心经验分析出来,不仅可以让幼儿习得这样的结构,还能通过图谱的方式帮助幼儿更好地理解和记忆儿歌,并以结构的方式进行仿编。

(三)情节

情节是指事件发生的脉络,常常表现为事件的起因、经过、结果。有的儿歌的内容是一个故事,比如上文看到的《小花狗与大石头》《小鱼的幼儿园》《小蜡笔》(四)等,教师可以以讲故事的方式把儿歌的内容生动、形象地讲给幼儿听。大部分儿歌的内容都是平行的,节与节、句与句之间没有先后之分或承接关系,比如在儿歌《小圆形》中,第二句到第四句之间变换顺序并不会影响这首儿歌的韵律和节奏。

如果是有情节的儿歌,其分析方法则是尝试用一句话把儿歌中的故事情节概括出来,让这句概括的话中有故事的主要元素,如在《小花狗与大石头》中,就可以这样来概括:小花狗出门碰到大石头跌了一跤,滚出很远。

(四)运用与表现

"运用与表现"的核心经验,是指幼儿在儿歌学习的过程中再现儿歌中的人物、动作、表情、节奏等,幼儿在儿歌学习的过程中如何将自己的生活经验或想象用儿歌的方式表现出来,以及在生活中如何运用和表现学习过的儿歌。这种运用与表现主要体现在三个方面:

一是在学习过程中再现儿歌中的要素。儿歌是生动、形象的文学形式,儿歌内容中包含着许多人物、动作、表情,因此幼儿在学习的过程中运用自己的动作、语言、游戏的方式将儿歌中的人物特征、动作、情绪等表现出来,用符合儿歌节奏、节拍,甚至平仄的方式朗诵儿歌,表现出儿歌的情绪基调,不仅可以帮助幼儿理解儿歌,还是一位幼儿儿歌理解能力的重要表现。在儿歌《小圆形》中,"圆形"的样子,"变变变"的动作,"红彤彤"、"甜又甜"的表情和感觉都是幼儿可以表现出来的内容。

二是在儿歌学习的过程中将自己的生活经验或想象用儿歌的方式表现出来。尤其是在结构这一核心经验突显的儿歌中,根据结构将自己的生活经验或想象内容仿编、续编出来是幼儿儿歌学习中的重要目标。在儿歌《小圆形》中,我们已经分析出来了"变××(什么),×××(怎么样)"的结构,那么圆形还可以变什么,变出来的东西怎么样?当幼儿想象出来之后,幼儿用"变××(什么),×××(怎么样)"的结构表达出来,是幼儿儿歌理解能力的重要表现。

三是在生活中可以运用和表现学习过的儿歌。当幼儿学习了儿歌之后,在生活中愿意吟诵儿歌,在遇到儿歌中相似情形的时候能够回忆出儿歌,能够用儿歌中的词汇或句式表现所看到的情景或事件,是幼儿运用和表现儿歌的高级水平。例如,当小朋友外出的时候,看到气球,能想起"变气球,飞上天"这样的句子,在看到月亮的时候,会在成人的引导下,用类似"变月亮,亮晶晶"的结构表现出来。这样的表现在儿歌学习过程中难以直接看到,但是如果幼儿充分掌握了前两种运用与表现的核心经验,这种表现就是水到渠成的事情。

(五)韵律

韵律指的是儿歌中的声韵和节律,具体来说是指儿歌中的平仄格式和押韵规则。在第一节中,我们已经分析过儿歌韵律中的押韵,并且已经知道儿歌《小圆形》押的是"ian"韵,幼儿在儿歌的学习中,要逐步感受到这些相同的韵,尤其是在一字韵中,要能指出儿歌中的最后一个字都是一样的。这种韵脚的意识是幼儿文字意识发展的重要基础。

除了押韵之外,教师要学会分析儿歌句子中的平仄变化,即儿歌中的每一句如何断句,不同部分之间的语气语调应该如何表现。比如在儿歌《小圆形》中,"小圆形,变变变"中的三个"变",语气和语调都应该不一样,在"变太阳,红彤彤"中的"变"和"太阳"之间要有一个拖音,"变"的音调要更强、更重。

(六) 节奏

儿歌中的节奏往往指的是"节拍",即一拍之中有几个词或几个字,词或字数量越多,拍子越慢,反之,则拍子越快。一般儿歌都会有适合自己内容和基调的节奏,但是在绕口令中,可以变换多种节奏,节奏越来越快,导致幼儿在发音过程中易出错,从而锻炼幼儿的发音能力,同时也能够感受到绕口令的乐趣。

在第一节中,我们已经分析了儿歌《小圆形》的节奏,其节拍是混合节拍,每句的前半部分为四二拍,后半部分为四三拍,其节拍形式为"︱ × × × ︱ × × × ︱",具体来说就是"︱ 小 圆形 ︱ 变 变 变 ︱ 变 太阳 ︱ 红彤形 ︱ 变 气球 ︱ 飞 上 天 ︱ 变 苹果 ︱ 甜 又 甜 ︱"。按照这样的节奏,加上准确的韵律,幼儿对儿歌的表现会更加精彩。

二、分析儿歌学习核心经验之间的层次关系

通过对幼儿儿歌学习的核心经验分析,我们可以发现一首儿歌往往具备上述核心经验的若干条,但这些核心经验之间有什么样的关系,在幼儿园的语言教育活动中,我们又应该如何处理这些关系呢? 当你分析出来儿歌《小圆形》中有着"词汇"、"结构"、"运用与表现"、"韵律"和"节奏"这些核心经验之后,你选择何种经验作为你开展《小圆形》学习活动的目标呢?

(一) 确定儿歌中最突显的核心经验

不同类型的儿歌会有着不同的特点,在儿歌核心经验的突显程度上也会有所不同。一般来说,"词汇"、"结构"、"运用与表现"这三类核心经验在许多儿歌中都会有所体现,在故事或情节类的儿歌中,"情节"会成为比较突显的核心经验,而在绕口令这类儿歌中,韵律和节奏的核心经验会突显得比较明显。

当分析出一首儿歌的所有核心经验后,结合儿歌的特点,要确定儿歌中比较重要的核心经验。比如在儿歌《小圆形》中,根据这首儿歌的特点,可以发现"词汇"、"结构"和"运用与表现"是比较突显的三个核心经验,但进一步分析会发现,这首儿歌中"结构"和"运用与表现"的核心经验又比"词汇"更加突显,因此,在儿歌《小圆形》中,应重点聚焦学前儿童在学习过程中"结构"和"运用与表现"两个方面核心经验的学习和发展。将这两个核心经验的具体表现和希望幼儿达到的水平表述出来,就成为了你组织儿歌《小圆形》学习活动的目标之一了,如"掌握变'××(什么),×××(怎么样)'的儿歌结构","能根据自己的经验和想象以儿歌结构仿编儿歌"。

当然,在确定最突显核心经验的过程中,教师不能忽视了非突显核心经验的分析,虽然在组织的学习活动中幼儿不被期望获得这些不突显的核心经验,但教师要通过分析核心经验更好地分析所运用的学习内容,做到心中有数。比如在儿歌《小圆形》中,虽然"韵律"和"节奏"两个核心经验不是最突显的,但教师要能够仔细分析,认真把握,从而在组织这首儿歌的学习过程中用符合儿歌韵律和节奏的方式表现儿歌,在潜移默化中培养幼儿这两种核心经验。

(二) 区分不同核心经验的认知需要层次

通过对幼儿儿歌学习的核心经验分析可以发现,这些核心经验对幼儿认知能力的要求也是不一样的,例如"词汇"、"情节"等的核心经验就比"韵律"和"节奏"的核心经验所需的认知努力更低。即使是同一个核心经验也有着水平的区别,比如在"词汇"的核心经验中,理解名词往往要比理解形容词更容易;在"运用与表现"的核心经验中,再现儿歌中的动作、表情就比根据结构用自己的生活经验和想象进行儿歌仿编更容易。因此教师根据不同儿歌的特点要学会区分出不同核心经验的认知需要层次和同一经验中的认知难度差异。

由于其认知需要层次不同,不同的核心经验获得过程之间也会存在前后关系或交叉关系,在儿歌学习过程中,"词汇"、"情节"与"运用与表现"中的"再现儿歌中的人物、表情、动作等"相互交叉,幼儿通过倾听理解情节,通过再现理解儿歌中的词汇,进一步掌握情节内容。这些都是幼儿掌握"结构"这个核心经验的基础,

而掌握"结构"的核心经验之后,幼儿才有可能按照结构进行仿编,从而获得"运用与表现"中的"仿编和续编"能力。只有在理解儿歌内容,掌握儿歌结构的基础上,幼儿才能更好地感受儿歌的韵律和节奏。

以儿歌《小圆形》为例,在所分析出来的核心经验中,幼儿对"词汇"、"结构"的掌握难度就远低于"节奏"或"韵律"核心经验的理解,在"运用与表现"的核心经验中,幼儿再现儿歌中的动作就比按照结构将自己的生活经验或想象内容进行仿编要容易得多。在学习的过程中,幼儿往往需要先理解儿歌内容、了解儿歌结构,然后才能根据结构来进行替换仿编。

区分出不同核心经验的认知需要层次,一方面可以初步确定幼儿的学习过程,从而初步设计幼儿的儿歌学习活动所需要的环节和过程;另一方面还可以明确幼儿在具体儿歌学习中的重点和难点,从而及早预设可能的方法和策略;最后,明确幼儿不同经验的学习认知需求,才能在活动过程中针对不同幼儿的发展水平提出不同的学习要求,促进幼儿儿歌学习和发展核心经验的提升。

第三节　儿歌学习活动的组织与教学策略

当你已经分析出来一首儿歌能够给学前儿童提供的核心经验,排列好这些核心经验之间的认知顺序,并确定这首儿歌核心最突显的特征后,接下来需要思考的就是如何组织儿歌学习活动,引导学前儿童在活动中获得这些核心经验的发展。

一、儿歌学习活动的组织

在幼儿园的集体教育活动中,语言教育活动的比例大概占四分之一;在集体性的语言教育活动中,儿歌学习活动在数量上大概只占四分之一,随着学前儿童年龄的增长,集体性的儿歌学习活动更少。因此,要在为数不多的儿歌学习活动中,围绕学前儿童儿歌学习的核心经验组织好活动环节,让幼儿在生动、主动、活泼的过程中习得这些核心经验,确保学习活动的效率。具体来说,儿歌学习活动的组织通常可以有以下步骤:

(一) 激发幼儿儿歌学习的兴趣

兴趣是幼儿学习的源动力,因此,不仅要根据幼儿的兴趣来选择相应的儿歌内容,还需要在学习活动的第一环节中,通过多种策略来激发幼儿的学习兴趣。常见的策略有:提问策略,通过提问激发幼儿已有的生活经验;主角导入策略,教师通过出示儿歌中的主角,吸引幼儿的兴趣,并有兴趣听主角的所见所闻;猜谜策略,教师用猜谜的方式,让幼儿猜测儿歌中的人物。

这个阶段主要应起到两个方面的作用:一是让幼儿迅速进入到学习的状态,二是激发幼儿学习儿歌的兴趣。但这个环节时间不宜太长,如果是提问策略,一般以一至两个问题为宜,在幼儿充分表达后,让幼儿迅速调整好状态,注意倾听儿歌。

在儿歌《小圆形》的学习过程中,教师可以通过多媒体或黑板呈现一个圆形,"看看谁来我们班作客了?"在幼儿回答后,教师说"这可是有魔法的小圆形,它会'变变变'",并提问"你觉得小圆形会变成什么?"引导幼儿积极想象并回答,然后吸引幼儿注意倾听儿歌"我们一起来听儿歌《小圆形》,仔细听,看看小圆形变成了什么? 它是什么样的?"从而进入到第二个环节。

(二) 分句和分要素帮助儿童掌握儿歌内容

在这个环节中,教师往往会分为三个小步骤。首先,教师需要完整朗诵一遍儿歌。然后,教师通过提问、示范和图谱等方式帮助幼儿掌握儿歌内容,理解儿歌中的词汇。提问主要是了解幼儿在儿歌中听到了什么,并进行复述;示范主要是对幼儿的回答用儿歌中的句子进行归纳,必要时进行示范;图谱是指幼儿在复述之后,教师在归纳和整理的过程中使用图画、图示的方式帮助幼儿观察、回忆儿歌中的内容。最后,教师会让小朋友说一说自己最喜欢的句子,并在这个过程中表现出儿歌中的人物形象、动作、对话或表情。

在幼儿理解和掌握儿歌内容的过程中,分句理解可以减轻幼儿的学习负担,这个过程可以通过提问、图谱的方式来完成。但幼儿在理解的时候,往往不能记住全部,会遗漏儿歌句子中的要素,如儿歌《小圆形》中,只记得小圆形变成了什么,但怎么样往往不太容易记住,或者记忆不准确。为此,教师在这个环节要重点帮助幼儿理解和掌握容易遗漏的儿歌内容,并努力用儿歌中的句子表现出来。

这个环节是儿歌学习尤其是儿歌理解活动中的重要环节。在这个环节中,教师通过完整朗诵培养幼儿的倾听能力;通过提问、示范、图谱等方式帮助幼儿掌握儿歌内容;通过表现儿歌中的人物形象、动作、对话等理解儿歌中的词汇,并让幼儿在复述自己最喜欢的一句话的过程中初步感受和表现儿歌的韵律和节奏。如果所学习的儿歌结构不明显,没有"运用与表现"中"仿编"的学习要求,许多儿歌的学习到这个环节就基本可以在幼儿一边朗诵儿歌一边做动作中结束。

在儿歌《小圆形》的学习过程中,教师首先完整地按照事先分析好的节奏朗诵一遍,问幼儿"小圆形变成了什么?"当小朋友回答之后,教师可以追问"变成苹果(气球、太阳),怎么样了呢?"如果小朋友能回答出儿歌中的句子,教师通过重复的方式进行鼓励;如果幼儿只回答出了相关内容,则鼓励其用儿歌中的句子来说一说;如果幼儿说的内容跟儿歌内容没有关系,则鼓励幼儿后面再听的时候,仔细听小圆形变成了什么。在幼儿回答之后,教师可以再次完整地朗诵一遍儿歌:"我们来听听,小圆形是不是变成了小朋友们刚才说的这些呢?"在这个过程中,教师可以使用图谱的方式将第二至第四句的两个儿歌要素(变什么、怎么样)展现出来。之后,教师可以提问:"你最喜欢儿歌中小圆形变成的什么东西?""你能说一说吗?"在幼儿复述的过程中,鼓励幼儿用动作来表现:"你能把小圆形变的动作加进来吗?""甜又甜是什么样的表情?"

(三) 引导幼儿分析儿歌结构

如果在对儿歌的分析中,发现儿歌有促进幼儿在"运用与表现"中"将自己生活经验或想象内容按照儿歌结构仿编"的学习机会,则在引导幼儿仿编之前,要引导幼儿分析并了解儿歌的结构。教师可以通过提问、出示图谱等方式帮助幼儿了解儿歌结构。常用的提问就是,"每一句都是先说什么,再说什么?"引导幼儿分析儿歌内容;采用图谱结合提问也是一种常用的策略,通过指着图谱问幼儿"每一句都是先说什么,再说什么?"在幼儿回答的基础上,概括出儿歌的结构。教师要根据幼儿的年龄特点,采用不同的策略,年龄越小的幼儿,越需要直观的提示以及在幼儿充分表达后的归纳指导。

在儿歌《小圆形》的学习活动中,教师在这个环节会引导幼儿对每一句进行分析,比如"这句都是先说变成了太阳,然后说的是太阳的颜色",在把三句中的要素都分析出来之后,由于幼儿要理解"变什么,怎么样"这样的抽象结构比较难,教师会直接归纳出来说:"每一句都是先说变什么,怎么样。"

(四) 激发幼儿想象,鼓励幼儿仿编儿歌

在这个环节中,教师要充分鼓励幼儿回忆生活经验,发挥自己的想象,然后根据生活经验和想象内容按照儿歌结构进行仿编。这个环节有两个关键要素:一是要有仿编的内容;二是要有仿编的表达。在这个过程中,教师可以采用三个层次的教学策略:第一层次是教师出示仿编内容的图片或视频,让幼儿可以看着内容说,教师用符合儿歌结构的方式进行总结;第二层次是教师按要素提问幼儿"变什么?""怎么样?"然后鼓励幼儿用"像儿歌一样好听的句子说出来",在幼儿表达之后,教师可以进行重复;第三层次是教师直接鼓励幼儿按照结构进行仿编和表达,"小圆形还会变什么,然后怎么样?"教师要根据幼儿的水平采用不同层次的策略。在幼儿已经初步学会按照结构进行仿编后,要鼓励幼儿相互说一说,或者采用表演、比赛的方式鼓励幼儿表达自己仿编的儿歌。

在儿歌《小圆形》的学习之前,教师可以事先开展"小圆形,变变变"的美术活动,将圆形变成许多不同的事物。在本次教学活动中,教师抽取出一张幼儿的作品,问"这是谁的小圆形变的?"。教师用问题"你的小圆形变成什么了呢?"对幼儿进行提问,在幼儿回答之后,进行追问"变××,怎么样呢?"然后鼓励幼儿用儿歌中"好听的话"把自己变的说出来。之后鼓励幼儿将自己仿编的内容跟旁边的小朋友说一说。

(五) 在游戏或延伸活动中结束活动

如果一个儿歌没有明显的结构,则在第二个环节就完成了大部分核心经验的学习;如果是有结构的儿歌,则通过第三和第四个环节就完成了结构的掌握和仿编的核心经验的学习。到了这个环节,基本就要结束儿歌的学习活动。教师可以通过游戏或延伸活动结束活动,可以通过引导小朋友扮演儿歌里面的人物角色或自己仿编的人物角色来念唱儿歌来结束活动,可以引导幼儿回到家将学到的儿歌或仿编的儿歌说给爸爸妈妈听,也可以通过把自己仿编出来的内容画下来的方式结束学习活动。

在儿歌《小圆形》中,教师鼓励幼儿的仿编"小朋友的魔法真厉害,小圆形变出了这么多东西!"而后教师把儿歌再次完整朗读,并鼓励幼儿将自己仿编的儿歌配上动作表演出来,从而结束活动,"我们一起把儿歌念一遍,最后把你变的小圆形也加到儿歌后面去!"

二、儿歌学习活动组织过程中应注意的问题

正如前面所说,幼儿园中儿歌学习活动所占比例不高,一定要确保儿歌学习活动的质量,提高儿歌学习活动的有效性。除了要选择优秀的儿歌,分析出儿歌学习中的核心经验,按照儿歌学习活动的组织环节开展活动,还要避免已有幼儿园儿歌学习活动中存在的问题。

(一) 切忌让幼儿机械复述儿歌

在儿歌学习活动中,有些教师常常会在总结归纳幼儿回答教师有关儿歌内容的问题之后,不自觉地说"小朋友跟我念……";有些教师在让幼儿学习了整首儿歌之后,采用教师示范、幼儿跟念,集体诵读、小组诵读、个人诵读等多种方式让幼儿不断地机械复述儿歌。

在幼儿儿歌学习的过程中,复述儿歌不应是幼儿儿歌学习的目的,更不应是唯一目标,幼儿能够复述儿歌是在获得了该首儿歌的核心经验之后的一个自然结果。如果没有幼儿对于词汇和结构的理解,情节的掌握,对作品中人物形象、动作、情绪、对话等的"运用与表现",没有对儿歌韵律和节奏的感知,只是让幼儿机械复述,其最终结果只会是让幼儿被动地学、枯燥地念,这种复述与"有口无心"的小和尚念经无异。

因此,教师在组织和实施儿歌学习活动中,要避免上述提到的这些让幼儿机械、枯燥复述的教学行为。一般而言,在儿歌学习活动中,教师的完整朗诵不会超过3—4遍,幼儿的诵读不会超过2—3遍,而且这些诵读都是指向儿歌学习的核心经验,有着具体目的的。

(二) 分析和尊重幼儿的学习过程

在组织儿歌学习活动的过程中,尤其是有结构的儿歌学习过程中,教师往往把目标指向幼儿的仿编,将幼儿的仿编作为教学的重点,结果要么是在活动中幼儿难以仿编出来,要么就出现"拔苗助长"的现象,编出来的东西不是幼儿自己仿编出来的,而是教师给予的。出现这类问题,往往是教师未能分析和尊重幼儿的学习过程,最终导致上述现象。

通过第二节的分析,大家可以发现,儿歌学习和发展的核心经验之间有着不同的认知需求层次,即使是同一核心经验中不同成分也有难易之分。因此,幼儿儿歌核心经验的获得有着层次性,幼儿需要在获得基础性层次核心经验的基础上才能学习和发展更高水平的核心经验。因此,没有对儿歌内容的理解,让幼儿有感情地或有节奏地朗诵儿歌,只会是"鹦鹉学舌";没有对结构的了解,幼儿的仿编可能只会是天马行空的诉说。

教师要在分析核心经验的认知层次的基础上,合理安排不同核心经验之间的层次关系,根据这种层次关系来组织儿歌学习活动。

(三) 注重儿歌学习的多种表达

在儿歌学习的过程中,幼儿对儿歌的理解和表现不仅有着口语的表达,还有着动作、表情、对话、诵读中的节奏等多种表达方式;同时在儿歌学习的前后,可以通过音乐、美术等活动进行表达;在日常生活中,往往还会跟社会交往、生活保育等方面的内容相结合。因此,教师在儿歌学习的过程中,要注重儿歌学习的多种表达,既关注幼儿在语言领域学习中的学习与表达,同时也要关注其他领域中相关内容的表达与运用;既要关注儿歌学习中口头语言的表达,更要关注儿歌学习中通过动作、表情、对话、节奏等方式的表达。

注重儿歌学习的多种表达方式才能避免在儿歌学习活动中教师一念到底、幼儿一说到底的现象,才能调动幼儿在儿歌学习过程中的积极性,并通过多种表达方式促进幼儿更好地理解儿歌、掌握儿歌。

练一练

1. 试着将儿歌《小圆形》在你见习和实习的班上实践一下,试分析你在教学活动中表现出来的教学环节和教学策略,观察幼儿儿歌学习的结果,分析目标是否达成。如果达成,请记录下你值得今后借鉴的经验;如果没有,请分析原因。

2. 请根据本章的内容,分析儿歌《我给小鸡取名字》的特点,具体分析这首儿歌的核心经验分别是什么?各个核心经验之间的关系如何排列? 如果你来组织这个教学活动,你会设计什么目标,组织什么样的学习环节?

我给小鸡取名字

一二三四五六七,妈妈买了七只鸡。

我给小鸡起名字:小一、小二、小三、小四、小五、小六、小七。

它们一下都走散,一只东来一只西。

于是再也认不出,谁是小七、小六、小五,小四、小三、小二、小一。

第七章

散文(诗)学习活动的组织与实施

■ 学习目标

1. 了解幼儿散文(诗)的特点,能根据幼儿年龄选择或改编出适宜的散文(诗)。
2. 记忆幼儿散文(诗)学习的核心经验,掌握散文(诗)核心经验的分析方法。
3. 掌握散文(诗)教学活动的组织过程,尝试开展散文(诗)的教学活动。

■ 想一想

请阅读幼儿散文《春雨的色彩》。

春雨的色彩

楼飞甫　黄云生

春雨,像春姑娘纺出的线,没完没了地下到地上,沙沙沙,沙沙沙……

一群小鸟在屋檐下躲雨,他们在争论一个有趣的问题:春雨到底是什么颜色的?

小白鸽说:"春雨是无色的。你们伸手接几滴瞧瞧吧。"

小燕子说:"不对,春雨是绿色的。你们瞧!春雨落到草地上,草地绿了;春雨淋在柳树上,柳枝儿绿了……"

麻雀说:"不不!春雨是红色的。你们瞧!春雨洒在桃树上,桃花红了;春雨滴在杏树上,杏花儿红了……"

小黄莺说:"不对,不对,春雨是黄色的。不是吗?它落在油菜地里,油菜花黄了;它落在蒲公英上,蒲公英的花儿也黄了……"

春雨听了大家的争论,下得更欢了,沙沙沙,沙沙沙……它好像在说:亲爱的小鸟们,你们的话都对,但都没说全面。我本身是无色的,但能给春天的大地带来万紫千红。

请思考:

1. 阅读完这个散文之后,你觉得这个散文美吗?如果美,到底美在哪里呢?你是否会说"有意境美",那这首散文的意境到底是什么?这种意境在散文中又是通过什么样的方式表现出来的呢?

2. 如果你将要拿这首散文对幼儿园的孩子开展教学活动,你觉得它适合哪个年龄段的幼儿呢?如果你来组织这个教学活动,希望幼儿获得什么发展?你又准备怎么样来组织你的教学活动呢?

■ 学一学

这么多问题是不是让你有点头晕了?接下来,我们将从幼儿散文(诗)的特点、幼儿散文(诗)选择和改编的标准出发,进而讨论在散文(诗)的教学活动中,教师如何分析一首散文(诗)中幼儿所需要学习和获得的核心经验,最后向大家介绍如何组织幼儿散文(诗)的教学活动,采用何种策略来帮助幼儿获得这些核心经验。

第一节 幼儿散文(诗)的特点与学习内容的选择

一、幼儿散文(诗)概述

当阅读完《春雨的色彩》之后,你觉得这首幼儿散文(诗)和你平时看到的成人散文,比如与朱自清的《春》相比,有什么不同呢?

幼儿散文(诗)是专门为幼儿创作的散文(诗),是传达幼儿生活情趣及心灵感受,适合幼儿审美需要和欣赏水平的散文(诗),这种散文(诗)有的可以通过比较严格的格式来表现,但在表达内容上往往充满想象和意境。

幼儿的散文(诗)可以分为五类:一是叙事散文(诗),主要侧重描述幼儿生活中发生的事情,这类散文(诗)往往具有一定的情节;二是写景散文(诗),主要描绘优美的自然环境、四季变化和季节特征;三是抒情散文(诗),主要抒发幼儿对生活中的人、事、景、物的纯真美好的感情;四是知识散文,主要通过散文的形式向幼儿介绍各种知识,寓教育于形象描写之中;五是童话散文,是借助童话的情节、幻想,用散文的形式来描写拟人化的童话形象,表现幼儿的生活。

幼儿园语言教育活动中,往往主要以叙事散文(诗)、写景散文(诗)和抒情散文(诗)为主,并且通常将这几类散文(诗)融合起来表现人与人、人与自然、自然界中各事物之间的互动情趣。

二、幼儿散文(诗)的特点

优秀的幼儿散文(诗)往往具有以下特点:

(一) 生活化的内容

幼儿的散文(诗)所描写的内容应该是幼儿在生活中能够听得到、看得见、摸得着的,是幼儿感兴趣的内容。散文(诗)文学化的语言将幼儿的这些生活经验、所见所想系统地表达出来。比如《梦姑娘的花篮》这篇散文中,作者通过不同动物的梦境展现了秋天多彩的变化和颜色,这些多彩的变化和颜色都是幼儿在日常生活中可以看到的,因此,能够联结幼儿的生活经验,激发幼儿的学习兴趣。

(二) 重复性的结构

成人散文具有"形散而神不散"的特点,但在幼儿园中,幼儿接触到的大部分散文(诗)会通过比较一致的结构,将幼儿的生活经验铺陈表达出来,有的甚至在字数、韵律上都有诗歌的特点,从而成为真正的散文诗。因此,在幼儿园教育中的散文(诗)往往具有重复性的结构,如在上述《春雨的色彩》中,每一个小鸟都是按照"春雨是什么颜色的,春雨落在哪里,什么变成了什么颜色"这样的一个结构来进行重复,从而展现了春天的多姿多彩。

(三) 文学化的语言

幼儿散文(诗)虽然描写的是幼儿的生活经验,但并不是对幼儿日常的谈话或幼儿相关生活经验的简单记录,幼儿散文(诗)中使用的语言具有精练、准确、形象等特点,即幼儿的散文(诗)是幼儿生活经验的文学化表现。在具体的语言表现形式上,往往采用拟人、排比、对仗等手法,采用形象化的语言词汇。比如在《春雨的色彩》中,作者将春天比拟成春姑娘,采用了形象化的象声词,并且在表现春雨落在不同地点上的动作时候,使用了"洒"、"落"、"滴"、"淋"等多样化的词汇。

(四) 丰富的想象

散文(诗)通过形象化、文学化的语言,呈现幼儿丰富的生活经验,从而在听者或读者的头脑中构建出了散文(诗)所描写的时间或空间,同时散文(诗)往往并不会把幼儿所有的生活经验或想象都描写完,而是会在末尾为听者和读者留下进一步填充的想象空间。因此优秀的散文(诗)能激发幼儿的想象,丰富幼儿的想象,延展幼儿的想象,这是幼儿散文(诗)相比其他文学作品而言的独特性之一。比如散文(诗)《落叶》:秋风起了,天气凉了,一片片树叶从树上飘落下来。树叶落在地上,小虫爬过来,躺在里面,把它当作屋子。树叶落在沟里,蚂蚁爬过来,坐在上面,把它当作小船。树叶落在河里,小鱼游过来,藏在底下,把它当作小伞。树叶落在院子里,小燕子看见了说:"来信了,来信了,催我们到南方去了。"通过形象化的动词,会激发幼儿去想象散文(诗)里面的小动物与落叶之间有着什么样的互动,并想象它们如何将树叶当做"屋子"、"小船",在"屋子"、"小船"里面做什么,同时听者听完这首散文(诗)之后会想,树叶还会落在哪里? 还会有什么样的小动物出来呢? ……不由自主地进行了想象的延展。

(五) 优美的意境

意境是作者将思想感情融入语言的形象描写中所表现出来的一种情景交融、物我交融的艺术境界,文学作品的意境往往表现在三个方面:自然之美,真挚之情,万物之灵趣。幼儿的散文(诗)虽然内容不深奥,语言不华丽,但同样富有优美的意境。幼儿散文(诗)的意境常常体现为自然之美,万物之灵趣,且往往两者兼而有之。比如《春雨的色彩》反映的正是春雨和大自然中的草地、柳树、油菜地上各种事物之间的互动所营造出的欣欣向荣的春意。

概括起来,优秀的幼儿散文(诗)要体现出四个"童":一是要有"童真",散文(诗)的内容要来源于幼儿的生活,是幼儿所见、所听、所想的;二是要有"童心",一首优秀的散文(诗)应是幼儿感兴趣的,是幼儿想法、观念、需要的真正体现;三是"童趣",优秀的散文(诗)要体现幼儿的情趣、灵趣;四是"童言",散文(诗)要用幼儿能够听得懂的优美的语言。

三、幼儿散文(诗)的选择与改编

优秀的幼儿散文(诗)非常多,那在幼儿园教育活动中,应该选择什么样的散文(诗)来开展教学活动呢? 同时,有些散文(诗)需要根据幼儿的年龄阶段、认知发展特点以及优秀作品的标准进行必要的改编,那又应该如何改编呢?

(一) 幼儿散文(诗)的选择

在开展幼儿散文(诗)教学过程中,需要选择适合的散文(诗)材料,在选择的过程中,有几个原则可供参考。

1. 根据单元主题进行选择

幼儿园的散文(诗)教育活动属于幼儿园课程中一个单元主题课程里面语言领域的教育内容之一,因此,散文(诗)的教育活动不仅要帮助幼儿获得有关散文(诗)学习的相关经验,同时还需要为整个单元主题内容的学习服务。因此,在选择散文(诗)时,首先要根据单元主题来进行选择。

比如在"春天"的主题单元中,就有《春雨的色彩》、《圆圆的春天》等;"夏天"的主题单元中就有《夏》、《奇妙的夏天》、《听雨》等散文(诗);在"秋天"的主题中,往往会选择《落叶》这首散文(诗);在"冬天"的单元中,往往会选择《小雪花》这首散文(诗)。这些散文(诗)在内容上与单元主题的联系紧密,能够在丰富幼儿知识、获得单元主题经验的同时,又促进幼儿语言能力的发展。

2. 根据幼儿的年龄阶段进行选择

同一个主题中有很多可供选择的散文(诗),那到底应该选择哪一首呢?这时就需要根据幼儿的年龄特点和认知发展水平来进行选择。一般来说,小班幼儿接触到的散文(诗)在篇幅上更加短小,往往一个句子一个片段;在结构上更加整齐、有规律;在语言上更加生动,重复性较多;在内容上直接与幼儿的日常生活相关。中班幼儿接触到的散文(诗)则篇幅可以更长;在结构上更加灵活;在语言上抒情性的词汇、形容词逐渐增多,词汇更加多样化;在内容上,可以涉及自然、人际、人与自然之间的关系。大班幼儿接触的散文(诗)在篇幅上更长,往往是多个句子形成一个片段;在结构上更加松散;在语言上有更多的比喻、借代等表现形式;在内容上往往能激发幼儿进一步的想象和评判性思考。

一般而言,许多作者创作的散文(诗)往往面向年龄更大一点的幼儿,小班幼儿的散文诗往往可以用诗歌来代替,所以,小班阶段倾向于选择儿歌或诗歌,在中班开始才会有较多的散文(诗)学习活动。同样以"秋天"这个主题为例,中班的幼儿可能更加适合的散文(诗)是《落叶》,而大班更加适合的是《秋天》、《秋天的雨》等。

3. 根据幼儿散文(诗)中学习与发展的核心经验来选择

单元主题下的幼儿散文(诗)学习不仅要为幼儿掌握单元主题的相关内容服务,同时也要促进幼儿散文(诗)中学习与发展的核心经验,因此,还应注意选择能够给幼儿提供较丰富的语言学习与发展核心经验的散文(诗)。

在下节我们会分析到幼儿在散文(诗)学习中需要学习和发展的核心经验,一首散文(诗)往往具有某几个核心经验,因此教师需要思考所选择的散文(诗)能够给幼儿提供何种散文(诗)学习与发展的核心经验,从而根据幼儿学习与发展核心经验的需要,选择不同类型的散文(诗)。

(二) 散文(诗)的改编

许多时候,教师在选择幼儿学习的散文(诗)的时候会发现,有些散文(诗)以优秀的标准来看,还需要进一步改编;有些散文(诗)很优美,但可能作者意图面向更高年龄段的儿童,如果要在幼儿园中来开展,就需要做进一步的改编。

以《春雨的色彩》为例,对照上文已经介绍了优秀幼儿散文(诗)的五个特点,如果重新来看,你觉得这个散文的优点在哪里?不足又在哪里?

根据优秀幼儿散文(诗)的五个特点进行对照可以发现,这首散文诗在五个特点上都有呈现,不足之处在于有些词汇是幼儿不常接触到,也不太容易理解的,如"没完没了";同时小白鸽的话在全文中作用并不突出,显得语言不够精炼;尤其是这首散文诗在前半部分通过三只小鸟的"争吵",展现出春天的春意盎然、欣欣向荣,但在最后一段,却用一句"亲爱的小鸟们,你们的话都对,但都没说全面。我本身是无色的,但能给春天的大地带来万紫千红"把幼儿美好的想象全部浇灭了,试图在最后结尾给幼儿一个正确的科学知识,但未能很好地处理文学和科学之间的关系。因此,这首散文诗还是有进一步修改的空间的,修改后的《春雨的色彩》如下:

春雨,像春姑娘纺出的线,轻轻地落到地上,沙沙沙,沙沙沙……

田野里,一群小鸟正在争论一个有趣的问题:春雨到底是什么颜色的?

小燕子说:"春雨是绿色的,你们瞧,春雨落到草地上,草就绿了,春雨淋在柳树上,柳枝也绿了。"

麻雀说:"不对,春雨是红色的,你们瞧,春雨洒在桃树上,桃花红了,春雨滴在杜鹃丛中,杜鹃花也红了。"

小黄莺说:"不对,不对,春雨是黄色的,你们瞧,春雨落在油菜地里,油菜花黄了,春雨落在蒲公英上,蒲公英花也黄了。"

春雨听了大家的争论,下得更欢了,沙沙沙,沙沙沙……

改编后的《春雨的色彩》,使用的语言更加精练,结构更加整齐,前后呼应,同时最后的象声词"沙沙沙",

就能进一步激发幼儿的想象,让整首散文诗更富有意境。

第二节　散文(诗)学习活动的核心经验分析

幼儿园的语言教学活动中,幼儿教师的工作不仅是选择优秀的散文(诗),更需要通过有计划、有目的的教育教学活动,帮助幼儿学习这些优秀的散文(诗),感受和欣赏这些散文(诗)的美。因此当我们已经知道了幼儿散文(诗)的特点,并且能够根据优秀幼儿散文(诗)的特点来选择一首优秀的幼儿散文,或者改编一首幼儿散文(诗)以让其符合幼儿散文(诗)的特点之后,更重要的是开展散文(诗)的教育教学活动。但在组织教学活动之前,我们要思考的是,散文(诗)能够给幼儿提供何种语言学习与发展的核心经验? 这些核心经验之间有什么样的内在联系? 在一次教学活动中应该如何来安排这些核心经验?

一、散文(诗)中幼儿语言学习与发展的核心经验分析

我们认为,一首优秀的幼儿散文(诗)可以给幼儿提供六个方面的语言学习与发展的核心经验:词汇、结构、情节、运用与表现、想象、意境。接下来,我们将结合改编后的散文(诗)《春雨的色彩》与大家一起分析散文(诗)教学活动中幼儿语言学习与发展的核心经验。

(一) 词汇

当你阅读完《春雨的色彩》后,发现里面有哪些词语? 以第一句"春雨,像春姑娘纺出的线,轻轻地落到地上,沙沙沙,沙沙沙"为例,这句话可以找到"春雨"、"像"、"春姑娘"、"纺出"、"线"、"轻轻地"、"落到"、"地上"、"沙沙沙"这些词语,那这些词语分别可以归为哪些类别呢?

词汇指所有词的总和,也指某一范围内所使用的词的总和,是构成句子的最小单位。散文(诗)中的词汇即指散文(诗)中词的类别和综合,通常包括实词和虚词,实词主要包括名词、动词、形容词、数词、量词、代词等,虚词主要包括拟声词(象声词)、副词、助词、连词、介词、叹词等。一首优秀的幼儿散文(诗)能够给幼儿提供多样化、丰富性、富有美感的词汇,从而帮助幼儿在散文(诗)的学习中发展和丰富文学性的词语。一般来说,散文(诗)能够给幼儿提供以下词汇的学习与发展的核心经验。

1. 名词

名词是表示名称的词。幼儿散文(诗)的内容来源于幼儿的生活,因此在散文(诗)中会出现许多幼儿熟悉的名词,诸如表示动物、植物、颜色、日常生活用品、交通工具等的名词。

在《春雨的色彩》中,你会找到哪些名词呢? 是否会找出诸如"春雨"、"春姑娘"、"线"、"田野"、"小鸟"、"问题"、"颜色"、"小燕子"、"绿色"、"麻雀"等等这些词汇,如果按照语言学中有关名词的类别划分,这些词汇可以划分为动物名词,包括"鸟"、"燕子"、"麻雀"、"黄莺"等;植物名词,包括"草地"、"草"、"柳树"、"柳枝"、"桃树"、"桃花"、"杜鹃"、"杜鹃花"、"油菜地"、"油菜花"、"蒲公英"、"蒲公英花"等;颜色名词,包括"绿色"、"红色"、"黄色";事物名词,如"春雨"、"春姑娘"、"线"、"田野"等。散文(诗)中名词的学习有助于丰富幼儿的词汇量。

2. 动词

动词是表示动作、情况、变化的词语。在《春雨的色彩》中,出现了诸如"纺出"、"落到"、"争论"、"说"、"淋"、"洒"、"滴"、"瞧"、"听"、"下"等词语,而这些动词中,可以发现诸如"落"、"淋"、"洒"、"滴"、"下",甚至包括"纺出",这些动词都是整个散文(诗)中用来表示春雨落下动作、状态的词汇。散文(诗)中动词的学习一方面有助于丰富幼儿的词汇量,同时也有助于幼儿更好地理解散文(诗)中的动作和情节。

3. 形容词

形容词是用来表示特征的词,通常用来修饰名词。散文(诗)作为一种文学作品,与谈话和讲述相比,一个显著的区别就在于文学作品中有许多形容词,这些形容词往往通过叠词的方式来呈现,或者是 ABB 结构方式的组词方式来呈现,如"慢腾腾"、"亮晶晶"等。有时散文(诗)也会使用一些表示特征或状态的成语,如"姹紫嫣红"、"无与伦比"等。在《春雨的色彩》中,大家可以找到"小"、"有趣"、"欢"等形容词。

4. 副词

副词是修饰或限制动词或形容词的词汇,通常用来表示程度或范围。在《春雨的色彩》中,有诸如"更"等副词。

5. 象声词

象声词是模拟声音的词,也称拟声词。在许多散文(诗)中都会出现象声词,比如描写雨声的时候,有"沙沙沙"、"滴滴滴"、"嗒嗒嗒"、"哗哗哗"等不同表示雨点声音的词汇。象声词的学习有助于发展幼儿对语言发音的语音意识,帮助幼儿更加形象地理解文学作品中发出声音的物体的动作和状态。在《春天的色彩》中,有一个象声词就是"沙沙沙"。

6. 助词

助词是虚词的一种,这种词是独立性差、无实义的一类词语,汉语中的助词通常包括结构助词、时态助词和语气助词。在许多散文(诗)中,通常都会有"啊"、"呀"等语气助词。在《春雨的色彩》中可以发现,作者并未使用助词。

在散文(诗)中,常出现的比较典型的词汇是名词、动词、形容词、象声词四类词汇,通过散文(诗)的学习,幼儿可以丰富自己的词汇,发展语言倾听和表达的语音意识,掌握一些具有文学性的形容词,并在词汇的学习过程中理解散文(诗)的情节、想象等。

(二)结构

仔细阅读《春天的色彩》,你发现小燕子、麻雀和小黄莺在说春天是什么颜色并解释为什么是该种颜色的时候,用了什么共同的结构吗?如果能用公式一样的语言(先说什么,再说什么,最后说什么)把它们说话的要素归纳出来,你就初步找到了《春天的色彩》这首散文(诗)的结构了。

结构是指表述、叙述或描述的模式,是文学作品中情节要素的组成方式。幼儿的散文(诗)在形式上往往具有比较稳定的结构,散文(诗)中各个要素组成的特定方式就是结构。比较《春雨的色彩》中小燕子、麻雀、小黄莺的语言可以发现,每只小鸟都是按照"春雨是×色的,你们瞧,春雨落在××上,×××了,春雨×在×××,×××也×了"这样的一个结构方式来进行表达的,这个句式更精练一点就是"颜色 + 地点 + 植物 + 怎么样了,地点 + 植物 + 也怎么样了",通过对这种结构方式的分析,我们也就可以划分出这个散文诗结构中的要素,就是"颜色"、"地点"、"植物"、"状态",而且"植物"这个要素是"地点"所代表事物的附着物或所有物,如草是草地的附着物,柳枝是柳树的所有物。

散文(诗)尤其是幼儿散文(诗),通过这种结构将所描写的景物和情感进行铺陈,通过构建想象的空间和语言的意境构成了散文诗的美感。幼儿通过倾听这种有结构的语言,形成对散文(诗)所描述的情景的理解和想象;通过欣赏这种有结构的语言,形成散文(诗)所要表达的意境和美感;幼儿也只有通过掌握这样的结构,才能在学习和掌握这个散文的基础上,根据自己的生活经验,结合自己的想象,仿编、续编出与原有散文(诗)相同结构的优美句子,最终获得文学语言的理解、欣赏与创造能力。

(三)情节

阅读完《春雨的色彩》后,你能用一句话把这篇散文的内容概括出来吗?如果可以,你所概括出来的这句话就是这篇散文的情节了。把教学内容概括出来,是教师在"说课"能力中"说活动内容"的一个重要组成部分。

情节是指事件发生的脉络,常常表现为事件的起因、经过、结果,在故事中,这一核心经验要素最为突出,但在散文(诗)中,也隐隐可见一些情节性的要素,有些散文(诗)情节还比较明确。如在散文(诗)《听雨》中,整首散文的情节就可以概括为"小花蝶从不喜欢雨到通过听雨最终喜欢雨"。在分析散文(诗)的情节这一核心经验的时候,我们首先要先对散文(诗)进行段落划分,比如在《春雨的色彩》中,可以将整篇散文分为三个段落:第一小段为第一段落,可以用"下春雨"来概括;最后一小段为第三段落,可以用"继续下春雨"来概括;其余中间部分为第二段落,可以用"小动物争论春雨的色彩"来概括。因此,整首散文诗就可以概括为"下雨的时候,小动物在讨论春雨到底是什么颜色"。你是这样概括的吗?是不是有不一样的答案?能用一句话概括出散文(诗)的基本内容,那说明你已经能分析出散文(诗)的情节了。

散文(诗)中情节的把握是幼儿理解散文(诗)的重要表现,一个幼儿在学习和理解了散文诗之后,首先要能说得出这首散文(诗)讲了"谁",在"哪里","做了什么"。因此,幼儿在散文(诗)的学习过程中,要通过掌握散文(诗)的情节来理解散文(诗)的内容。

(四) 运用与表现

当你向幼儿朗诵这首散文诗《春雨的色彩》的时候,觉得自己需要加上什么样的动作,配上什么样的表情?在朗诵的过程中,你觉得你的语言应该有什么样的变化?如果一个幼儿理解了这篇散文后,你觉得他除了能用自己的动作、表情和语气的变化来表现散文外,还可以有什么样的表现?当你回答这些问题的时候,其实也就在思考幼儿在散文(诗)学习过程中"运用与表现"的核心经验了。

运用与表现在幼儿的散文(诗)中主要体现在三个方面:一是散文(诗)中的动作、表情、姿态,直接对应到词汇中的动词和副词,比如在《春雨的色彩》中,"落"、"滴"、"洒"、"淋"都是春雨落下来的状态,但幼儿在理解散文的时候,要学会结合自己的直接经验,用自己身体的动作将这些动词的不同表现出来,而且要符合意境进行表现。二是语言情感,散文(诗)中的语言情感主要通过朗读散文时的节奏、语调和起伏变化来表现,通过语言情感表现出散文(诗)中角色的心理状态和意境,比如《春雨的色彩》中,麻雀说了一个"不对",小黄莺说了两个"不对",一个"不对"和两个"不对"在语气、语调上的不同反映的是小黄莺急切的心情;又如在散文的第一段有"沙沙沙"的拟声词,最后一段也有"沙沙沙"的拟声词,但因为春雨听到了小鸟们的争议,所以第二个"沙沙沙"就下得更加"欢快"了。三是散文(诗)的仿编。幼儿的散文(诗)往往贴近幼儿的生活经验,符合并能激发幼儿的想象,因此当幼儿理解了散文(诗)后,就有将自己的经验、想象进行表达的欲望,但这种表达要具有文学色彩和美感,就需要用符合散文(诗)的结构形式进行表达,这就是仿编。在《春雨的色彩》中,幼儿可以发展用"春雨是×色的,你们瞧,春雨落在××上,×××了"这样的句式来将自己的经验和想象进行表达的机会,进行仿编。

幼儿是在活动和运用中学习语言的,因此,运用与表现的核心经验是幼儿理解散文(诗)情节、掌握散文(诗)结构、理解散文(诗)词汇的重要表现,评价幼儿是否理解了词汇及其内涵,是否掌握了散文(诗)的结构,就在于幼儿能不能进行运用与表现;同时"运用与表现"也是幼儿获得"想象"和"意境"两个核心经验的重要途径,没有幼儿对散文(诗)中动作的体会、情绪的感受、相似经验的仿编表现,就没有幼儿对散文(诗)想象和意境的真正感受和欣赏。

(五) 想象

当跟随录音听这首《春雨的色彩》的时候,或者阅读《春雨的色彩》的时候,你头脑中形成了什么样的形象?如果你把这些形象进行分类,并与其他人交流一下,看看你们所想的形象有哪些相同和不同之处,哪些是这个散文中体现出来的想象,哪些是这个散文之外的想象,这个时候,你就初步对散文(诗)中的想象进行分析了。

想象是在头脑中形成形象的过程,可以分为再造想象和创造想象。再造想象是指在头脑中再现散文

(诗)中的形象、动作、状态、情景等;创造想象是在头脑中形成基于散文(诗)主题、结构的新的形象、动作、状态和情节等。在《春雨的色彩》中,幼儿要在头脑中再现自己原有经验中春雨、小燕子、麻雀、小黄莺、草地、柳树等基本形象,同时想象落、洒、滴、淋等不同动作的形态,想象小动物们的表情,以及在头脑中再现下雨天的情景。同时幼儿在倾听和理解的基础上,还可以想象不同的动物、不同的地点、不同的颜色等散文(诗)结构中不同的要素,这就是幼儿在散文(诗)中可以发展的创造想象。

想象是文学作品的基础,是幼儿散文(诗)的突出特征之一。想象是联结幼儿生活经验和文学作品的桥梁,幼儿通过想象理解文学作品,通过想象将生活经验代入到文学作品中;想象也是幼儿理解散文(诗)的重要途径,没有想象,幼儿就难以获得散文(诗)的词汇、情节,尤其是意境的丰富理解。

(六)意境

在当前的幼儿园散文(诗)的教学活动中,许多教师都会将"感受散文(诗)的语言美和意境美"列为目标之一,你觉得《春天的色彩》这篇散文美吗? 这种美是什么美? 如果你回答说"意境美",那请问你觉得这篇散文的意境到底是什么? 这种意境在散文中是如何体现出来的呢? 比如说,你认为这篇散文体现了大自然的优美意境,那这是大自然什么样的美? 如果你说这是春天的美,那这种春天的美在散文中又是如何体现出来的呢? ……如果你不断地进行追问,你就将真正分析出散文(诗)的意境。

意境是作者将思想感情融入语言的形象描写中所表现出来的一种情景交融、物我交融的艺术境界。在许多人看来,散文(诗)的意境似乎总是"只可意会不可言传",但对教师来说,要能够分析出幼儿散文(诗)的意境到底是什么,这种意境在散文(诗)中是如何体现出来的,才能在教学过程中有意识地引导幼儿初步感受散文(诗)的意境美。

文学作品的意境大致可以划分为三种:自然之美,真挚之情,万物之灵趣。其中万物之灵趣往往是幼儿散文(诗)中最常见的意境,表现为人与物、物与物之间的灵趣,《春雨的色彩》反映的正是春雨和大自然中的草地、柳树、油菜地上各种事物之间的互动所营造出的欣欣向荣的春意。意境又是要通过具体的元素来体现的,即意境不是空洞的,而是通过静态的画面和动态的变化来承载的。静态的画面往往体现为背景、色彩、基调、情感等要素,动态的变化往往表现为动作、表情、节奏和语调等的变化。在《春雨的色彩》中,背景是春季的雨天,万物以荣的景象;色彩是万紫千红,多种色彩并存,在散文中通过不同动物的讲述体现出来;基调是富有生机、充满希望的,这种基调是通过春雨一接触某个事物(地点),事物上的附着物或所有物就产生变化的两个动词进行表现;情感主要有欣喜和激动,这种情感既通过小动物的争论来体现,也通过春天田野里的万事万物一遇到春雨就变化来进行体现。而要表现出《春雨的色彩》中这种欣欣向荣的春意,就需要通过动态的变化来体现,比如春雨落在田野中的不同动作、小动物的表情、植物的各种欣欣向荣的姿态,以及散文中语气、节奏等的变化来体现。

通过以上的分析,你是否已经初步明白了散文(诗)能够给幼儿提供哪些学习核心经验,以及在拿到一个具体的散文(诗)之后,应该如何从六个方面来进行分析? 随之而来的一个问题就是:在幼儿散文(诗)的学习过程中,我们如何安排好这些核心经验之间的关系呢?

二、散文(诗)中幼儿语言学习与发展核心经验的层次关系

一个优秀的幼儿散文(诗)会涵盖以上所分析出来的六个核心经验中的某几个经验,有的在某个经验上会特别突出。我们不会在一个教学活动中只解决其中的某个经验,往往会在一个教学活动中解决几个经验,这就需要我们理顺所分析出来的幼儿散文(诗)学习与发展的核心经验之间的内在关系。

(一)理顺不同核心经验之间的层次关系

在幼儿散文(诗)分析出来的六个学习与发展的核心经验之间,在材料的凸显程度、对幼儿的认知要求的

程度上都会有不同,因此可以根据核心经验在材料的显现程度和认知难度区分来理顺不同核心经验之间的关系。词汇、结构、情节比想象和创造的核心经验更加具体、明确,因此其认知难度也低于想象和创造的核心经验;幼儿对散文(诗)结构的掌握是幼儿在"运用与表现"这一核心经验中进行仿编的前提,因此,结构肯定要早于"运用与表现"中的仿编掌握。根据这样的层次关系,在散文(诗)的教学活动中,第一次活动应聚焦在"词汇"、"情节"、"结构"、"运用与表现"这样的核心经验上,第二次活动应关注"运用与表现"、"想象"和"意境"这些核心经验的获得。

以《春雨的色彩》为例,幼儿要首先掌握名词、动词、象声词等词汇,在理解这些词汇的过程中获得动作、姿态、表情等"运用与表现"核心经验,并逐步获得掌握"春雨是×色的,你们瞧,春雨落在××上,×××了"这样的结构形式。在掌握这些核心经验的基础上,幼儿通过想象地点、事物、事物的变化以及颜色,才能逐步发展利用"春雨是×色的,你们瞧,春雨落在××上,×××了"进行仿编,符合散文(诗)已经所体现的意境,最终在倾听散文、表现散文中的动作、对散文喜爱与否的讨论,以及用不同节奏、语调的语言表现自己所仿编的句子,从而感受和体会这首散文诗所体现出来的春天的欣欣向荣,最终获得幼儿散文(诗)中"意境"核心经验的发展。

当然,在理顺不同核心经验之间关系的时候,也要照顾到不同核心经验在作品中的显现程度。有的散文(诗)可能结构特别突出,意境并不突出,这就需要在理顺核心经验的时候更加关注结构和仿编,明白这类作品更适合开展仿编活动;有的散文(诗)更加凸显意境,在结构上反倒不明显,这种更适合进行散文(诗)欣赏活动。

(二)分析同一经验不同要素之间的层次关系

即使同一个核心经验,因为其内在要素在散文(诗)中凸显程度不一样,也需要理顺它们之间的关系。比如在词汇的核心经验中,一首散文(诗)中可能有很多类型的词汇,比如名词、动词、形容词、象声词等等,在学习活动中不可能把所有词汇都作为教学活动中的要点,这就需要我们分析词汇这一核心经验下不同要素之间的层次关系。在处理同一核心经验不同要素之间的层次关系时,要注意两点:一是根据难度来分析,比如在词汇中,形容词的难度比动词、名词之类的难度更高,在结构中,状态的想象往往比地点和主角的想象更难,因此在散文(诗)的教学时,需要从易到难来安排学习层次;二是根据作品中的凸显程度来分析,同样是词汇,有的作品中凸显的是动词,有的作品中凸显的是象声词,我们要根据这些词汇对幼儿理解散文(诗)是否关键、是否能体现其他核心经验(如想象和意境)来进行分析,确定何种词汇应重点关注。

比如在《春天的色彩》中,有名词(各种植物、地点等的名称),有动词(滴、落、洒、淋等雨的动作),有形容词(如表示变化的"绿了"、"红了"等),有象声词(沙沙沙)等,但分析可以发现,这些表示各种植物、地点的名词对幼儿来说比象声词(沙沙沙)认知难度更小,表示雨点的动词和表示变化的形容词在这首散文诗中更难,而且从整个散文诗的意境来说,这些表示动作的动词和表示变化的形容词是支撑整首诗意境的关键要素。因此在《春雨的色彩》的学习过程中,在词汇这一核心经验上,应更加关注动词和形容词。同样在想象的核心经验中,幼儿想象春雨落在哪里并不难,而联想这个地点有什么附着物或所有物以及春雨落下的动作往往更难,因此在想象的过程中,需要教师更加关注后两个方面的要素。

(三)分析在教学活动中核心经验实现的路径

在一次散文(诗)的教学活动中,教师不会只关注一个核心经验或核心经验中的某一个要素,而是在一次教学活动中要解决幼儿散文(诗)中的几个核心经验,而且有些核心经验往往是与其他核心经验共同解决的,因此,这就需要分析教学活动中核心经验实现的路径。

一般而言,幼儿通过倾听掌握"情节"经验,在获得"结构"经验的同时,通过"运用与表现"的经验促进"词汇"核心经验的获得,在"想象"中既为"意境"的获得提供基础,同时又进一步促进了"运用与表现"核心经验中仿编能力的发展。

以《春雨的色彩》为例,幼儿通过倾听大致了解有谁、在做什么之后,会进一步探究小鸟们说春雨是什么颜色、为什么是这样的颜色,从而获得"结构"的学习机会。在仔细倾听不同小鸟的说话的时候,幼儿掌握表示动作的动词和表示变化的形容词,并通过动作、表情的再现(运用与表现的核心经验)进一步促进"词汇"核心经验的发展。当幼儿已经了解了散文(诗)的内容后,需要关注小鸟们争论的语气、体会表达春雨的色彩中的那份欣喜,从而逐步获得"意境"这一核心经验发展的机会。通过想象春雨还会落在哪里,地点上的附着物或所有物的变化,进而用"春雨是×色的,你们瞧,春雨落在××上,×××了"这样的句式表达出来,促进了"想象"核心经验发展的同时,也促进了"运用与表现"中仿编能力的发展。

分析幼儿散文(诗)中核心经验之间的层次关系,既需要从凸显程度和认知难度的角度进行分析,同时也还需要从幼儿的生活经验、学习过程进行分析,根据幼儿学习的基本过程和在学习过程中可能会遇到的困难进行分析,能更加明确不同核心经验之间的层次关系,从而为教师在开展教学活动的时候,有目的、有针对性地为幼儿学习和发展相应的核心经验提供引导与支持。

第三节 散文(诗)学习活动的组织与教学策略

当我们把《春雨的色彩》中的核心经验分析出来,把这首散文中核心经验中的层次关系也分析出来之后,如果你来组织一次散文(诗)的教学活动,来帮助幼儿获得这些核心经验的发展,你会如何组织?请你设计一个活动方案,并与其他同学相互讨论,看你们各自的教学活动可以分为哪些环节?这些环节分别帮助幼儿发展了哪些核心经验,解决了哪些在获得核心经验的过程中遇到的困难?使用了什么样的教学策略?如果你能仔细地回答刚才的这些问题,你就已经在分析幼儿散文(诗)的教学活动组织和教学策略了。接下来,我们将具体分析如何组织教学活动引导幼儿的学习,给幼儿提供核心经验学习与发展的机会,以及如何提供教学策略帮助幼儿解决核心经验学习与发展中所遇到的困难。

一、幼儿散文(诗)教学活动的组织

幼儿散文(诗)中核心经验,往往需要通过 2—3 次的教学活动才能充分体现,因此幼儿散文(诗)的教学活动可以设计和组织成 2—3 次活动。接下来,我们将结合《春雨的色彩》来讨论幼儿散文(诗)不同类型教学活动的组织。

(一) 幼儿散文(诗)理解教学活动的组织

幼儿散文(诗)理解教学活动的组织重点聚焦在幼儿散文(诗)中"词汇"、"情节"、"结构"、"运用与表现"等方面的核心经验,通过教学活动引导幼儿了解和掌握散文(诗)的基本内容,这种类型教学活动的组织主要有以下步骤。

1. 生活经验导入

在开展幼儿散文(诗)的教学活动之前,教师需要先丰富幼儿的生活经验,比如在学习散文诗《落叶》之前,常常会先引导幼儿观察秋天的落叶,秋天中的动物和植物变化;在学习《春雨的色彩》之前,往往需要引导幼儿通过观察春雨的状态,春天大自然的变化。

因此,在《春雨的色彩》教学活动伊始,教师可以引导幼儿注意身边所处的环境,回忆雨天,通过提问引导幼儿进行讨论:"你知道春雨是什么颜色的? 为什么你觉得是这个颜色?"当幼儿充分讨论、表达的时候,教师可以有意识地将幼儿的表达归纳成散文中的句式。并引出散文《春雨的色彩》:"有一群小鸟也在争论这个有

趣的话题:'春雨到底是什么颜色的?'"

这个环节主要是联结幼儿的生活经验,给予幼儿充分表达已有生活经验的机会,激发幼儿学习散文(诗)的兴趣。

2. 整体朗读散文(诗)

教师通过配乐,采用符合散文(诗)意境所需的节奏、语调,用富有情感色彩的语言整体朗读散文(诗)。

这个环节主要是培养幼儿的倾听能力,让幼儿整体感知散文内容,从而初步解决"情节"这一核心经验,教师所选择的音乐和教师的朗诵还能为后期"意境"核心经验的获得奠定基础。在这个环节中,不建议教师配合图片、挂图或者是PPT进行朗诵,以免分散幼儿的注意力,而是提倡教师用配乐朗诵的方式让幼儿整体感知散文(诗)。

3. 分段理解,聚焦核心经验

在整体朗读之后,教师提问"这首散文里都有哪些小鸟?""这些小鸟认为春天是什么颜色的呢?",并根据幼儿的回答出示相应的图谱,从而在"词汇"这一核心经验中丰富相关的名词,并了解和掌握"春天是×色的"这一句式,初步帮助幼儿获得"结构"的核心经验。

在这个环节中,教师关键是通过类似"它说了一个非常好听的理由,你能说一说吗?"的提问,分段帮助幼儿获得"结构"的核心经验的同时促进幼儿"词汇"、"运用与表现"核心经验的发展。以第一句"小燕子说:'春雨是绿色的,你们瞧,春雨落到草地上,草就绿了,春雨淋在柳树上,柳枝也绿了。'"为例,教师通过"小燕子觉得春雨是什么颜色?"的问题,总结幼儿的回答之后,出示绿色的图谱,然后继续追问"它为什么觉得春雨是绿色的?",在幼儿充分回忆和讨论之后,出示"草地"、"小草"、"柳树"、"柳枝"的图谱,从而帮助幼儿初步获得"春雨是×色的,你们瞧,春雨落在××上,×××了"这样的结构。在掌握结构的同时,教师可以提问"春雨是怎么样'落'在草地上的?""你觉得春雨会怎样淋在柳树上?""你能做一做春雨的动作吗?"引导幼儿表现出草和柳枝"绿了"的状态。

这个环节是教师在教学活动中帮助幼儿理解散文(诗)内容的关键环节,这个环节中,幼儿散文(诗)中的"词汇"、"结构"、"运用与表现"的核心经验互相交织,通过不断讨论具有相同结构的情节,最后幼儿在教师的帮助下梳理出了散文(诗)的结构。在结构的获得过程中,幼儿又丰富了动词、形容词等词汇,并有机会表现出单个片段情节中的动作、姿态等。

4. 再次整体朗读

通过前三个环节,幼儿已经基本掌握散文(诗)的主体内容,理解了散文(诗)中的细节,但幼儿需要更完整地获得对散文(诗)的印象和理解,因此在这个环节中,需要通过整体朗读帮助幼儿在整体上再次感知散文(诗)。在整体朗读的过程中,教师可以借助图谱(在结构部分的时候,用手指着图谱),或者是动画、PPT等多媒体工具,在配乐的情形下,用生动、形象的语言朗读散文(诗)。

以《春雨的色彩》为例,教师可以用"我们再来一起听一听,小动物们认为春雨是什么颜色的?"为引导,让幼儿再次倾听散文。在朗读的过程中,教师可以使用《春雨的色彩》的flash动画,也可以使用《春雨的色彩》PPT,最直接的方式是教师随着自己的朗读用手指着呈现出来的图谱。

这个环节的整体朗读和第一次的整体朗读有着功能上的不同:第一次的整体朗读培养的是幼儿有意识倾听的能力,而这个环节的朗读不仅能够培养幼儿的有意识倾听,还可以培养幼儿的理解性倾听和辨析性倾听。让幼儿通过倾听去区分春雨的不同动作,感受、理解植物在受到春雨的滋养后的欣喜和生机,最终获得完整的"情节"核心经验,同时进一步明确散文中的叙述结构。

5. 生活经验延伸

优秀的幼儿文学作品来源于幼儿的生活,教学活动要最终回归到幼儿的生活,优秀的散文(诗)也同样如此。在整体理解散文的情节内容后,教师需要就散文(诗)中的现象、事件等与幼儿进行讨论,激发幼儿相关的生活体验或生活记忆,在帮助幼儿进一步理解散文(诗)的同时,也为幼儿发展"运用与表现"中的"仿编"核心经验作好准备,为幼儿进一步理解散文(诗)的"意境"奠定生活经验基础。

在《春雨的色彩》的教学活动中,在这一个环节,教师可以通过类似"你觉得谁说的有道理,为什么?""你觉得春雨是什么颜色的? 为什么?""你看到春天下雨的时候,外面还有什么样的变化?"来激发幼儿的讨论,最终引导幼儿在生活中关注春天的变化,在下春雨的时候,去感受春雨。

"生活经验导入"——"整体朗读"——"分段理解,聚焦核心经验"——"再次整体朗读"——"生活经验延伸",这五个幼儿散文(诗)理解的教学活动组织过程帮助幼儿将语言学习核心经验与生活经验相联结,并聚焦到散文(诗)中具体语言学习经验的学习与发展,来源于幼儿生活,又高于幼儿生活。

(二) 散文(诗)仿编活动的组织

仿编是散文(诗)学习与发展核心经验中"运用与表现"这一核心经验的三大要素之一,是幼儿用口头语言将生活经验或想象文学语言化的重要形式,是幼儿文学语言能力的重要体现。因此,在幼儿园的散文(诗)教学活动中,常有"仿编"这一类型的活动,其教学活动的组织可以分为以下步骤。

1. 话题导入

散文(诗)的内容贴近幼儿的生活和想象,当幼儿已经了解了散文(诗)中的情节、掌握散文(诗)的基本内容后,也会对散文(诗)中的现象进行想象和评论。因此在幼儿散文(诗)理解教学之后,教师通过回忆或结合幼儿的生活经验,把日常生活现象导入到散文(诗)的仿编活动中来,引导幼儿将自己日常生活经验文学语言化。

在话题导入的过程中,教师可以通过提问的方式激发幼儿的回忆,或者用图画、视频等方式再现幼儿的生活经验,从而激发幼儿的想象和对活动的向往。比如在《春雨的色彩》这一活动中,教师可以通过提问"我们学过一首《春雨的色彩》,小朋友们还记得吗?"也可以通过播放《春雨的色彩》的 PPT 来引导幼儿对这首散文(诗)的回忆,让幼儿尝试跟着 PPT 对散文(诗)进行朗诵。

这个环节既是幼儿散文(诗)理解教学活动的进一步延伸,也是散文(诗)仿编活动的起始部分,幼儿通过对散文(诗)的回忆,进入到散文(诗)的学习情境当中。教师也可以通过这个环节发现幼儿在散文(诗)理解教学中的学习效果,以调整后面的教学活动方案。

2. 呈现散文(诗)"结构"

仿编需要"脚本",散文(诗)仿编中的"脚本"就是散文(诗)的"结构",根据这个结构将自己的生活经验或者想象表达出来,才能成为符合散文(诗)情节和意境的"仿编"。因此,掌握散文(诗)的"结构"是幼儿仿编活动的保证,是幼儿生活经验和想象文学语言化的支架。

在教学过程中,教师可以通过提问"你最喜欢哪一句"来帮助幼儿回忆所学过的散文(诗),然后根据幼儿的回答将散文(诗)中的结构用图谱的方式再现出来。通过这种方式把散文(诗)的结构呈现出来之后,教师引导幼儿观察重复句子结构之间的共同点,提取出贯穿整首散文(诗)重复句子的结构,进而用文字或图示的方式将散文诗的结构表现出来。例如在《春雨的色彩》中,教师通过提问"你最喜欢哪一句?",引导幼儿尝试复述出自己最喜欢的一句,根据幼儿的回答用图谱把句子展示出来,当幼儿回答不全的时候,可以引导其他幼儿进行帮助;在有的句子幼儿都没有提到的时候,教师可以采用提醒的方法,比如说"小麻雀说得也很好听"来提醒幼儿回忆小麻雀说的话。在所有句子都呈现出来之后,教师提问"小朋友们发现了吗? 小鸟们说自己理由的时候,都是先说什么? 再说什么?"教师用手指指向图谱,提示幼儿进行观察,在幼儿回答的基础上,用图示把"颜色,地点,植物名称,颜色"标识出来。

散文(诗)结构的掌握是后期仿编的基础,因此这个环节要帮助幼儿充分理解和掌握散文(诗)的结构,掌握散文(诗)"结构"的核心经验。在教学过程中,要注意:一要充分鼓励、引导幼儿调动自己的回忆来充分表达,切忌教师不断地重复、甚至让幼儿跟读;二是图谱和图示的使用要清晰,每一句的图谱要让幼儿一看图谱就能明确意义,总体结构的图示要能归纳出幼儿的思维。

3. 鼓励幼儿依据"结构"要素进行想象

散文(诗)是以想象为基础的文学作品,优秀的散文诗富于想象,且能够激发幼儿的想象力。幼儿散文(诗)仿编除了要有结构之外,更需要有内容,这个内容就是幼儿的想象。幼儿的想象要经历从无意想象到有意想象、从单个要素的想象到多个要素的想象、从具体实物的想象到抽象状态的想象的发展过程。在教学过程中,教师要充分尊重幼儿想象的发展特点,激发幼儿的想法,帮助幼儿整理自己的想象。

在散文(诗)的仿编活动中,在幼儿掌握了散文(诗)的结构之后,教师要引导幼儿回忆自己的生活经验,或者通过图片、视频、PPT 等多种形式呈现幼儿平时未能留意的生活现象,激发幼儿的观察与想象。散文(诗)的结构一般有 3—5 个要素,教师应注意用从易到难的顺序来激发幼儿的想象,重点帮助幼儿想象结构中的难点。比如在《春雨的色彩》中,"春雨是×色的,你们瞧,春雨落在××上,×××了"这样的一个结构里面,可以归纳出"颜色,地点,植物名称"这三个要素,其中"颜色"和"地点"的要素比较容易,而因为"植物名称"与"地点"要素之间有附属关系,相对来说就比较难。因此在教学活动中,教师可以通过提问"你觉得春雨是什么颜色的?"根据幼儿的回答出示颜色图谱,进而追问"为什么你觉得春天是×色的"这一开放式问题,引导幼儿的观察和想象。当幼儿回答"地点"要素之后,出示地点的图谱,继续引导幼儿思考"落在××,××的什么东西变成了×色?"在幼儿回答后出示植物名称的图谱和颜色图谱。在这个过程中,教师要事先准备一些幼儿可能会想象到的要素图谱,同时也可以灵活地根据幼儿的回答,采用马克笔或彩笔及时将幼儿想象的要素在白纸上画出来。

这个环节重点是解决幼儿在散文(诗)学习中的想象的核心经验,在这个环节中,教师要注意三点:一是鼓励幼儿充分想象和表达,当幼儿想象出的植物名称并不是地点上的附属物时,教师仍应给予鼓励;二是要注意分要素帮助幼儿想象,从容易的要素开始着手,逐渐帮助幼儿过渡到有难度的要素,不要一次就要求幼儿把全部的要素都想象出来并要求幼儿用完整句表达;三是一开始要尽量让幼儿根据自己的经验和兴趣来想象,当幼儿出现想象困难的时候,教师可以通过图片、视频、PPT 等多种形式辅助幼儿的想象,因此,这些辅助材料应在幼儿进行想象的尝试之后,根据幼儿想象的表现水平灵活运用。

4. 引导幼儿表述自己的想象

在幼儿根据散文(诗)的结构要素进行想象的过程中,其表述往往是口语化、零散性的,因此在这个环节中,教师要引导幼儿用文学化的语言将自己的想象进行整理和表述。幼儿散文(诗)仿编中的口头表达往往可以从两个方面进行评价:一是完整性,是否能够把散文(诗)中的要素全部表达出来;二是文学性,是否能够用生动的、形象化的语言(比如恰当的动词、形容词)表达出来。幼儿一般表现为先完整表达,进而发展到文学性的表达。

因此,教师在幼儿根据要素进行想象之后,要鼓励幼儿根据结构要素的顺序,用文学化的语言把自己的想象表述出来。比如在《春雨的色彩》的教学过程中,教师在幼儿充分想象并对单个要素进行表达之后,可以鼓励幼儿进行完整表达:"你能像小鸟们一样,一口气把这句话说完吗?"教师在幼儿回答之后,可以重复幼儿的回答,从而给其他幼儿进行示范,同时可以对幼儿完整表述中对动词和形容词的使用进行鼓励,比如"她刚才用了一个非常好听的词'落'",引导幼儿做一做"落"的动作。在幼儿面向集体集中表述之后,教师还要鼓励幼儿之间互相表述自己的仿编成果。

这个环节主要解决的是幼儿散文(诗)学习中两个方面的核心经验:一是散文(诗)"结构"的核心经验,散文(诗)学习活动和仿编活动中的第二个环节都是散文(诗)结构的理解,而这个环节是散文(诗)结构的表现,幼儿能初步表现出散文诗的结构,才说明幼儿初步获得了散文(诗)结构的核心经验;二是散文(诗)"运用与表现"的核心经验,仿编是幼儿散文(诗)学习中"运用与表现"核心经验的重要体现。同时,这个环节还能解决"词汇"的核心经验,帮助幼儿进一步理解相关词汇,获得文学性的词汇。

在这个环节的教学过程中,教师要注意两点:一是根据幼儿的发展水平来调整环节目标,如果发现幼儿难以达到完整的或文学性的表达的时候,应适当降低活动要求。比如在《春雨的色彩》中,幼儿可能无法一次性把两个重复结构的句子都说出来,这时教师应肯定幼儿只进行一个重复句子的仿编。二是鼓励幼儿的创造性,但不强求。幼儿的创造性主要表现在变通性方面,因此在仿编的过程中,许多幼儿会说出其他小朋友说过的句子或词语,这时教师可以肯定,同时鼓励幼儿用一些新的词语或启发新的想象,如"春雨还会怎么样落下来","除了田野,会不会落在我们城市的什么地方呢",从而鼓励幼儿拓展思维。三是采用辅助手段(如绘画)支持幼儿的表述,在让幼儿进行完整的和文学性的表述之前,教师可以引导幼儿采用绘画的方式,把自己的想象画出来,然后根据自己的绘画来进行表达。

5. 整理幼儿仿编内容

在幼儿进行散文(诗)的仿编之后,教师可以鼓励幼儿根据仿编的内容随着图谱进行完整的表述,或者将幼儿想象画整理好,幼儿表述,教师将文字书写在幼儿的想象画旁边,从而将幼儿仿编的内容整理成一本自制散文(诗),投放在区角,供幼儿后期阅读。

以《春雨的色彩》为例,在幼儿充分想象,根据结构完整仿编之后,教师可以表扬幼儿"我们小朋友自己说出了不一样的春雨的色彩,我们一起来把小朋友编出的'春雨的色彩'念一念",教师根据幼儿创编内容所呈现的图谱,可以启发性地进行开头"春雨是……",边用手指着图谱,边引导幼儿说出图谱的内容。最后,鼓励幼儿在生活中去观察和想象春雨还有什么样的颜色,教师可以说:"小朋友们自己也编出了这么动听的散文诗,春雨还有许多其他的颜色,请小朋友周末跟爸爸妈妈到植物园、到野外去找一找、看一看,春雨还有什么样的颜色,并用这个好听的句子说一说。"

需要注意的是,本章中所列出的两类教学活动——散文(诗)的理解和散文(诗)的仿编,并不是说每种类型的教学活动只能在一次教学活动中完成,在幼儿园的教学活动中,可以将散文(诗)的理解和散文(诗)仿编放在不同的集体教学活动中完成,也可以将散文(诗)的理解和散文(诗)的仿编放在一次集体教学活动中完成。两种类型的教学活动如何整合,需要从两个方面来进行分析:一是幼儿学习的速度和发展水平。一般而言,中班幼儿的学习主要以散文(诗)的理解为主,兼顾仿编,而大班幼儿的学习主要以散文(诗)的仿编和欣赏为主,但如果中班幼儿在学习过程中理解较好,可以进入到散文(诗)仿编的学习阶段。二是幼儿散文(诗)本身的特点。有的散文(诗)内容简单,结构突出,这类的散文可以较早地帮助幼儿进入仿编的学习阶段,而有的散文(诗)形式比较自由,没有特别明显的结构,即使在大班,也应该更加关注幼儿对这类散文(诗)的理解和欣赏。

二、散文(诗)教学活动的指导策略

上述内容中我们已经把一首散文(诗)中可以涵盖的幼儿学习和发展的核心经验进行了分析,介绍了促进幼儿散文(诗)学习和发展的教学活动的两种形式及其教学环节。在这些教学活动中,教师可以使用什么样的指导策略,引导、帮助幼儿更主动、更愉快、更好地获得散文(诗)教学活动的核心经验呢?

(一) 听觉感受

散文(诗)是日常经验的文学化、书面语言化,幼儿的散文(诗)通过排比、重复的方式帮助幼儿构建起想象的空间,但幼儿不识字,所以听觉就是幼儿形成散文(诗)想象空间、感受意境美的主要途径之一。

在教学过程中,教师给幼儿提供的散文(诗)中的听觉感受主要是通过教师朗诵、录音、配音等方式来实现的,我们特别提倡教师自己配合音乐进行朗诵给幼儿提供听觉感受,以这种方式,教师可以较为自主地把握朗诵的节奏,观察幼儿的反应。

(二) 动作体验

散文(诗)中往往有着丰富的词汇,无论是在帮助幼儿获得"词汇"的核心经验时,还是在"运用与表现"中对于动作、表情等的表现,抑或是"想象"中的动态变化的想象,都需要以动作为支撑。因此在散文(诗)的教学过程中,要让幼儿充分通过身体、姿态、表情、游戏、表演等多种方式来体验散文(诗)中的相关核心经验。

例如在词汇的学习中,涉及动词的学习,可以引导幼儿"学一学";涉及情绪状态的形容词时,可以请幼儿"做一做";涉及情节中的对话时,可以引导幼儿"演一演",在幼儿想象的过程中,引导幼儿结合自己的手势、姿态、甚至是道具来表现自己的想象。

(三) 经验联结

幼儿的学习主要以直接经验为主,这种直接经验多数来源于生活经验,散文(诗)的内容往往来源于幼儿的生活经验,并将这种经验文学化、书面语言化,因此无论是散文(诗)的理解,还是散文诗的仿编,都要求联系幼儿的生活经验。

例如在散文(诗)的理解中,教师应充分通过提问、谈话、图画、照片、音频、视频等多种形式引导幼儿回忆自己的生活经验。在活动中,通过语言、动作、图画表现出自己的经验和理解,但在展现幼儿已有的生活经验、认知经验之后,教师要将文学作品中的经验与幼儿的生活经验建立联结,通过图谱、归纳、整理的方式将幼儿的生活经验文学化、书面语言化,从而获得文学语言的经验。在获得文学语言的经验之后,要引导幼儿使用这种文学语言经验去观察、想象、表现自己的生活经验。

(四) 多种表现途径

"儿童有一百种语言",动作、绘画、表演、游戏、讲述等等多种方式都是幼儿在文学作品学习中的语言,幼儿对散文(诗)的理解、仿编都需要通过多种途径表现出来。在教学活动之后,也需要从这些途径中来评价幼儿的学习效果和发展,这就要求我们在教学活动中要给幼儿创设多种表现的机会和途径。

这种表现的途径一方面表现为教师在教学活动中引导幼儿通过口语、绘画、动作、游戏、表演等方式展现自己的原有经验,表现自己的学习结果;同时也表现为创设多样的机会,如不仅有集体中的表现,也有小组间的交流,两两之间的合作,不仅有师幼的互动,同时也有家园的亲子的互动;最后,这种表现的途径还表现在不仅在语言领域的活动中有表现的机会,在艺术、社会、科学、健康等其他领域中也都有表现的机会,不仅在集体教学活动中有学习的机会,在一日生活和游戏中也有延伸的可能。

试一试

1. 根据所学知识,请分析散文诗《落叶》的核心经验,思考:这个散文诗能够给幼儿提供的词汇、结构、情节、运用与表现、想象和意境的学习核心经验分别是什么? 你会如何组织和安排这些核心经验之间的关系? 如果你来组织教学活动? 你会如何来设计活动? 在所设计的活动中,你使用了何种策略帮助幼儿获得这些所要学习的核心经验?

2. 根据第三节所讲内容中所设计的教学活动方案,在实习、见习教学活动中尝试开展散文诗《春雨的色彩》这一教学活动,活动之后,请思考:幼儿在你组织的教学活动中学习和发展了何种核心经验? 你所使用的鹰架策略是否有效?

第八章

故事学习活动的组织与实施

■ 学习目标

1. 了解幼儿故事的特点,能根据幼儿年龄选择或改编出适宜的故事。
2. 理解幼儿故事学习的核心经验,能分析某一幼儿故事所承载的核心经验。
3. 掌握幼儿故事教学活动的组织过程,尝试开展幼儿故事的教学活动。

■ 想一想

1. 还能记起你小时候听过、学过的故事吗? 你觉得这些故事有趣吗? 为什么你到现在还能记得? 这些故事给你带来了什么影响?

2. 请阅读故事《小乌龟看爷爷》,思考:你觉得这个故事可以给幼儿提供什么样的语言学习与发展的机会? 你会如何组织这个学习活动?

小乌龟看爷爷

小乌龟想爷爷了,他说:"我要去看爷爷,顺便给他送一棵苹果树。"

小乌龟把苹果树绑在背上出发了。

走啊,走啊,苹果树开花了。蜜蜂来了,蝴蝶也来了。

走啊,走啊,苹果树结出了一个一个小苹果。小鸟来了,大鸟也来了。

走啊,走啊,苹果成熟了,爷爷的家到啦!

小乌龟和爷爷吃着红红的苹果真开心。

■ 学一学

幼儿故事是幼儿园最常见、最常用的一种文学体裁,对幼儿语言能力、思维能力以及社会性的发展都有着重要的影响。但什么样的故事才算是优秀的幼儿故事呢? 幼儿在学习一个故事的时候,教师到底能够在活动中促进幼儿何种学习经验的提升与发展呢? 幼儿园故事学习活动的组织和家庭中爸爸妈妈给孩子讲故事的方式一样吗? 别急,这些问题,就让我们在这一章中一一进行探讨。

第一节 幼儿故事的特点与学习内容的选择

一、幼儿故事概述

幼儿故事是以叙述事件为主,适合幼儿听和读的文学作品。在类别上主要包括童话、生活故事、寓言、传说等。

（一）童话

童话是幼儿文学的一种题材，通过丰富的想象、幻想和夸张来编写的适合幼儿欣赏的故事，典型代表是《格林童话》和《安徒生童话》。童话又分为拟人体童话（如《木偶奇遇记》）、超人体童话（如《巨人的花园》）、常人体童话（如《皇帝的新装》）、知识体童话等。其典型特征是充满幻想，将物体、人物、事件尽量夸张化来突显其特征，造成故事情节的冲突，最终达到释放幼儿情绪、给予幼儿听觉和智慧上的快乐的目的。

（二）寓言

寓言是以假托的故事或拟人化的手法说明深刻的哲理、经验、教训或进行劝喻、讽刺的文学作品形式，典型代表是《伊索寓言》。在寓言中，比喻或借喻是常用的手法，主要方式是借此喻彼、借小喻大、借古喻今。幼儿通过对寓言中人物的讨论获得某种经验、教训，掌握思维方法，习得某种生活、社会交往技能。

（三）生活故事

生活故事是指以幼儿为主人公，反映幼儿现实生活，适合幼儿倾听的故事。如《大林和小林》、《谁勇敢》等。生活故事通过描写幼儿的生活，展现幼儿的语言，并在情节的重复和变化中展现幼儿的生活，体现童年的乐趣，并传递某种观念或道理。

（四）传说

传说是由神话演变而来的具有一定历史性的故事。有的传说是夸张的故事，有的传说是关于某人、某地、某物或某个节日的历史或传闻。学前儿童接触和学习传说，有助于幼儿了解本民族、本地区的文化、传统、习俗。

故事因其人物形象突出、情节生动、类型多样深受学前儿童喜爱，在学前阶段，故事是幼儿文学作品学习中最重要的一种文学体裁，在整个学前阶段的教育中被广泛运用。在一日生活和其他领域的学习中幼儿也有着许多机会接触到故事，比如晨间谈话环节中的故事分享活动，午睡前的睡前故事等；在社会领域和健康领域中，许多学习内容都会通过故事的方式来开展。

二、优秀幼儿故事的特征

幼儿喜欢故事，尤其是优秀的幼儿故事，在学前阶段，教师要为幼儿选择优秀的幼儿故事。那么什么样的故事是优秀的幼儿故事呢？优秀的幼儿故事的文学特征和语言特征表现为以下方面。

（一）优秀幼儿故事的文学特征

故事是文学体裁的一种，正如幼儿文学必须是文学一样，优秀的幼儿故事不是低等的故事，不是简单的故事，而是要符合文学的美学特征和艺术品性。优秀的幼儿故事在文学性上要具备以下特征。

1. 要有鲜明的人物形象

人物是故事情节的六要素之一，故事通过行为、语言、心理状态、他人转述等方式刻画人物形象，幼儿故事的人物形象往往比较突出，贯穿于故事的主体情节之中。童话故事中的角色常常有两种形象：一是生物特征形象，比如乌龟爬得很慢，老鼠的个头比较小，乌鸦会唱歌等；二是这些角色的心理形象，即角色通过动作、语言、事件展现出来的个性特征，如兔子的形象往往是温柔、乖巧，狐狸的形象往往是狡猾，熊的形象往往是笨拙、可爱。文学作家常常会在角色特征的基础上刻画其心理形象。在故事学习中，幼儿会不自觉地形成对童话中人物形象的看法和认识，并运用这种认识去理解童话中人物的形象、行为和对话。传说和生活故事中的人物形象往往是心理形象。

什么样的故事才算是有鲜明的人物形象呢？可以采取三步法来分析故事中的人物形象。首先，当你看完一个故事后，能不能很快说出这个故事是关于谁的？然后，能不能用一个形容词来形容这个主人公？比如勇敢、顽皮、有爱、阴险、狡诈、愚笨等。最后，你觉得这个形容词能够贯穿整个故事吗？如果这三个问题的回答都是肯定的，那这个故事就具备了"鲜明的人物形象"这一特征。

2. 要有生动的故事情节

情节是故事的主体部分，情节通过事件来呈现和推进，优秀的幼儿故事情节丰富、生动、有趣，通过反复的手法，不断推进故事的发展，并在情节的冲突中达到故事的高潮。有着生动的故事情节，幼儿就会随着故事情节的推进，投入到故事的情境和想象当中，情绪逐渐紧张，并在故事冲突解决后，紧张的情绪得到释放。

怎样判断一个故事的情节是否生动呢？那就是看幼儿在听一个故事的时候，注意力是否集中，是否会随着故事情节的推进为主人公担心、着急，如果幼儿有这样的表现，那这个故事的情节肯定是生动的。

3. 要富有儿童趣味

故事中的趣味主要包括童趣和谐趣。一个优秀的幼儿故事要有童趣，即指故事反映的是幼儿的认知特点、生活经历、情绪情感、人格特点、行为特征、奇思妙想等。而正是因为幼儿的认知特点、行为特征、奇思妙想与成人不同，因此表现出幼儿特征的故事主人公往往会有着许多奇特的幻想、令人发笑的行为、充满幽默的语言，这些幻想、行为、语言所带来的情绪就是谐趣。优秀的幼儿故事往往能够体现出这两种趣味。

怎样才能分析出一个幼儿故事是否有儿童趣味呢？最关键的一点就是，你在看完或听完一个故事之后，能否在这个故事中看到儿童的影子，能否看到儿童的认知特点、行为特征、奇思妙想？故事里的事件是否是幼儿的生活？故事中角色的活动是否是幼儿的游戏？如果回答是肯定的，那这个故事就具备了童趣。如果你在看完或听完这个故事之后会哈哈大笑，至少会莞尔一笑，那这个故事就具备了谐趣。

4. 要富有想象和思考的空间

一个好的故事往往能够吸引人想不断地看下去或继续听下去，在阅读或倾听的过程中会随着内容浮现出故事的时间、地点，人物的形象、动作、表情等，会不断地想：接下去会怎么样呢？为什么会这样呢？幼儿故事也同样如此，只有能够让幼儿不断想象、主动思考的故事，幼儿才会持续地听，安静地听。

怎样的幼儿故事才算是富有想象和思考的空间呢？当你看到一个故事的时候，如果不是马上就知道了这个故事的过程和结局；你听到或看到对场景的描写，能在头脑中形成立体的多彩空间；当你听到或看到人物的对话，能够感受到人物的情绪、状态；尤其是当你听完或阅读了一个故事后，这个故事没有直白地告诉你什么道理，但你却从这个故事中收获了道理，那这个故事就是富有想象和思考空间的故事。

5. 要有对人性的关怀

幼儿文学不是低等的文学，幼儿文学是作家以幼儿的视角来看待幼儿的生活，思考人类生活中所会遇到的种种困难、困惑和矛盾，力图刻画人性、解析人性，揭示人性的真善美的一种文学表现形式。优秀的幼儿故事不只是幼儿的故事，更不只是为了教育幼儿的故事，而是通过幼儿的视角来看待人、自然、社会及其之间的关系，从而揭示人性、关怀人性。一个有着人性关怀的幼儿故事，不仅仅是幼儿听的故事，同样适合成人的阅读，才能真正"打动人心"。

如何知道一个幼儿故事里有没有人性的关怀呢？关键是看三个方面：一是看这个故事中主人公遇到的问题是不是人类（不管成人还是幼儿）都会遇到的问题，只是表现的形式不一样；二是看这个故事中主人公的想法、行为、解决的办法是不是普通人都会表现出来的，只是表现的方式不同；三是看故事的结局是否是人性真善美的表达。如果这三个问题的回答是肯定的，那这个故事就有着对人性的关怀。

（二）优秀幼儿故事的语言特征

幼儿故事不仅要具备文学美，同时还要注重语言美，让幼儿在获得文学美的熏陶过程中，得到语言能力的发展。优秀的幼儿故事在语言性上往往具备以下特征。

1. 有典型的重复性语句

在你看电影或听相声的时候，常常会无意间记住一两句台词，一是因为这样的台词比较夸张有趣，另外一个原因是这样的台词在电影或相声中不断地被重复。优秀的幼儿故事也常常会有这样的典型的、重复性的语句，让幼儿在感受和学习了这个故事之后，能很快感知和掌握这样的语句，并将这样的语句作为故事线索。

幼儿故事中典型的重复性语句可以是故事情节中常用的一句话，如《好饿的毛毛虫》中的"可是，毛毛虫的肚子还是好饿"；也可以是故事中人物常说的一句话，如《金色的房子》中，小动物对小姑娘说的话"小姑娘，您早！您那金色的房子真好，红的墙，绿的窗，金色的屋顶亮堂堂"。

2. 有一致的段落结构

虽然故事不如儿歌或散文（诗）在形式上如此讲究格式，但故事是靠多次重复、递进的情节来推动的，在故事情节之间，我们仍然可以看到比较一致的段落结构。优秀的幼儿故事尤其关注这种段落结构，通过这种段落结构，才能更好地体现情节的递进，而且通过这种一致的段落结构，幼儿能较快地理解故事内容。

如何找到故事中的段落结构？首先就是去划分故事的情节段落，然后在每个情节段落之间找故事叙事方式上的共同点，采用这种"提取公因式"的方法，将主要情节中的段落结构分析出来，你就找到了这个故事的段落结构。

3. 有幼儿生活化的词汇

因为幼儿不识字，所以幼儿主要是通过听他人讲述的方式来接触故事、理解故事，因此幼儿故事是适合幼儿倾听的文学体裁。要让幼儿在倾听中理解故事，就应尽量减少幼儿听力理解中的认知困难，因此，幼儿故事中使用的词汇大多是幼儿日常生活中会听到、能理解的词汇。有一些故事要求幼儿理解故事中特定的词汇，这种词汇也不会很多。

因此，当你听或阅读一个故事的时候，这个故事中是否有词汇让你理解起来都有困难；或者看看这个故事中有没有幼儿理解起来会比较困难的词汇，如果有，看看有几个。如果这种幼儿理解起来可能有困难的词汇超过 5 个，那这个故事从词汇的角度可能就不是一个优秀的幼儿故事了。

4. 符合倾听的习惯

上文提到，幼儿故事是适合幼儿听的故事，因此不仅要在词汇理解上符合幼儿认知的水平，而且在故事内容的表述上符合倾听的习惯。在幼儿故事中往往会有许多人物之间的对话，让幼儿通过倾听能够自如地在不同的对话之间进行转换，同时又要能分清话语的主体，这是一个优秀的幼儿故事要具备的要求。

如何判断一个故事是否符合倾听的习惯呢？你在看到一个有着许多对话的故事时，请先阅读一遍，如果能够很流畅地看下来，不需要停顿下来去思考这是谁说的话，那就做到了符合倾听习惯的第一步；然后再朗读一遍，如果感觉有句子一口气很难念完，说明这句不符合倾听的习惯；同样，如果你发现在故事的朗读中，人物对话之间的转换很别扭，比如有太多的"××说"、"然后、后来"，这也不符合倾听的习惯。

一个优秀的幼儿故事应具备上述的大多数特征，这些特征也是我们在幼儿园教育实践中为幼儿选择故事的依据之一。

三、语言教育活动中幼儿故事的选择与改编

在浩瀚的幼儿文学宝库中，涌现出了许许多多优秀的幼儿故事，但学前儿童的接受时间和接受能力是有限的，幼儿教师一方面要在专家、课程文本的指引下选择适宜的幼儿故事与幼儿进行分享，同时也要根据本班幼儿的年龄特点和兴趣需要选择适宜的优秀幼儿故事，并根据自己的专业水准和文学素养来适当改编故事。

（一）选择幼儿故事的依据

在幼儿园教育中选择幼儿故事，不仅要根据优秀幼儿故事的文学特征和语言特征来进行选择，同时也要考虑以下三个方面。

1. 根据课程主题来选择

当前幼儿园课程在编制上主要以核心课程为导向,采用单元主题的方式来组织课程内容,根据幼儿园课程的主题选择优秀的幼儿故事,可以做到与课程主题同步,丰富主题课程的内容,为幼儿在主题中的学习提供资源和支撑。

比如九月份是小班幼儿入园的适应阶段,教师在小班会开展有关入园适应方面的主题活动。在这个过程中,如果教师能选择一些优秀的入园适应故事,比如《小玻去上学》、《魔法亲亲》、《小阿力的大学校》、《我太小,我不能上学》、《我不想上幼儿园》,一方面可以丰富主题的课程内容,同时,通过故事的倾听与感受,也有助于幼儿更加迅速地度过入园适应这个阶段。

2. 根据时令节气来选择

许多幼儿故事都跟时令、节气有关,在相应的时令节气与幼儿分享跟时令节气有关的故事,不仅可以丰富幼儿关于时令节气的知识和经验,同时也有助于幼儿亲近传统文化、了解习俗。

比如在三八妇女节的时候,可以选择《我妈妈》、《妈妈生病了》、《猜猜我有多爱你》、《我讨厌妈妈》等;在中秋节的时候,可以选择跟月亮有关的故事,如《嫦娥奔月》、《想摸月亮的国王》、《月亮,生日快乐》、《月亮的味道》等。

3. 根据幼儿的需要和兴趣来选择

幼儿在生活中常常会表现出一些不适宜的行为,如果直接说教,幼儿不太容易接受和改正;有时幼儿所感兴趣的一些内容,通过直接的展示和教育,幼儿不容易理解。这个时候,就需要教师根据幼儿的需要和兴趣来选择适宜的故事,让幼儿在故事的倾听和讨论中来满足自己的兴趣,调整自己的行为。

比如,幼儿园中如果有小朋友不愿意分享,教师就可以选择《月亮,生日快乐》、《彩虹色的花》等故事与幼儿进行分享;当幼儿对人体和生命感兴趣的时候,教师可以选择《小威向前冲》、《圆圆的肚脐》、《身体里的洞》等跟生命有关的故事;当幼儿在自我意识方面出现了问题时,教师可以选择《我的名字叫克里桑丝美美菊花》、《像狼一样嚎叫》、《大脚丫跳芭蕾》这样的故事来与幼儿分享。让幼儿在故事中找到自己,在潜移默化中学会处理问题的方法,在有趣的情节中学到自己感兴趣的知识。

(二) 改编幼儿故事

虽然现今有许多优秀的幼儿故事,但在幼儿园的教育实践中,教师参考用书中的幼儿故事却未必都完全具备优秀幼儿故事的特征,而且有的幼儿故事因为创作年代和当时历史文化的原因,在内容、语言上与当今时代幼儿的经验相差太远,不适合现在的幼儿;同时有些优秀的幼儿故事,作家在创作的时候更多地从文学的角度来考虑,在教育实践运用的时候,要符合幼儿园教育的实践特性,还需要进行必要的调整。改编幼儿故事主要可以从以下方面来进行。

1. 改编故事的主题

幼儿故事要有明确的主题,而且主题要在潜移默化的故事叙事中体现出对人性真善美的关照。因此当看到一个故事的时候,首先要分析这个故事的主题是什么,即这个故事到底想要传达什么,然后分析这个主题是否明确、有没有进一步提升的空间。

以故事《小乌龟看爷爷》为例,你看完之后觉得这个故事讲了什么? 是讲了"苹果树的生长过程"吗? 还是讲了乌龟的特征"很慢"? 还是说"小乌龟很有孝心"? 这个时候,如果你看过米切尔·恩德的《犟龟》,就会发现:同样是以乌龟的"慢"为故事叙事线索,但《犟龟》在主题上立意更加深刻。因此,要改编《小乌龟看爷爷》,就要将主题的立意提升。例如,如果要以"小乌龟很有孝心"为主题,那就要让故事体现出"很有孝心"的立意,真正的"有孝心"是需要通过小乌龟克服困难、克服嘲笑,最终把"礼轻情意重"的"苹果树"送到爷爷家来实现的。

2. 改编故事的情节

好的故事主题需要通过生动的情节来展开和呈现。生动的情节要有思考和想象的空间,因此,在改编一个故事的时候,要看这个故事是否有重复递进的情节,是否有情节的冲突部分,而这也正是改编故事情节的着手之处。

在《小乌龟看爷爷》的故事中,主要情节是苹果树开花、结果、成熟的三个部分,这三个情节是随着苹果生长的过程来递进的,同时也体现了小乌龟爬得"慢"这一特点。如果在结尾的地方,创造一个新的故事开头,能够让幼儿有机会再次讲述和运用这个故事,则会更有想象和思考的空间。如果是面向中班以上幼儿,还需要在情节中加上小乌龟形态的描写和人物之间的一些对话,在形态描写和对话中体现出小乌龟对爷爷的想念和送苹果树的坚持。

3. 改编故事的语言

根据前面优秀幼儿故事的语言特征可知,优秀的幼儿故事在语言特征上,要有典型的重复性语言、一致的段落结构、生活化的词汇,要符合倾听的习惯。根据这样的要求,就需要我们在看到一个故事的时候,先朗读几遍,然后再看故事中的语言在这四个方面是否有可以修改的地方。

以故事《小乌龟看爷爷》为例,在第一段中的"顺便"一词,小班幼儿理解起来会有难度,而且会破坏整个故事的立意,所以可以考虑修改;在第二段"小乌龟把苹果树绑在背上出发了",句子太长,应考虑变成两句,如"小乌龟把苹果树绑在背上,出发了";在第四段中,句式的结构与第三段不同,如果统一,更具有重复效果,如"走啊,走啊,苹果树结果了。小鸟来了,大鸟也来了"。

根据以上改编的思路,如果以小班幼儿为对象的话,就可以将《小乌龟看爷爷》改编如下:

小乌龟要去看爷爷了,他说:"我给爷爷送一颗苹果树吧!"小乌龟把苹果树绑在背上,出发了。

走啊,走啊,苹果树开花了。蜜蜂来了,蝴蝶也来了。

走啊,走啊,苹果树结果了。喜鹊来了,鸽子也来了。

走啊,走啊,苹果树成熟了。爷爷家到啦!

吃啊,吃啊,苹果真甜啊,爷爷和小乌龟好开心!

小乌龟要回家了,爷爷送给了他一颗种子。

你猜猜,小乌龟的背上又会长出什么呢?

第二节　幼儿故事学习的核心经验分析

古今中外优秀的幼儿故事汗牛充栋,但幼儿在幼儿园阶段的学习时间是有限的,在这有限的学习时间中,教师除了要选择优秀的、符合幼儿需要的幼儿故事,还需要组织故事学习活动,引导幼儿获得故事学习的核心经验。幼儿通过这些核心经验的学习和掌握,在幼儿园教育之外也能够主动倾听和阅读故事,从故事的学习中获得发展。

一、幼儿故事学习的核心经验分析

根据幼儿故事的文学特征和语言特征,结合《3—6岁儿童学习与发展指南》在语言领域对幼儿"听故事"和"阅读理解能力"上的要求,我们将幼儿故事学习的核心经验划分为六个方面:词汇、结构、情节、运用与表现、人物形象和评判性思维。接下来,我们将结合改编后的《小乌龟看爷爷》这个故事来进行分析。

(一)词汇

通过对文学作品中儿歌和散文(诗)中"词汇"学习的核心经验分析,相信你已经能对这个范畴的核心经验分析比较明白。幼儿故事因为其叙事性和情节性,在内容长度上比同年龄段幼儿接触的儿歌和故事更长,能够包括更多类型的词汇,因此幼儿在故事学习中能够获得许多新的词汇,增进对词汇含义的理解。

故事《小乌龟看爷爷》有着许多名词,因此能够给幼儿提供大量名词的学习机会,如小乌龟、爷爷、苹果树、蜜蜂、蝴蝶、种子等;同时也能给幼儿提供动词的学习机会,如绑、出发、开花、结果、成熟、走、吃、归家、给等;还有形容词的学习机会,如开心、甜等;故事也为幼儿提供着虚词类别中语气副词的学习机会,如"啊"、"呢"、"啦"等;以及连接副词"也"、"又"等的学习机会。

(二) 结构

幼儿故事中的"结构"核心经验包含两个方面:一是整个故事的线索,如地点线索、时间线索和事件线索等,例如在《会动的房子》中,故事按照地点线索的变化而发展;二是故事段落中相似的叙事方式,类似于儿歌和散文(诗)中的句子结构,同样在《会动的房子》中,每个情节都是小松鼠听到声音,打开窗户看到景色,然后心里非常开心,因此其结构是"听到……看到……想到……"。

在故事《小乌龟看爷爷》中,故事的线索是苹果树的变化,从"开花"到"结果"再到"成熟",通过苹果树的变化来贯穿小乌龟去爷爷的路上的整个历程;同时在"开花"、"结果"和"成熟"中,有着大致相似的结构:"走啊,走啊,苹果(树)怎么样了,谁来了,谁也来了。"

故事中的结构往往会通过重复性的语句来呈现,因此幼儿在故事学习中掌握结构故事中的结构有助于幼儿理解故事内容,并通过重复性语句来猜想故事的进展。同时,掌握故事的结构,也能为幼儿在故事学习之后续编故事提供基础。

(三) 情节

在幼儿文学作品中,幼儿故事在"情节"这一核心经验上体现得最为明显和独特,所有的幼儿故事都必须有情节,而且生动的故事情节是优秀幼儿故事的必备文学特征。在分析幼儿故事情节时,常常采用三步法来概括故事情节:首先,划分故事段落,通常按照故事情节的起因、经过、结果三个要素来划分;其次,在划分出段落后,归纳每个段落的大意和主旨,找到不同段落大意中共同的"中心";最后,将不同段落大意用一句话来概括就是故事的情节了。

在故事《小乌龟看爷爷》中,可以将故事中的 7 个自然段划分为 4 个段落,分别是第一自然段为一段,讲的是小乌龟选苹果树;第二至第四自然段为一段,讲苹果树的生长;第五自然段为一段,讲的是爷爷和小乌龟分享苹果树的果实;第六和第七自然段为一段,讲小乌龟有了新的种子。而这个苹果树是小乌龟对爷爷"爱"的具体表现,所以各个段落又可以找出一个共同的关键词"爱"或者是"孝心"。将这些段落大意连成一句话,就是:小乌龟爱爷爷,历尽艰辛给爷爷送苹果树的故事。

在幼儿学习故事的过程中,不仅要理解故事内容,掌握故事中的词汇含义,还要学会逐步概括故事。获得了这样的核心经验,今后幼儿在倾听或阅读了一个故事之后,才能用准确、概括的语句向别人讲述故事大意。

(四) 运用与表现

幼儿故事学习中的"运用与表现"的核心经验与儿歌和散文(诗)中的核心经验一样,体现在三个方面:一是对故事内容中人物的表情、动作、对话等的再现;二是在故事学习中能够将自己的想象内容或生活经验按照故事中的结构表现出来;三是能在生活中复述学过的故事,用故事的方式讲述自己的生活经历。

在故事《小乌龟看爷爷》中,幼儿首先能够获得表现人物情绪、动作等的学习机会,比如:"绑在背上"中的"绑"是什么动作?自己把一个东西绑在背上和帮别人把东西绑在背上一样吗?"走啊,走啊"中,小乌龟是怎么走的?随着苹果树越来越重,走的时间越来越长,小乌龟走的样子会有什么变化?他脸上会有汗吗?"爷爷和小乌龟好开心",他们开心的时候会做什么?这些都是幼儿可以表现故事内容的机会。其次,在这个故事的末尾,小乌龟回家的时候,爷爷给的种子会长出什么呢? 幼儿有着将自己的想象进行叙说的机会,对于小班幼儿来说,能够复述故事中第二段和第四段就可以了,如果能够有新的内容,则运用的水平更高。最后,在幼儿学习了这个故事之后,能简单地将故事复述给家长听,在生活中使用故事中学习到的动词或语气助词,如"开花"、"结果"、"成熟"等,在生活中会根据其他动物的特征替换故事中的角色或动作编出不一样的故事。

幼儿故事学习中"运用与表现"核心经验的获得可以帮助幼儿更好地理解故事内容,掌握词汇的含义,同时还有助于将故事与幼儿的生活、想象相结合,在培养幼儿文学语言能力的同时,促进幼儿思维、社会性等方面能力的发展。

(五) 人物形象

鲜明的人物形象同样也是优秀的幼儿故事必不可少的文学特征,在故事学习的过程中,有两个典型问题是与人物形象有关的:一是"这个故事讲的是谁的故事",二是"你觉得他是一个什么样的人"。幼儿对这两个问题的回答,展现的就是他(她)在故事学习过程中获得的有关人物形象的理解。

在故事《小乌龟看爷爷》中,人物形象就包含两个方面:一是乌龟的"慢",而正是这种"慢",才让小乌龟对爷爷的爱有着更深的意义,因此其第二个形象是"有爱心"或"有孝心"。幼儿只有理解了小乌龟的这两个形象,才能更好地理解故事中的情感和主题,才能表现出不同"走啊,走啊"的状态的区别,才能体会到和爷爷吃苹果的开心。

在故事学习中,获得"人物形象"的核心经验,一方面有助于帮助幼儿形成对类似角色形象的认识,为今后的故事学习中理解人物的行为、对话提供知识和经验基础;另一方面也有助于帮助幼儿通过人物形象理解故事的主题,通过故事中正面人物形象的示范,习得相应的行为,养成相应的品格。

(六) 评判性思维

看完一个故事,我们不仅会知道故事的内容,还会对这个故事的主旨、有趣程度、人物的行为进行自己的评价和判断,会表达自己对某一故事的喜好并说明原因。这种表现就是评判性思维,对故事内容进行思考、质疑、分析、评价,从而形成自己的看法。《3—6 岁儿童学习与发展指南》在"阅读与书写准备"的目标中对5—6 岁的幼儿提出相关的期望,如在该领域的目标 1 中"喜欢与他人一起谈论图书和故事的有关内容",目标 2 中"对看过的图书、听过的故事能说出自己的看法"。

在评判性思维这一核心经验的学习与发展上,故事《小乌龟看爷爷》能够给幼儿提供的学习机会表现在对小乌龟行为的评价、对这个故事的喜欢程度,如果你是小乌龟,你会怎么办? 需要注意的是,"评判性思维"可能包括某些道德意义上的教育,但绝不只有道德意义上的教育,尤其是不能一说到故事,首先想到的是这个故事"能教给孩子一个什么道理"。

优秀的幼儿故事有着人性的关怀,有着生动的情节,因此能够给幼儿提供大量学习和发展"评判性思维"的机会。在学前阶段,获得初步的评判性思维,对幼儿思维能力的培养、独立人格的塑造、良好个性的形成都有着重要意义。

二、分析幼儿故事学习中的核心经验层次关系

当分析出幼儿故事中能够给幼儿提供的故事学习的核心经验后,你同样还需要理顺这些核心经验之间的关系,以明确在组织幼儿故事学习活动时聚焦何种核心经验。

(一) 分析出故事中最突显的核心经验

由于故事创作者的目的和取向不同,不同的幼儿故事虽然具有上述所列出的大部分核心经验,但所突显

的核心经验却可能大不相同。即使是同样的故事,在不同的年龄段,应该侧重的核心经验也应有所区别。

1. 根据故事本身的特点来确定最突显的核心经验

在分析出你所使用的幼儿故事中能够给学前儿童提供的核心经验之后,需要再次看看,这六个核心经验中,哪个核心经验在故事中最明显。依次进行排序,排在第一位的是幼儿故事中最突显的核心经验,在幼儿故事中,情节、词汇、评判性思维被认为是比较突显的核心经验。同时,最突显的核心经验中又包含着许多的类别或范畴,也需要用同样的方法,确定最突显的核心经验的范畴。

如上面所分析的,《小乌龟看爷爷》的故事体现了所有幼儿故事学习的核心经验,但这六个方面的核心经验中,按照突显程度可以排出这样的一个顺序:情节——结构——运用与表现——人物特征——词汇——评判性思维。在词汇这一核心经验中,动词的突显程度比名词的突显程度更高。

2. 根据幼儿发展的水平确定需要聚焦的核心经验

根据幼儿故事本身的特点确定的核心经验顺序并不能直接作为故事学习活动中目标取向的依据,还要根据学习者的发展水平和发展需要来确定故事学习活动中应该聚焦的核心经验。同样一个故事,教师在组织不同年龄或不同水平的幼儿进行学习时,应聚焦的核心经验必须有所不同。

在《小乌龟看爷爷》这个幼儿故事中,虽然这个故事的结构比较突显,但是如果学习者是小班幼儿,则除了情节这个核心经验,词汇和运用与表现的核心经验就比结构的核心经验更重要;但如果学习者是中班幼儿,幼儿能够迅速掌握故事情节,因此应该聚焦到结构、运用与表现和人物特征上;如果学习者是大班的幼儿,则应该聚焦评判性思维、人物特征和运用与表现这几个核心经验上。

(二) 理顺不同核心经验之间的逻辑关系

虽然面向不同年龄或不同发展水平的幼儿应该侧重不同的核心经验,但这并不意味着其他核心经验就不需要学习或掌握,而只是不同年龄的幼儿在不同核心经验上的学习难度不同。因此,在确定一个幼儿故事学习活动中应该聚焦的核心经验之后,教师还要理顺不同核心经验之间的逻辑关系,以便让自己组织的故事学习活动中的每个环节都能聚焦到不同的核心经验,最终为故事学习聚焦的核心经验服务。

在故事学习的过程中,情节往往是故事学习中首要掌握的核心经验,在此基础上,幼儿了解故事中的词汇,并通过再现这些词汇的动作、表情或状态等发展运用与表现的核心经验;进而发现和掌握故事的结构,尝试将自己的想象和生活经验运用故事的结构进行仿编或续编;最后,幼儿会讨论故事中的人物形象,并对故事进行评判性思考。可见,运用与表现的核心经验往往贯穿在词汇、结构的学习过程当中。

根据故事学习核心经验之间的逻辑关系,《小乌龟看爷爷》中的核心经验之间的逻辑关系应该是掌握故事的情节,然后在掌握词汇、结构的过程中获得运用与表现的核心经验,最后讨论小乌龟的人物形象,并表达自己对这个故事的看法,发展"评判性思维"的核心经验。

第三节 幼儿故事学习活动的组织与教学策略

幼儿故事在许多教育场合和课程领域中都会被运用,比如在家庭教育的亲子阅读活动、幼儿园中的"故事妈妈"或"故事爸爸"的家长助教活动,都会以故事为载体,但这样的活动中,家长往往关注的是故事的内容。幼儿园的健康领域或社会领域的活动,也常常会以故事为载体,但这种领域的教学活动中,往往关注的是故事中的人物特征或评判性思维。这些活动都未能聚焦幼儿故事学习本身,未能聚焦到幼儿故事学习的核心经验上。要帮助幼儿获得故事学习的核心经验,需要教师有计划、有目的地组织故事学习活动,聚焦幼儿故事学习的核心经验,帮助幼儿获得故事学习的核心经验,让幼儿喜欢听故事,并最终能够独立倾听、理解故事。

接下来,我们将以《小乌龟看爷爷》为例,一步一步来阐释幼儿故事学习活动的组织和活动环节,并讨论幼儿故事学习应该注意的相关问题。

一、幼儿故事学习活动的组织

幼儿故事能够给幼儿提供多种核心经验,这些经验有的时候在一次学习活动中很难全部获得,往往需要多次活动来聚焦和实现不同的核心经验。接下来,我们将以《小乌龟看爷爷》为例,按照故事学习核心经验之间的逻辑关系来介绍故事学习活动的组织。

(一) 激发幼儿故事学习的兴趣

在学习活动开始的环节,教师要迅速激发幼儿倾听故事、参与到学习活动中的兴趣,教师可以通过以下方法来激发幼儿故事学习的兴趣,并导入故事。

1. 经验导入法

教师可以通过两种经验:生活经验和故事学习经验的导入来激发幼儿故事学习的兴趣。以生活经验导入,可以采用呈现图片、提问等方式引导幼儿回忆和分享自身的生活经验,从而导入故事中的情节;以故事学习经验导入,教师可以通过呈现主人公图片、手偶或故事图画书封面的方式,引发幼儿回忆已经学习过的故事。

2. 直观教具法

在幼儿注意力集中到教师身上的时候,教师通过出示头饰、手偶或图片的方法来引出故事中的主人公或关键物体,吸引幼儿倾听故事的兴趣。

3. 提问法

教师以故事中的一些内容要素为问题,通过提问询问幼儿的生活经验、故事学习经验,然后再引出故事中的人物,激发幼儿了解故事内容的欲望。

4. 猜谜法

教师利用谜语故事,通过解释谜底的方法引出故事的主角或主要事物。

在教育实践中,这些方法可以综合使用,常用的是直观教具法加提问法。但这个环节的时间不宜过长,要在幼儿学习状态激发出来后迅速进入到故事的情节理解当中。

在故事《小乌龟看爷爷》中,教师出示"乌龟"的图片,引出"小乌龟要去看爷爷",问幼儿"你去看爷爷,你送过什么礼物给爷爷",从而引出"小乌龟看爷爷"的故事,请小朋友注意听:"看看小乌龟送了什么给爷爷,路上发生了什么事情?"

(二) 帮助幼儿了解故事情节

在这个环节中,教师重点是帮助幼儿掌握故事的情节内容,获得"情节"这一核心经验。这个环节主要可以分为三个步骤:(1)教师完整地、有感情地朗读一遍故事,在第一遍的故事朗读中,根据故事的不同,教师可以不将故事中高潮部分的内容朗读出来;同时也不宜使用挂图,而是重点让幼儿通过倾听来理解故事;(2)教师就故事情节进行提问,以故事情节的元素进行提问,观察幼儿的理解水平,在这个过程中,教师对幼儿的回答进行重复、总结、归纳;(3)教师再次完整、有感情地朗读故事,让幼儿在倾听和观察中对刚才问题的答案进行验证,在这个过程中,教师可以边讲边使用挂图。

在《小乌龟看爷爷》的学习活动中,教师有感情地将故事讲到"小乌龟和爷爷好开心"的地方,提问幼儿"小乌龟送了什么给爷爷?""在路上,发生了什么事情?"或"苹果树发生了什么变化?""这个时候谁来了?",在幼儿回答之后,教师再次完整朗读故事到"小乌龟和爷爷好开心"。

(三) 引导幼儿掌握故事中词汇的含义

在这个环节中,教师重点聚焦"词汇"的学习经验,帮助幼儿在掌握词汇含义的过程中,也逐步渗透有关人物形象的讨论。教师再次完整朗读完故事后,结合环节(二)中关于故事情节要素的提问,通过幼儿动作表现、情绪再现、对话模拟、师幼讨论等方法理解故事中重点词汇的含义。

例如在《小乌龟看爷爷》的故事中,教师在再次完整朗读故事后,问"小乌龟是怎么样把苹果树送给爷爷的?"让幼儿帮助别人绑一绑,自己给自己绑一绑;在"小乌龟是怎么样去爷爷家的?"分析"走啊,走啊!"这句话语中的情绪,让幼儿学一学乌龟爬的动作,并且提示苹果树越来越重,乌龟越走越累的时候"走"的样子;通过提问"小乌龟和爷爷吃着苹果,心里什么感觉",引导幼儿想一想小乌龟和爷爷的对话,表现一下自己开心的样子或情绪状态。

(四) 分析和运用故事的结构

通过上述环节,幼儿已经能基本掌握故事的内容,在环节(四)中,重点是帮助幼儿了解故事的结构,让幼儿初步感受故事的线索,从而为幼儿完整理解故事、后期的故事编构奠定基础。在这个环节中,教师通过挂图观察法或提问法帮助幼儿梳理故事的结构,例如在挂图观察法中,教师让幼儿观察挂图中情节的要素,让幼儿试着用故事中的话来说一说,在这个过程中,教师可以进行总结,"每幅图都是先说……再说……"。然后通过提问或提供材料的方式,让幼儿尝试根据结果进行仿编或续编。

在《小乌龟看爷爷》的学习活动中,教师将第二自然段至第四自然段的挂图打乱,请幼儿来理一理这些挂图的顺序,然后引导幼儿观察挂图中苹果树的变化,学用故事中的话来说一说。然后教师说"吃完了苹果,小乌龟要回家了",教师把故事剩下的部分讲完,提问"你猜猜,爷爷会给小乌龟一个什么种子呢?""小乌龟的背上会长出什么来呢?"先请小朋友进行个别续编,然后将不同水果和植物的三幅连环挂图提供给幼儿,引导幼儿根据挂图来讲一讲后面可能发生的故事。

如果幼儿所学习的故事有着较为明显的线索或段落结构,则应该开展这个环节;否则这个环节可以省略,直接进入到环节(五)。

(五) 讨论故事的人物形象

在这个环节前,教师应引导幼儿通过师幼合作共同完整讲述故事,这个过程根据幼儿故事情节和语言掌握水平有着不同的表现形式:当幼儿已经对故事情节和语言掌握得非常熟练的时候,教师可以通过引导幼儿"接段"的方式完成师幼共同完整讲述,即教师起头,说出故事题目,通过用手指着图片或图谱,幼儿就能顺利将故事完整讲述;当幼儿对情节比较了解,但只掌握了单个句子,尤其是人物的对话时,教师可以通过"接句"的方式进行师幼合作完整讲述,即教师在讲述到故事中角色的时候,通过眼神和手势示意幼儿把角色的对话说出来;当幼儿对句子的理解也有困难的时候,教师可以尝试引导幼儿通过"接词"的方式开展师幼完整讲述,即教师说出一句中的前面部分,示意幼儿说出动词或作为宾语的名词。

在师幼合作完整讲述故事后,教师主要聚焦到故事中的人物形象,引导幼儿讨论自己对人物形象的理解,从而发展对人物形象的概括能力。在这个环节中,教师主要通过提问的方式,询问幼儿对故事中角色的喜好并描述,引导幼儿进行讨论。

在《小乌龟看爷爷》的学习活动中,教师通过提问"你喜欢小乌龟吗?""你觉得小乌龟是个什么样的人?"并询问幼儿"你是怎么知道的?"。归纳出故事中的小乌龟是一个有爱心、孝敬爷爷的小乌龟。

(六) 开展故事的评判性讨论

这个环节主要聚焦幼儿的评判性思维这一核心经验,在这个环节中教师引导幼儿对故事中人物行为、事件、主旨等进行思考、质疑、分析、评价,从而形成自己的看法。教师通常利用开放式的问题"你觉得他这样做对吗？为什么？""如果你是×××,你会怎么做？""你会对他说什么？"来激发幼儿的讨论和评判。幼儿在这些问题的回答上没有对错之分,重要的是能组织自己的想法,表述自己的观点,并能互相讨论。

在《小乌龟看爷爷》的学习活动中,教师通过"你喜欢这个故事吗？"引发幼儿对故事的评判,通过"你给爷爷送过的让他最开心的礼物是什么？"来激发幼儿的回忆,进行思考和讨论。

(七) 在延伸活动中结束学习活动

在掌握了故事情节、理解了故事中的词汇、分析了故事的结构,同时又发展了运用与表现的能力,对人物形象和故事主旨等进行了讨论后,针对故事本身的学习活动就可以结束了,但基于故事以外的学习活动还可以继续展开。在延伸活动中,幼儿把故事讲给爸爸妈妈听,把故事画下来,将编构的故事讲给其他小朋友听,进行故事表演等活动。在这个环节中,教师可以通过鼓励幼儿开展这些活动,从而结束本次的故事学习活动。

在《小乌龟看爷爷》的故事学习活动中,教师通过让幼儿一起和小乌龟给爷爷送苹果树,在表演小乌龟"走啊,走啊!"的动作中结束整个学习活动。

在幼儿故事的学习活动中,上面七个环节并不是一次学习活动中都要全部完成的,教师要根据故事核心经验的突显程度和幼儿的发展水平,有意识地在不同环节之间进行详略的安排,删减某些环节,从而最大效率地促进幼儿故事学习核心经验的发展。

二、幼儿故事学习活动组织中应注意的问题

故事是幼儿园语言教育中最常用的文学体裁,要保证优秀的幼儿故事能够带给幼儿美的文学体验,同时又能促进幼儿语言能力的提升。在故事学习和组织的过程中,要注意以下问题。

(一) 明确故事学习活动的目的

在有的故事学习活动中,教师将学习活动的目标定位为"理解故事情节",但在学习活动的过程中,总是不断地重复讲故事,不停地问"故事里是怎么说的？"让幼儿"跟我念一遍",最终认为幼儿理解故事情节的表现是"看谁能够把这个故事完整地讲出来",实际上是将故事学习活动的目标定位在幼儿能够复述故事,甚至是原文背诵故事。

在《3—6岁儿童学习与发展指南》中,对于幼儿在故事倾听和理解上的发展期望是"要求成人讲故事"、"喜欢把听过的故事讲给别人听"、"喜欢与他人一起谈论图书和故事的有关内容"、"能听懂短小的儿歌或故事"、"能大体讲出所听故事的主要内容"、"能根据故事的部分情节或图书画面的线索猜想故事情节的发展,或续编、创编故事",这些期望中包括了故事的倾听、理解、表达和创造,而不只是复述故事。

在故事学习活动中,教师首先要将活动目标定位在语言领域,在语言领域的目标中又要聚焦到故事学习的核心经验的获得上。当幼儿获得故事学习核心经验的发展和成长时,对故事的表达和创造就是水到渠成的结果,没有核心经验的学习与发展,幼儿对故事的复述只能是鹦鹉学舌,对于幼儿语言能力的发展、自主学习能力的提升没有任何帮助。

(二) 避免故事学习中的"教育主义"倾向

有些教师在故事学习活动中,往往在故事学习的结束部分会通过"这个故事告诉我们小朋友……"这样的方式来给幼儿灌输一些道理,或者总是在故事当中问"他这样做对吗？""应该怎么做？"之类的问题,希望幼儿回答出教师所期望的答案;有些教师在组织故事学习活动中,总是试图希望幼儿首先获得甚至只获得故事所传递的道德意义、人生哲理、生活品格,这些都是典型的"教育主义"的表现。

幼儿故事可以传递真善美,优秀的幼儿故事是通过有趣的故事情节、鲜明的人物形象等文学要素和语言

要素来传递真善美的,但"一个有教育意义的故事应该通过充满想象力的故事情节,让听者自发得出自己的结论"。在故事学习活动中,教师应该关注的是选择优秀的幼儿故事,让幼儿感受故事的情趣,理解故事中的美,并获得有关故事学习的六个方面的核心经验。聚焦故事学习核心经验的学习活动不会直接告诉幼儿应该知道什么,应该学说什么,应该做什么,但是当幼儿获得了这六个核心经验的成长时,他能自主、自觉地去思考自己应该怎么做、怎么说,这种主动学习的能力比简单的道德灌输对幼儿的终身发展更重要。

(三)区分三种语言活动类型中的"故事"

在幼儿园的语言教育活动中,教师常常会在三种学习活动的材料中遇见故事,分别是讲述活动中的叙事性讲述、故事学习活动、故事性图画书阅读活动,分清这三种活动中的故事的区别,是把握不同语言教育活动中学前儿童学习与发展核心经验的关键。

1. 叙事性讲述中的"故事"

还记得在第五章"讲述活动的组织与实施"中对讲述活动的分类吗?按照讲述语言可以分为叙事性讲述和说明性讲述,按照凭借物可以分为看图讲述或实物讲述。在讲述活动中,常见的一种活动是以图画为凭借物的叙事性讲述,通常称为"看图讲述"。在这类讲述活动中,幼儿需要观察图画,并讲述出图画中的故事,包括时间、地点、人物、事件的起因、经过、结果、人物心理状态等。这些要素往往也是幼儿故事情节中的主要要素。但在讲述活动中所讲述出来的故事是幼儿的"故事",是幼儿想出来和讲出来的故事,这些故事没有固定的版本,因此也没有内容的对错之分。讲述活动重点发展的是幼儿的观察、讲述的能力,在"讲述内容"这一核心经验中关注的是图画中故事情节的观察,强调的是幼儿形成自己的故事。

2. 图画书阅读活动中的"故事"

在下一章当中,你将会学习到幼儿文学作品的另一种表现形式——图画书。目前图画书的主要类型是故事图画书,在这些图画书中也有故事,有时间、地点、人物、事件的起因、经过、结果等,比如《爷爷一定有办法》、《猜猜我有多爱你》、《逃家小兔》等。但图画书是"文字"和"图画"共同讲故事的书,即文字和图画相互合作把一个故事呈现出来,图画书中的"文字"单独并不能完全讲故事,图画也不止是一个故事的插图。在这类活动中,幼儿通过阅读图画和倾听成人的讲述理解图画书中的故事,重点培养的是图画书阅读中的三个核心经验:阅读习惯与行为、阅读内容理解与阅读策略、阅读内容的表达与评判。因此在图画书阅读活动中幼儿所要理解和讲述的故事,是图画书作者所要表达和传递的故事。

3. 幼儿故事学习活动中的"故事"

故事学习活动中的"故事"有两个特点:第一,主要是通过倾听的方式来获得,不是通过对画面的观察而理解的故事;第二,故事是作者要表达的故事,幼儿首先要理解的是作者的故事,而不是说出自己的故事。因此在故事学习活动中,能够培养幼儿的倾听能力,重点是幼儿通过故事倾听,理解情节、掌握词汇、形成结构,进行运用与表现,并且对人物形象进行讨论,发展评判性思维。

(四)注意故事学习中挂图等多媒体教具的使用

在故事学习过程中,许多教师会使用教学挂图,或采用PPT等多媒体呈现图画。故事学习中,挂图等多媒体工具的使用可以帮助幼儿更好地理解故事内容,为幼儿的讨论或仿编提供支架。但许多教师在使用挂图的时候,往往在第一遍故事讲述的时候就出示挂图,边指挂图边讲故事,这样做会分散幼儿的注意力,不利于幼儿倾听能力的发展,影响幼儿在学习中对故事内容的理解。

我们认为,故事是非常适宜倾听的文学体裁,因此,在故事学习活动中,教师第一遍故事朗读的时候不宜出示挂图或多媒体图片,而是要让幼儿带着问题,在静静地倾听老师有感情地朗读中抓住故事中的关键信息,努力去理解故事。让幼儿经过这样的心理努力之后,教师在第二遍故事讲述过程中出示挂图或多媒体图片,才有助于幼儿更好地理解故事。

练一练

1. 试着在幼儿园见习或实习的时候,将故事《小乌龟看爷爷》实践一下,根据你所在年龄班确定活动的目标,活动之后试分析你在教学活动中表现出来的教学环节和教学策略。与不同年龄班试教这个活动的同学交流一下,看看你们各自的困惑和收获是什么?

2. 请阅读故事《会动的房子》,根据优秀故事的文学特征和语言特征,首先判断这是否是一个优秀的故事,有什么地方可以修改;其次,根据故事学习的核心经验,试分析出这个故事能够给幼儿提供的核心经验是什么;最后,根据上文所学的知识,设计《会动的房子》的活动组织实施过程。

会动的房子

小松鼠在树顶上住腻了,于是决定在地面上重新建造一座房子。

在大树底下,它发现了一块大石头,由七块小石头拼成,很硬,也很光滑。小松鼠说:"嘿,就在这上面造一座房子!"房子终于造好了,忙了一天的小松鼠也累了,在新家里睡着了。

"呼呼呼!"什么声音? 小松鼠被吵醒了。推开窗一看,呀! 自己在美丽的山沟下,小风吹奏起动听的山歌。真奇怪,昨天还在树下,今天却来到了山沟下。可小松鼠又一想:没关系,山沟下也挺好的,有动听的山歌作伴。

第二天,又传来"哗哗哗"的声音。小松鼠推开窗一看。呀! 又来到了大海边,浪花发出欢快的歌声。小松鼠这下可乐了,"我的房子会动,我的房子会动!"现在,小松鼠又有浪花声作伴。

第三天,小松鼠想,今天我来到哪儿啦! 推开窗一看,呀! 眼前是一片大草原,马儿在哒哒地奔跑。小松鼠禁不住在房子里手舞足蹈。

突然,传来一个声音,"小松鼠呀,快别乱动。"咦,是谁呢? 是这块硬硬的大石头?"小松鼠你真粗心,把房子盖在我的背上,我驮着你走过了许多地方。"小松鼠低头一看,原来是乌龟,那硬硬的大石头竟然是乌龟的背。小松鼠惭愧得脸都红了,赶紧说:"你,你累坏了吧?"乌龟说:"不,这下我们俩可以作伴了。"

> ## 第九章

图画书阅读活动的组织与实施

■ **学习目标**

1. 了解图画书的特点,能根据幼儿年龄选择适宜的图画书。

2. 掌握幼儿图画书阅读的核心经验,能正确分析出一本图画书中的核心经验。

3. 掌握图画书阅读的组织过程,尝试开展图画书阅读活动。

■ **想一想**

1. 现今在幼儿教育的实践中,图画书往往还有另外一个称呼——绘本,请你仔细回忆一下你所看过的图画书,你觉得"图画书"和"绘本"有什么区别,跟其他同学交流一下,看看他们有什么意见和看法。

2. 回忆你所看过的图画书(如果没有看过,赶紧到图书馆或书店去看看),选择你认为最好的一本图画书,并思考:这本图画书好在哪里? 列出你的理由,并找到跟你有同样选择的同学交流一下,看看他们的理由是不是跟你一样。

3. 如果要你来和幼儿园的孩子一起阅读这本你认为"最好"的图画书,你会如何来组织? 想一想,你的教学设计过程跟前面提到的"故事教学活动"到底有什么区别?

■ **学一学**

这么多活动和问题足够你忙活好一阵子了,思考完这些问题,你是不是有了更多的疑问? 请把你的疑问列出来,跟旁边的同学讨论一下,接下来,请跟随我们的脚步,一起走进学前儿童语言教育中的图画书阅读教学活动,希望通过这章的学习,能够解决你的困惑。

第一节　图画书阅读活动的特点与内容选择

一、图画书概述

(一)图画书的概念

是"图画书"还是"绘本"? 对于刚才的那个问题,你有什么样的答案? 在分析这两个概念之间的区别之前,请看看下面三本书:《爷爷一定有办法》、《小威向前冲》、《好吃的草莓》,按照你的观念,哪本算是图画书? 哪本可以被称为绘本?

分析这三本书在内容和图画上的区别,你是不是可以发现:《爷爷一定有办法》的内容是人文故事,图画是手绘的;《小威向前冲》内容是精子和卵子的结合,是一个科学故事,图画是手绘的;《好吃的草莓》内容是讲草莓的特征,叙事是用描述性的方式,图画采用的都是照片。你是不是认为《爷爷一定有办法》、《小威向前冲》是"绘本",而《好吃的草莓》是"图画书"?

但实际上,"绘本"和"图画书"本质上是同一个事物,其英文都是"picture book",国内在名称上的区别只是因为近十年来,随着教师和家长对图画书的重视,纷纷从不同国家和地区引进了图画书,因而有了"绘本"和"图画书"的名称区别。

图画书是指用图画和文字共同传递内容的书。日本著名图画书推广人松居直先生曾经将图画书界定为"文×图＝图画书",即文字和图画共同传递内容的书才是图画书。所传递的内容既可以是童话、故事、传说,也可以是人文、社会、科学方面的知识;体裁既可以是故事,也可以是诗歌、散文;图画既可以是油画、水彩画、铅笔画等,也可以是照片。

然而在现今幼儿园图画书阅读活动中,大量的是诸如《爷爷一定有办法》这样以故事形式呈现人文内容的图画书,诸如《小威向前冲》这样以故事传递科学知识的图画书也逐渐增多,但诸如《好吃的草莓》这样以描述性文本承载科学知识的图画书还非常少见。在现今的幼儿园阅读活动中,许多阅读活动往往以《爷爷一定有办法》这类图画书为教学素材。

家长和教师在"图画书"和"绘本"上的观念不同,本质上反映的是现今教师和家长在图画书类型上的认识误区。在图画书的类型上主要有以下几种划分方法:一是按照材质可以分为纸质书、布书、木书、塑料书,后三种书一般适合 2 岁以前儿童来进行阅读和游戏;二是按照题材可以分为图画故事书、诗歌童谣图画书、散文图画书、科学知识类图画书、概念书等。人们常说的"绘本"一般是纸质的图画故事书,当人们将幼儿的阅读仅限于纸质的图画故事书时,就限制了幼儿阅读的多元化方向。

(二) 图画书的发展历程

图画书的创作和运用有着一个悠久的历史。在中世纪,西方教会就开始利用教堂绘画的方式来展现圣经中的内容,并通过绘画的方式给不识字的民众传递有关圣经的故事。在我国古代,宫廷画师往往会通过绘画的方式展现皇帝的丰功伟绩,介绍国家的繁荣富强,从而让古代民众了解皇帝和国家的相关事宜。

但真正为儿童创作的图画书却只有一个简短的历史。捷克教育家夸美纽斯(John Amos Comenius)于 1658 年写的《世界图解》(*Orbis Pictus*)被认为是最早地专门给孩子写的插画书。1744 年纽伯瑞(John Newbery)出版的《美丽的小书》(*A Little Pretty Pocket-Book*)是最早的插画故事书。1845 年德国的海因里希·霍夫曼(Heinrich Hoffmann)所写的《蓬蓬头彼得》(*Struwwel Peter*)被认为是现代图画书最早的代表作。

进入 19 世纪中期,随着经济、艺术、文学的发展和繁荣,幼儿文学的发展也进入快车道,这一时期出现了许多依据著名文学作品改编的插画书,比如 1866 年由特尼尔(John Tenniel)绘的《爱丽丝漫游仙境》成为当时最成功的儿童休闲书。进入 19 世纪后期,随着玩具书开始产生,图画书中图画的比例远远高于早期图画书,也比书中文字的比例要高,并且开始采用彩色图画。

在 19 世纪后期和 20 世纪早期,图画书开始成为儿童文学中的一种独立类型,越来越多的儿童文学家开始专门为幼儿创作图画书。在这些图画书中,比阿特丽克斯·波特的《彼得兔的故事》(*The Tale of Peter Rabbit*)被认为是一本非常成功的图画书。

1928 年婉达·盖格(Wanda Gág)的《一百万只猫》(*Millions of Cats*)成为获得纽伯瑞儿童文学奖的第一

本图画书,这本书被认为是美国第一本"真正的图画书",从而为 20 世纪 30 年代的"图画书黄金期"拉开了序幕。但这一时期的图画书大多数仍然还是有插图的教育书,目的主要还是以教育幼儿学习品格、词汇等。直到 1957 年,西多·苏思·吉赛尔(Theodore Seuss Geisel)的《戴帽子的猫》(*The Cat in the Hat*)出版,人们开始关注从儿童的视角来创作图画书。

进入 20 世纪中叶以后,图画书的创作进入繁荣和多元化时期,这一时期,莫里斯·桑达克(Maurice Sendak)创作的《野兽出没的地方》(*Where the Wild Things Are*)是具有里程碑意义的一本图画书,这本图画书承认了儿童的情绪与天性,让图画书成为了成人了解儿童、儿童读懂自己的一本书,从而推动了图画书创作理论的前进。在 20 世纪中期之前,许多图画书都是根据名著改编而来,如《爱丽丝漫游仙境》《绿野仙踪》甚至《格林童话》,但从 20 世纪 70 年代开始,图画书开始成为众多戏剧、电影创作的来源,如上述的几本图画书都被改编成电影。

图画书在中国的创作和运用也仅有很短暂的历史,丰子恺先生的漫画可以被认为是我国最早的接近现代图画书意义的作品。在进入 20 世纪 60 年代以后,各种根据名著、电视、电影改编的小人书成为了许多儿童的读物,但这些小人书还不是真正意义上的图画书,只是有插图的书。我国的香港和台湾地区较早地接触到了图画书这种文学类型,并得到较好的运用,内地直到 21 世纪初家长和教师才开始接触到图画书。随着国内一些出版社如明天出版社、二十一世纪出版社等翻译引进国外优秀的图画书,国内开始兴起了一股图画书热,许多从事图画书翻译、出版和推广的公司、网站、个人纷纷出现,许多教师在语言教学活动中开始采用图画书。同时国内原创的优秀图画书开始涌现,创作和出版了《团圆》《荷花镇的早市》《一园青菜成了精》、《葡萄》等图画书,这些图画书在内容、绘画风格等方面都达到了优秀图画书的标准,跻身于国际优秀图画书的行列。

二、优秀图画书的准则

当谈到什么样的图画书是一本"好的图画书"的时候,回想你在本章开头思考的第二个问题的答案,你是不是发现,你和其他同学对于一本图画书成为"好的图画书"的理由基本上是这样的:这本图画书能教给小朋友很多的道理;这本图画书能够教给小朋友知识;这本图画书很适合小朋友阅读;这本图画书里面的形象很可爱,符合幼儿的认知特点……回想一下,当你说这些理由的时候总是从幼儿的角度来思考的,但你是否问过,你自己喜欢吗? 为什么? 接下来,请你阅读《香香的被子》这本图画书,首先问一问自己:你喜欢这本图画书吗? 如果喜欢,为什么? 如果不喜欢,又是为什么?

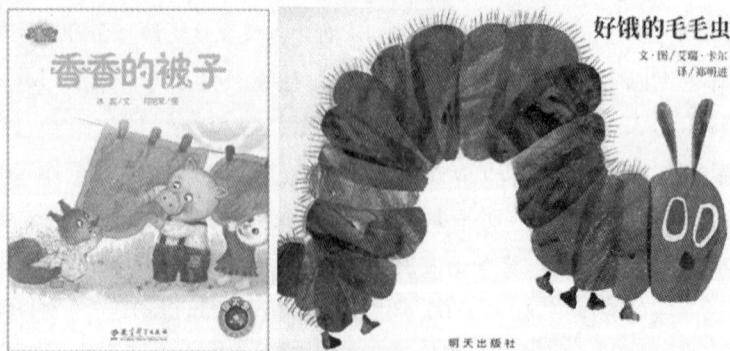

当看完《香香的被子》后,请再看看你的选择和理由,然后我们再来看一本图画书《好饿的毛毛虫》,同样是这样的问题:看完《好饿的毛毛虫》,你喜欢这本图画书吗? 如果喜欢,为什么? 如果不喜欢,又是为什么? 相比《香香的被子》,你觉得你更喜欢哪一本,为什么?

现在请你比较一下你对两本书的选择和理由,你现在对自己评鉴图画书的品味有了更深切的理解了吗? 我的选择是:我更喜欢《好饿的毛毛虫》。接下来,我将提出优秀图画书的四个准则,以供大家进一步参考,并具体阐释，为什么我会更喜欢《好饿的毛毛虫》这本图画书。

（一）一本好的图画书，要有一个好的内容

图画书是文字与图画共同传递内容的书，不同类型的图画书中，文字的要求各有不同，散文、韵文类图画书的文字要求形象、押韵、优美，科学知识类图画书的文字要求简洁、明确。因为大部分的图画书都是故事类图画书，因此优秀的图画故事书要符合前面我们提到的故事教学活动中优秀幼儿故事的特点，即具有文学性和语言性。

从文学性的角度来看，《好饿的毛毛虫》可以直接提取出这个故事中的主角"毛毛虫"，而且可以找到一个词"好饿"来形容它的人物特征，整个故事从星期一到星期六都体现了这个非常明显的人物特征；这个故事中所涉及的水果和食物是幼儿日常生活中可见的，尤其是星期六中的零食，这些零食恰恰是小朋友平时喜欢吃但却被大人禁止多吃的食物，看着这只毛毛虫，我们看到的似乎就是一个永不停嘴的小朋友，充满着儿童趣味；同时这个故事借用的是毛毛虫变成蝴蝶的过程来承载故事，毛毛虫变成蝴蝶是现实中真实存在的，但具体过程又是虚幻的，充满着想象的空间。从语言性的角度来看，《好饿的毛毛虫》的故事采用不断重复的句式"星期×，它吃了×个××，可是，它的肚子还是好饿"，这个不断重复的句式让幼儿对语言感兴趣，并在阅读过程中迅速地就能够运用；整个故事的句子不长，符合小班幼儿的语言发展水平；故事中呈现了丰富的词汇，如数词、量词、名词等，里面的词汇与幼儿的生活经验和语言经验相匹配，比如"好饿"、"又肥又大"等词汇；最后，因为这个故事采用了不断重复句式的方法，朗读起来富有韵律和节奏。

相比《好饿的毛毛虫》，你能找出《香香的被子》这本图画书中的主人公是谁吗？是"小松鼠"，还是"被子"？如果要用一个词来形容你找出的主人公，你会使用什么词？这个词所体现的人物特征在整个图画书中是怎么体现出来的？另外，你觉得这个故事有趣吗？为什么有趣？同时，这个故事中提到了"松软"等词汇，你觉得幼儿会怎么理解这些词汇？另外，你能够在胖小猪、小花猫、小山羊等动物晒被子的重复递进中找到什么韵律和节奏吗？对照着这些问题，你再来看看《香香的被子》，会发现虽然两本图画书似乎都能够在幼儿园教育的五大领域（语言、健康、科学、艺术、社会）给予幼儿教育的机会，从故事内容和语言的角度来说都适合小班年龄段的孩子，但高下之分，还是一目了然的。

因此，一本好的图画书，首先要有好的内容。内容是一本图画书的关键，而好的内容就在于是不是真的具有儿童趣味，从儿童的视角来反映幼儿的生活和想法，同时给予人思考和想象的空间。

（二）一本好的图画书，要有好的图画

故事图画书与故事最大的区别在于：故事图画书是有图画的，而且这个图画还必须是好的图画。要理解这个，请看下面两张图画，它们都是《小蝌蚪找妈妈》这个故事图画书的封面和故事最后部分的配图，请问，你喜欢哪一幅？为什么？

你是不是会选择右边的这一幅？是不是觉得这幅中画面颜色很鲜艳,画面中的青蛙妈妈很可爱,小朋友会很喜欢……请问,就你自己来说更喜欢哪一幅？看看旁边同学的回答,你是不是发现,许多同学自己喜欢左边一幅,但往往会给孩子选择右边这一幅？请你想想,为什么我们要把自己都不喜欢的东西给孩子呢？

到底什么样的图画是好的图画,图画书创作理论和解读方面的书会从构图、色彩、布局、细节等等这些方面给大家许多的建议,如果有兴趣,可以看看参考文献中列出的一些有关图画书阅读方面的参考书。我认为,就一本优秀的图画书来说,图画书中的图画最关键的是要能"传情达意"。

"传情达意"就是指图画书中的图画要表达故事中的意思,同时也要能够传递故事中人物的情绪和作者的态度。图画书中的图画首先要能"达意",一幅图画首先要能把文字故事或图画所要表达的故事表达清楚,试想一下,一个没有听过这个故事的小朋友看到上面两幅图画的时候,她(他)能说出一个什么样的故事情节？幼儿所叙说的情节能接近故事的原本含义的图画才是一个"达意"的图画。图画书中图画还要能"传情",当小蝌蚪经过千辛万苦才找到自己的妈妈的时候,你觉得它们会是什么样的心情？当青蛙妈妈看见久别重逢的孩子的时候,你觉得它会是什么样的心情？图画书中的故事反映的其实也是人类自己的生活,因此,思考上面这些问题的时候,也可以换成另外一种情形:一个1岁多的孩子和妈妈,妈妈早上去上班了,孩子在家里想妈妈,等妈妈下班的时候回到家,打开门的那一刻,你觉得一个有着良好亲子关系的孩子会有什么样的表现？孩子是不是迫不及待地想到妈妈身边,想抱着妈妈？妈妈是不是也迫不及待地想抱起孩子？你觉得上面的两幅图哪一幅更能体现出这样的情感呢？在图画书中,能很好地表达图画书中人物的情绪、态度、人格特点和故事氛围的图画才是能"传情达意"的图画,才是好的图画。

优秀图画书的创作者在创作图画的时候都费尽心思,甚至呕心沥血,因此优秀图画书中的每一幅图画都是"艺术品",这些艺术品不在于技法多么高超,色彩多么绚丽,最重要的是能够"传情达意"。而劣质图画书中的图画往往只能是"工艺品",这些工艺品都是一个工艺模子里面复制出来的,缺少了作者的思想和灵魂,也就难以激发阅读者的情绪和兴趣。具有"艺术品"价值的图画能培养幼儿的审美感受,引导幼儿通过阅读图画获取故事内容;而作为"工艺品"的图画可能非但不利于幼儿美感的培养,还会伤害幼儿的审美情趣。因此,在为幼儿选择图画书时,在评判图画书中的图画时一定要关注其是否能"传情达意"。

(三) 一本好的图画书,要有好的图文合奏

文字和图画是图画书的两大构成要素,但并不是有图有文的书都是好的图画书,松居直认为"文+图"的书只是"有插图的书",而"文×图"的书才是"图画书"。也就是说,优秀的图画书中的文字和图画,必须像音乐和舞蹈一样,两者够水乳交融;必须像合唱团一样,各个声部能融合统一。也就是说,一本好的图画书,要有好的图文合奏。具体来讲,"图文合奏"体现在两个方面:一是图画书中的图画要能表达"言外之意",二是图画书中的文字要能传递"画外之音"。以《搬过来搬过去》这本图画书为例,这本图画书是"鳄鱼爱上长颈鹿"系列的第二本,讲的是两个相爱的人要住在一起,但因为身高的差异遇到了种种不便。我们以他们搬到鳄鱼家这个片段为例,图画书中的文字是这样的:

不过,那儿并不理想,一点也不理想,长颈鹿走到哪儿都会撞到头;当她睡觉时,只要伸展一下身体,她就完全看不到鳄鱼了;当她想要坐得舒服一点时,同样的事又发生了。

当你看到这样的文字内容的时候,能想象出这个故事的画面吗？接下来就让我们来看一看作者达尼拉·库洛特所创作的图画书画面。

以上这个片段,如果你只是单独阅读文字,你能否想到鳄鱼的房子是什么样的？鳄鱼的房子里面有什么？长颈鹿撞到头的时候鳄鱼是什么反应？你可能更不会想到鳄鱼家后面的长衣柜里还能挂长颈鹿的衣服吧？但结合图画,你就会看到长长的长颈鹿在矮矮的鳄鱼家里是多么地"囧",而鳄鱼又是多么地关心,并且多么努力地在思考如何解决这个问题。你会看到,虽然有这么多不便,但两个相爱的人还是都洋溢着幸福的

不过，都元并不理想，一点也不理想，
长颈鹿走到哪儿都会撞到头。

当她睡定后，只要伸展一下身体，
她就完全看不到脚来了。

当她想要坐得舒服一点时，同样的事又发生了？

表情。这些都不是文字能够直接传达的，但图画所传达的这些"言外之意"是整个故事情节重要的组成部分。同样，如果没有文字，你单看这三幅图画，会猜测出什么故事呢？你是不是更多地描述一下画面却缺乏故事，但一旦配上文字，就让这个画面充满了情绪。比如第一幅画面配上"一点也不理想，长颈鹿走到哪儿都会撞到头"的文字，让读者或听者一下子就能将长颈鹿弯曲的头理解成"撞头"，从而迅速把握图画和故事意义；同时两个"不理想"把现实的窘境表达出来，这种"画外之音"把故事中的旁白或故事中人物的对话传递出来，帮助读者准确地理解画面的故事、情绪。图画和文字共同讲故事，各司其职又相互交融，为读者提供视觉和听觉的信息输入，从而形成通感，构成了图画书阅读中的立体空间。因此一本好的图画书，要有好的图文合奏。

（四）一本好的图画书，要有精心的版式设计

前面提到优秀的图画书中的图画应该是"艺术品"，实际上，一本图画书从设计上也应是"艺术品"。一本图画书的封面、环衬、扉页、封底、版式、材质、封装等都要与图画书的整体相融合，成为图画书中不可或缺的一部分。比如在《我爸爸》这本图画书中，书中的前后环衬都是爸爸睡衣的格子纹图案，这种格子纹图案贯穿了整个图画书，书中的每个形象穿的都是这件格子纹的睡衣，让幼儿在阅读的时候能够形成亲切感，并且知道书中的每个形象都是"爸爸"。又如《胆小如鼠的巨人》，这是一本很奇特的图画书，必须从两头开始读，而这种设计就让胆小如鼠的巨人和胆大包天的老鼠在图画书中有了交集。另外有些图画书不只是在正文有故事，在封底也有故事，如《蚯蚓的日记》。

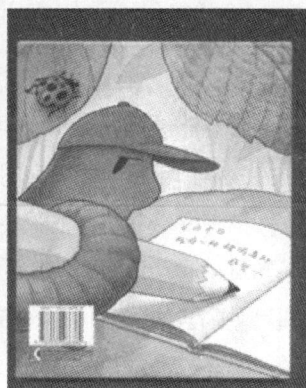

每一本优秀图画书创作本身就有一段段有趣的故事，从这些故事中我们可以看到创作者的艰辛；从一本图画书的版式设计中，我们也可以看出创作者或出版社是否真的用心在创作和出版一本图画书。在阅读这些图画书的时候，我们能够感受到这种用心，并将自己的阅读体会跟作者的用心真正交融在一起，产生共鸣。

三、图画书阅读与学前儿童发展

阅读是从书面语言材料中获取信息、建构意义的过程。学前儿童的阅读不同于成人的阅读,其中最大的区别在阅读材料和阅读对象上。在阅读材料上,成人主要阅读报纸、书刊、网络信息等,而学前儿童主要以阅读图画书为主;在阅读对象上,成人的阅读主要以文字为主,而学前儿童的阅读遵循着"从图画到文字"的过程(周兢,2011),而且主要以图画为阅读对象。在学前阶段,阅读图画书对儿童的发展具有重要作用。

首先,图画书阅读促进学前儿童认知发展。儿童认知的发展包括感觉、知觉、记忆、语言、思维、想象等方面,儿童图画书阅读充分体现了儿童认知发展的特点和需求。在图画书阅读中,儿童获得的对画面整体和细节的观察、对主角和背景的认知是幼儿感觉和知觉能力的重要体现;学前儿童在阅读过程中对主角和物体的指认,在阅读之后对内容的回忆是幼儿记忆能力发展的重要表现;同时图画书阅读中对故事过程的猜测、假设、验证,以及对图画书内容或主旨的判断是幼儿思维能力发展的重要表现。因此,图画书阅读既能为学前儿童的认知发展提供机会,同时也能通过丰富的阅读材料、参与式的阅读过程促进学前儿童的认知发展。

其次,图画书阅读促进学前儿童情绪和社会性发展。学前儿童的情绪情感能力包括情绪认知、情绪行为。在图画书阅读中对主角情绪状态的认知、对角色情绪状态的归因是学前儿童情绪认知能力的重要体现;在认知角色形象后,能够根据情景和自身经验再现角色的情绪,并对角色的情绪和境遇产生移情反映,是幼儿情绪行为能力高低的重要表现。在图画书阅读的前后,观察幼儿能否辨别何种是受欢迎的亲社会行为,何种是不恰当的社会行为,并能在生活中对自己的行为进行有意识控制,表现出受欢迎的亲社会行为。当前许多的图画书都跟学前儿童的情绪管理、社会性发展、亲子关系等主题有关,通过阅读这些图画书,能够促进学前儿童情绪和社会性的发展。

再次,图画书阅读促进学前儿童人格的形成与发展。学前儿童人格的发展包括自我意识的形成,性格和个性的初步发展。当前许多的图画书与学前儿童的自我认知、个性特征有关,如《我不知道我是谁》、《我的名字克里桑丝美美菊花》、《换一换》等。在这些图画书的阅读过程中,学前儿童获得对图画书中主角性格、个性的认知,并结合自己的生活经验,表达自己的想法,从而在生活中根据阅读所获得的经验来调控自己的行为,逐步意识到自己的特点、自己的喜好,初步调适自己的行为,表现出良好的个性。

第二节　图画书阅读活动的核心经验分析

当大家已经开始能选择优秀的图画书时,是否已经迫不及待地想跟幼儿一起来分享这些优秀的图画书?且慢,请大家想一想,你觉得在图画书阅读活动中到底要培养幼儿什么能力呢?以《搬过来搬过去》为例,你觉得阅读这本图画书要培养幼儿何种能力,希望幼儿获得何种知识呢?如果你列出来的是跟社会教育有关的目标,比如"知道小朋友们要相亲相爱",那请问,在这个活动中幼儿语言学习和发展的目标体现在哪些方面?如果你列出了"了解故事内容"这样的目标,那请问,这种目标和前面所提的"故事教学"的核心经验和教学目标有什么区别?另外,请你回忆一下,在你所实践或观摩的一些图画书阅读活动中,你觉得这些活动跟有挂图的"故事教学"有什么区别?跟"看图讲述"活动有什么区别?

这些问题是不是突然让你无所适从了呢?没关系,因为这些问题恰恰是当前我们许多幼儿园在开展图画书阅读教学过程中表现出来的"误区",要避免这些误区,就要明确在图画书阅读活动中,幼儿到底要获得什么样的学习与发展的核心经验,让我们的图画书阅读活动指向这些核心经验,促进幼儿图画书阅读核心经验的发展。

一、图画书阅读活动中幼儿语言学习与发展的核心经验分析

图画书阅读的核心经验是支持幼儿在终身学习中成为一个成功阅读者必备的经验，是一个有着良好阅读能力的幼儿应该具备的态度、行为和能力。综合各国幼儿教育阶段对幼儿在阅读上的期望或标准，我们认为一个有着良好阅读能力的幼儿，应该表现出对阅读的浓厚兴趣和正确的阅读行为；一个有着良好阅读能力的幼儿，还能在成人指导或独立阅读过程中获得所阅读图画书的基本内容，同时学会阅读的基本方法，即学习阅读（learn to read）并在阅读中学习（learn by reading）；一个有着良好阅读能力的幼儿，还应该能初步通过多种方式表达对所阅读内容的理解，形成和表达自己的看法，对人物特征和内容主旨进行评判。当一个幼儿在入小学前，具备了这些行为和能力，他（她）在今后以文字为主要阅读材料的阅读过程中，就会形成终身阅读的良好习惯，并发展和具备独立阅读、自主阅读的基本能力。为此，我们根据幼儿在一本图画书上的阅读历程，将幼儿图画书阅读过程中所需要学习和发展的核心经验划分为三个范畴：（1）良好的阅读习惯和阅读行为；（2）阅读内容的理解和阅读策略的形成；（3）阅读内容的表达与评判。以下我们将具体结合《大卫不可以》这本图画书来阐释各个范畴的核心经验内涵及其发展阶段。

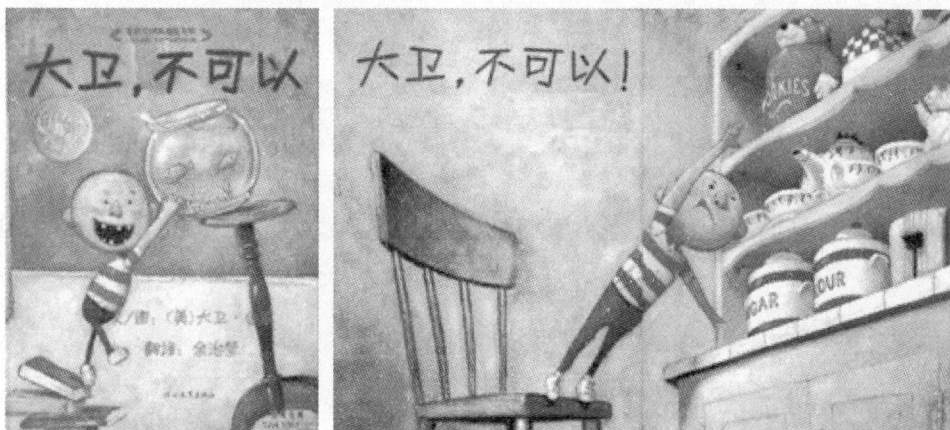

（一）良好的阅读习惯和阅读行为

《3—6岁儿童学习与发展指南》中指出幼儿要在3—4岁的时候从"主动要求成人讲故事，读图书"逐渐发展到5—6岁的时候"喜欢与他人一起谈论图书和故事的有关内容"，这正反映了对幼儿在阅读习惯上的期望，同时指出的幼儿要在3—4岁的时候从"爱护图书，不乱撕、乱扔"逐渐发展到5—6岁的时候能"专注地阅读图书"反映的是对幼儿在阅读行为上的期望。我们认为这个核心经验主要包括三个方面：一是良好的阅读习惯，二是获得图画书的基本概念，三是形成正确的图画书阅读行为。

良好的阅读习惯主要表现为：幼儿愿意亲近图画书，愿意与成人一起阅读图画书，在空余时间（如餐前、睡前）会积极、主动地选择阅读图画书，养成每天阅读的习惯。获得图画书的基本概念主要表现为：知道图画书的标题，能指出图画书故事开始和结束的页面，熟悉图画书的结构，了解环衬和扉页在图画书中的作用。形成正确的阅读行为主要表现为：幼儿不撕书、不乱扔书，会整理图画书；掌握图画书的翻阅规则（如从前往后翻、一页一页翻）；能跟随成人的阅读指认图画书中的物体，认真观察图画书的画面和文字信息；逐渐能专注地、保持较长时间的阅读。

幼儿这个范畴核心经验的学习和发展需要家庭和幼儿园共同努力，让幼儿在家庭中就能亲近图画书，并且有跟父母进行亲子阅读的机会。在幼儿园的集体教学活动中，教师重点是去纠正幼儿一些不良的阅读习惯（如影响别人阅读）和不良的阅读行为（如撕书、乱扔书），同时引导幼儿学习基本的翻书技能，学习观察图画书中的物体和形象，逐渐能较长时间地阅读一本图画书。在《大卫不可以》这本图画书的阅读中，幼儿可以

学习上述所提到的有关"良好的阅读习惯和阅读行为"中的大部分核心经验,如阅读这本有趣的图画书;学习从前往后,一页一页翻书;能够专注地把这本图画书阅读完;在觉得这本图画书有趣的时候,愿意多次和家长或教师阅读这本图画书,并将这本图画书与其他的小朋友分享。

(二) 阅读内容的理解和阅读策略的形成

幼儿独自翻阅一本图画书或在成人的带领下阅读一本图画书时,需要通过画面或成人的讲述了解图画书的基本内容。如果是一个故事,幼儿就要通过阅读了解故事中有谁、在哪里、发生了什么事情,从而获得对故事中的时间、人物、地点的感知和情节的理解。因此,学前儿童在图画书阅读过程中需要获得有关"阅读内容的理解和阅读策略的形成"的经验。《3—6 岁儿童学习与发展指南》要求 3—4 岁幼儿"会看画面,能根据画面说出图中有什么,发生了什么事等",5—6 岁幼儿"能说出所阅读的幼儿文学作品的主要内容",反映的正是对幼儿"阅读理解"的期望。同时,在阅读的过程中,幼儿需要逐步获得一些基本的阅读策略,如预期、假设、比较、验证等,这些策略的获得有助于幼儿更准确地理解图画书的内容,有益于他们在后期学校教育中自我调节,最终走向自主阅读。具体来说,这个范畴的核心经验包括"阅读内容的理解"和"阅读策略的形成"。

1. 阅读内容的理解

阅读内容的理解主要指对主角形象的感知,对主角行动和主角状态的理解,对图画书内容前后关系和意义的理解。一个幼儿要能读懂图画书就必须在阅读过程中迅速识别图画书中的主角,观察图画中人物的形象、动作、表情和姿态,理解不同人物之间的关系,理解每个画面所传递的内容,通过对细节的观察,进一步理解图画书中人物的心理状态,如情绪、态度和想法等。为了更好地理解这个范畴的含义,请观察《大卫不可以》一书中的第 1—2 页,你觉得这个画面表达了什么意思?请你用尽可能长的一段话来表述这个画面。

以下是一位幼儿的描述:

有一天,大卫觉得肚子有点饿了,他看到柜子上有他最喜欢吃的糖果,他搬了一张椅子,自己站在椅子上面,想伸手去拿糖果,但他太矮了,还是够不着,差点就要跌下来了,妈妈发现了,在后面大喊:"大卫,不可以!"

你会发现,是不是这个小朋友的描述跟你的表述在主要内容上都差不多?这些主要内容都要包含这个画面上"有谁"、"在哪里"、"干什么"或"发生了什么事情"这几个最基本的要素;阅读能力更好的幼儿还会加入主角人物的表情和心理状态或细节,如"饿"、"椅子"、"什么样的糖果"、"大卫站在椅子边";随着阅读能力的提高,幼儿还会关注:这个柜子在哪里?除了有糖果,还有其他什么东西?即随着幼儿阅读能力的发展,关注的画面内容越多,对心理状态等的关注越多,对细节的关注越多。

2. 阅读策略的形成

形成初步的阅读策略是指幼儿在阅读的过程中要发展出猜测(猜测发生过什么事情,猜测事件的原因)、预期(预期会发生什么事情,主人公会经历什么事件,有何种情绪)、假设(对已发生事情的另一种假定,从而想象一个可能不同的结局)、比较(对人物情绪、动作、状态前后变化的比较)和验证(根据画面内容评判自己的预期或猜想是否正确)等阅读策略。一本图画书,尤其是故事图画书往往有着因果关系,前面的故事是后面故事的原因,因此幼儿要获得对图画书内容的完整理解就要在图画书阅读过程中学习进行预期、假设。在阅读之后进行比较和验证,从而获得对图画书多样化的认识,在图画书阅读过程中充分发挥自己的想象,锻炼自己的观察力和思维能力。比如在《如果你给老鼠吃饼干》这本图画书中,幼儿需要不断地进行预期、假设和验证。为了更好地理解这个范畴核心经验的含义,请阅读《大卫不可以》一书中的第 15—16、第 27—30 页,你觉得在这些页面中幼儿需要运用什么样的策略才能更好地形成对图画书内容准确、深入、多样化的理解?

在第15—16页中，幼儿要更好地理解这个画面的意思，除了要思考"阅读内容的理解"这个范畴核心经验所要观察的内容，还需要思考"大卫为什么会在身上弄这么多泥巴？"，"为什么妈妈跟他说'不可以'？"，"妈妈说了'不可以'之后，大卫会怎么做？"，"如果你是妈妈，你会怎么做？"，这些问题的回答就需要幼儿进行假设、猜想和预期。同样，在第27—28页的阅读中，幼儿要思考"妈妈让大卫到哪里去？"，"妈妈会对大卫做什么？"，从而去预期和猜测。而阅读了第29—30页之后，幼儿就需要对自己原有的想法进行验证："原来妈妈是要给大卫一个拥抱"或者"妈妈原谅了大卫"。在《大卫不可以》这本图画书中，几乎每个页面上都能发展幼儿猜测、预期、假设、比较、验证的阅读策略，其中最主要的阅读策略是猜测和预期策略。

（三）阅读内容的表达与评判

一个有着良好阅读能力的幼儿，在阅读一本图画书之后，不仅能知道图画书的作者说了什么，还应能较为完整、准确地叙述图画书内容，初步结合自己的阅读和生活经验，通过多种方式表达自己对图画书的理解，并在生活中运用图画书阅读中获得的经验；同时还应能对图画书中的人物、主旨形成自己的看法，进行自己的判断和思考。这就是幼儿在阅读过程中对阅读内容的表达与评判的经验。《3—6岁儿童学习与发展指南》提出幼儿在5—6岁的时候，应能"对看过的图书、听过的故事能说出自己的看法"，反映的正是对幼儿在这个经验上的期望。根据已有研究，我们认为这个范畴的核心经验主要表现为能叙述阅读内容，并在生活中回忆和迁移图画书内容；对图画书的人物特征、故事主旨形成自己的理解和判断。

"能叙述图画书内容"主要是指幼儿能完整、准确地将图画书中的人物、事件发生的时间、地点、经过和结果等叙述出来，在叙述的过程中能表现出图画书中人物的情绪、动作、形态，能使用准确的词汇，甚至使用与图画书一致的词汇或句子来叙述图画书故事。"在生活中回忆和迁移图画书内容"主要是指在生活和阅读中会回忆图画书阅读中相同或相似的情节、画面，能尝试用图画书中人物行为来指导自己在日常生活中的行为，会在生活和阅读中使用图画书阅读中所学习到的词汇。"对图画书的人物特征、故事主旨形成自己的理解和判断"是指幼儿在阅读完一本图画书之后会表达自己对图画书喜欢与否，并明确自己喜欢的原因和具体喜欢哪一部分；会对图画书中的人物进行评价，对主要人物的道德品质、人格特征进行总结和判断；表现出对故事中相关主题或内容的质疑，并说明自己的理由。请阅读《大卫不可以》，并思考，这本图画书能够给幼儿提供何种"阅读内容的表达和评判"核心经验发展的机会？这些机会在这本图画书中具体是如何体现出来的呢？

根据《大卫不可以》这本图画书的内容，可以发现，在"阅读内容的表达与评判"这个核心经验上，幼儿可以将观察画面所看到的"谁、做了什么、妈妈怎么样，结果怎么样"这样的图画书内容表达出来，并在叙述的过程中使用比较清晰和固定的句子结构，使用"生气"、"我爱你"等词汇，从而能在如上文所提到的将一个画面描述出来之后将整本图画书叙述出来。大卫的很多行为实际上也是幼儿日常生活中会表现出来的，如看电视、不睡觉等等，当阅读到这样的内容后，幼儿能否想起自己在生活中的一些表现，以及日常生活中能够在成人的提醒下回忆大卫这些行为，从而约束自己。幼儿在阅读过程中还可以回忆妈妈在自己出现这样的行为后是什么样的表现，自己的心情怎么样，从而在生活中迁移《大卫不可以》这本图画书内容。最后，当幼儿阅读完这本图画书后，需要思考"大卫是一个什么样的孩子？""你喜欢大卫吗？""妈妈为什么每次说'不可以'

(很生气),但最后又对大卫说'我爱你'?"这些问题能够帮助幼儿更深入地了解这本图画书的内容和主旨。

"良好的阅读习惯和行为"、"阅读内容的理解与阅读策略的形成"和"阅读内容的表达与评判"这三个核心经验贯穿了幼儿阅读一本图画书的整个过程。通过正确的翻书,仔细观察图画书中的形象,运用各种阅读策略来理解图画书内容,通过组织自己的语言将所理解的图画书内容表达出来,在生活和阅读中回忆和迁移,并对图画书中的人物和主旨进行评判,这个过程保证幼儿对图画书内容能够有着完整、深入的理解,最终支撑起自主阅读所需要的最基本能力。

二、图画书阅读活动中幼儿语言学习与发展核心经验的层次关系

上文所列出的幼儿图画书阅读中所需要学习和发展的核心经验,不仅是幼儿在阅读活动中需要运用从而帮助自己更好理解图画书内容的核心经验,同时也是在图画书阅读活动中教师需要帮助幼儿学习和获得的核心经验。因此,在图画书阅读活动之前,教师要注意对图画书中能够体现出来的核心经验进行详细的分析,即拿到一本新的图画书后,教师通过仔细阅读,认真分析:这本图画书到底能够培养幼儿什么样的阅读习惯和阅读行为? 这本图画书需要幼儿在阅读过程中如何观察画面,需要进行什么样的猜测、假想和验证? 这本图画书能够提供给幼儿何种在生活中回忆和迁移的机会,能够培养幼儿何种评判性思维? 从而在图画书的阅读过程中帮助幼儿学习和获得这些核心经验,并在阅读过程中积极引导幼儿运用这些核心经验。

在列出一本图画书中幼儿所需学习和发展的阅读核心经验后,教师需要考虑的一个问题就是如何处理这些核心经验在教学活动之间的关系。在处理这些核心经验的关系过程中,教师需要注意三点:

(一) 确定最凸显的核心经验

由于创作者的观念、意图不同,直接导致不同图画书所凸显的核心经验的不同,比如《好饿的毛毛虫》在培养幼儿的翻书技能以及阅读内容的表达方面就比较凸显,而同样这位作者(艾瑞·卡尔)创作的另外一本《棕色的熊,棕色的熊,你在看什么?》却能够很好地培养幼儿的猜测和验证的阅读核心经验。

在确定一本书最凸显的核心经验时,许多教师都会发现,一本书里面似乎三个范畴的核心经验都会涉及,但是到底哪个是最凸显的核心经验呢? 结合优秀图画书的标准可知,幼儿所阅读的图画书往往会有重复性的情节,因此这些重复性的情节中最能凸显出来的元素就可以确定为这本图画书中最凸显的核心经验。比如在《大卫不可以》这本图画书中,全书重复性的情节就是大卫的行为和妈妈的"不可以",在这个情节中,幼儿最需要运用的核心经验就是阅读内容的理解、猜想和预期的阅读策略和阅读内容的评判。

(二) 关注不同年龄段幼儿核心经验发展的重点和发展阶段

一本图画书能够给幼儿提供多种图画书阅读核心经验的发展机会,但不同年龄段幼儿所需要学习和发展的核心经验重点应有所区别。在小班的时候,重点应是培养幼儿的良好阅读习惯和行为,通过图画书阅读让幼儿亲近图画书,掌握翻书的基本方法;初步发展对阅读内容的理解,学习观察画面,能说出画面中的人物和物品。在中班的时候,幼儿应重点发展对阅读内容的理解,通过对画面的观察,形成对图画书内容的完整、准确理解;能够用完整和准确的语句和词汇表达自己对图画书内容的理解;逐步发展阅读图画书所需要的阅读策略,会初步在阅读活动中运用这些策略。在大班的时候,幼儿应重点形成阅读策略,对图画书内容进行初步的评判。

以《大卫不可以》为例,这本图画书既可以在小班上,也可以在中、大班幼儿中开展活动,但面对不同年龄阶段的幼儿,所关注的核心经验也应该有所不同。如果是小班的幼儿,则应主要放在翻书的技能和对图画书内容的初步了解上;如果是中班的幼儿,应重点关注阅读内容的理解和对阅读内容的初步表达;而如果面对的是大班幼儿,则应把重点关注阅读策略的获得和对阅读内容的评判。这样层次性的递进,才能保证幼儿在学前阶段获得未来自主阅读所需要的核心经验。

有时,不同年龄的教学活动都会涉及同一个核心经验,这个时候就要根据幼儿年龄发展阶段和核心经验的掌握水平来确定不同年龄阶段所要关注的核心经验。同样是在《大卫不可以》这本图画书中,小班、中班和大班可能都会涉及"阅读内容的理解"这个核心经验,但要明确不同年龄幼儿在这个核心经验上有着不同的发展阶段:小班幼儿在这个核心经验上的表现水平大致只能准确指认画面上的物体,简单描述单个画面上的情节;中班幼儿在这个核心经验上的表现水平则是能主动观察画面中的人物、动作,对情节的描述更加丰富;而大班幼儿在这个核心经验上则应表现为能细致观察图画书中人物的表情、动作、姿态等,会关注图画书的细节,并能进行完整、准确地表达。因此,即使是同一个核心经验,教师也要针对不同年龄幼儿在核心经验上的发展阶段来预设不同的教育目标,从而形成幼儿核心经验发展的"最近发展区",促进幼儿核心经验的发展。

(三) 理顺不同经验在教学过程中的顺序

虽然三个范畴的核心经验会随着幼儿年龄的不同在教学活动中会有不同的侧重点,但每个核心经验都不是空中楼阁,这三个核心经验在发展的逻辑上有一定的顺序性。一般而言,幼儿需要养成良好的阅读习惯,形成良好的阅读行为,学会正确翻书,才有可能准确地理解图画书内容,并且通过阅读策略深入理解图画书的内容;在理解内容的基础上,幼儿才能在阅读和生活中进行回忆、迁移和运用,并对图画书内容作出评判。

因此,在教学活动中,虽然不同年龄阶段的教学活动在核心经验上会有不同的侧重点,但也需要根据一定的逻辑,从较基础的核心经验开始,逐渐过渡到较高级的核心经验,或者对同一个核心经验来说,从较低水平逐渐发展到较高水平。仍然以《大卫不可以》为例,在中班开展这本图画书阅读教学活动,教师侧重点放在阅读内容的理解和阅读策略的初步形成,但教师仍然要从幼儿基本的阅读行为开始,引导幼儿先通过正确的翻书行为来理解图画书内容;同样,如果是在大班开展这本图画书的阅读教学活动,教师就应先让幼儿通过翻书、观察画面内容的基础上,再重点关注阅读内容的表达和评判上。

第三节　图画书阅读活动的组织与教学策略

当我们已经发现了很多优秀的图画书,并从图画书的阅读中获得感悟和快乐的时候,我们就会想把这本图画书与幼儿分享;当我们已经分析出了一本图画书能够给幼儿提供的阅读核心经验发展机会之后,我们怎么样把自己阅读的一本图画书,通过图画书阅读活动,让幼儿也能学会阅读,获得阅读的快乐,并且得到阅读核心经验的成长呢? 这就依赖于我们图画书阅读教学活动的组织与教学。接下来,我们将具体阐释集体教学活动形式下图画书阅读活动的组织与教学。

一、图画书阅读活动的组织

当教师面对不同年龄阶段和不同阅读水平的幼儿时,所关注的阅读核心经验也应有所不同。本部分将主要将对象聚焦在大班幼儿,以《大卫不可以》一书为例,来阐释图画书阅读教学活动的基本活动环节,并介绍在各个环节可以运用的教学策略。

(一) 激发阅读兴趣

兴趣是最好的老师,阅读兴趣是幼儿亲近图画书,喜欢阅读的源泉,因此教师在教学活动伊始,要注意通过有效策略吸引幼儿的注意,激发幼儿的阅读兴趣。在这个环节教师往往会使用以下策略之一:(1)教师会利用以往阅读过的图画书导入,比如要开展《我妈妈》的阅读活动,教师会让幼儿先回忆以前阅读过的《我爸爸》这本书的相关内容,从而导入到《我妈妈》这本图画书的阅读;(2)教师会从幼儿的生活经验来进行导入,比如在阅读《蚯蚓的日记》时,教师会先通过提问"关于蚯蚓,你知道什么?"来帮助幼儿回忆自己已有的生活经验,从而导入到《蚯蚓的日记》这本书的阅读;(3)教师会通过呈现图画书的封面,让幼儿观察图画书的封面,并说出图画书的名字,引导幼儿思考图画书的内容,比如在《好饿的毛毛虫》的阅读教学活动中,教师会呈现图画书的封面,问"这上面有什么?","这本书的名字叫'好饿的毛毛虫',为什么说它好饿呢?",从而激发幼儿阅读图画书的愿望。

比如在《大卫不可以》这本图画书的阅读教学活动中,教师可以有如下激发幼儿阅读兴趣的策略:(1)出示图画书的封面,引导小朋友观察画面中大卫想做什么? 在做什么? 请小朋友们思考"这样做对不对?"如果妈妈看到大卫这样做,妈妈会说什么? 从而引出图画书的名字《大卫不可以》,吸引幼儿阅读这本图画书,"那大卫还会做什么? 妈妈会对大卫说什么呢?"(2)请幼儿回忆自己最喜欢妈妈说的一句话是什么? 最讨厌妈妈说的一句话是什么? 然后引出"有个小朋友叫大卫,最近他很讨厌听到妈妈说的一句话,你猜是什么话?",出示图画书的封面,重点提示"大卫不可以",吸引幼儿在图画书阅读中来思考。(3)教师请幼儿回忆《大卫上学去》这本书的内容,然后说"大卫这次又来了,那这次大卫又会发生什么事情呢?"从而引出图画书。这三个策略,第一个和第二个策略使用较多,第三个策略在系列图画书的阅读活动中会运用得较多。

(二) 教师提出阅读指导,儿童自主阅读

教师在激发幼儿的阅读兴趣之后,不是让幼儿盲目地去阅读,而是要让幼儿带着阅读的目的或要解决的问题来阅读图画书,因此,教师在幼儿开始独立阅读前,要进行阅读指导,提出阅读的目的,而后在幼儿自主阅读过程中进行随堂指导。

教师的阅读指导侧重在两个方面:一是有关阅读过程中的行为,比如提醒幼儿如何翻书,阅读的时候应该遵守的规则,如不要影响其他的幼儿,轻轻地跟旁边的幼儿交流,以及阅读到第几页(或某一个特定的页面);二是提示幼儿阅读的重点,重点关注什么,鼓励幼儿形成自己的故事,或是作出某种推测、判断。

在幼儿自主阅读的过程中,教师主要是进行随堂指导,重点在三个方面进行指导:一是了解幼儿的阅读状况,掌握幼儿在相关核心经验上发展到何种程度,对什么画面特别感兴趣,在哪个画面上有理解困难;二是在随堂指导过程中随时指导幼儿的阅读行为,鼓励幼儿的阅读表现,解决个别幼儿的问题;三是倾听幼儿在阅读过程中形成的阅读理解,表达教师对幼儿的关注。

因此,在《大卫不可以》这本图画书的阅读教学过程中,教师激发幼儿的阅读兴趣之后,在给幼儿分发图画书(或在幻灯片上呈现图画书)之前,可以先提示幼儿翻书的行为:"注意从前往后翻,一页一页慢慢看。"然后提出阅读的目的:"看看大卫做了什么事情? 妈妈对大卫说了什么? 妈妈为什么要对大卫说这样的话?"最后还可以提示幼儿只阅读到第 26 页(或大卫坐在墙角的那一页)。在随堂指导的过程中,教师可以提示幼儿不要跳页阅读;倾听幼儿在边阅读边叙述的故事,适宜的时候进行提问式插话,引导幼儿更加详细地观察,如"为什么妈妈要对大卫说'不可以'呢"。在大部分幼儿都已经阅读到第 26 页的时候,教师可以提醒时间"还有 1 分钟",结束这个阶段幼儿的自主阅读活动,从而进入集体阅读阶段。

(三) 集中阅读,解决关键页

在教师的指导下初步阅读了图画书之后,幼儿对图画书有了初步的理解,但有的幼儿的理解可能只停留在兴趣层面;有的理解只停留在单个页面上的内容,没有形成完整的情节。在这个阶段,教师就要开展集中阅读,通过对关键页的阅读,起到两个方面的作用:一是帮助幼儿准确、深入理解图画书内容,二是帮助幼儿获得阅读核心经验的成长。

在集中阅读阶段需要教师和幼儿集中阅读的关键页主要包括:一是阅读核心经验发展的示范页,图画书

的主体情节基本都是按照相似故事结构展开的,因此,教师针对某一页与幼儿开展集中阅读,帮助幼儿学习阅读该画面所需要的方法和策略,可以引导幼儿利用这些方法和策略去修补自己对其他页面的理解,从而获得对图画书内容更全面的认识;二是图画书内容理解的重点页,故事类图画书在情节不断重复之后,会进入到高潮部分,往往是故事的转折,体现这种情节转折内容的页面就是图画书内容理解的重点页,对这类画面的理解能帮助幼儿形成完整的故事情节,并激发幼儿持续阅读、探究故事结尾的兴趣;三是幼儿在阅读理解中遇到的难点页,有些图画书页面在画面上比较复杂,幼儿通过画面的阅读不能清晰地获得图画书的内容,这类画面就是幼儿在阅读理解过程中遇到的难点页;四是幼儿在阅读过程中的兴趣页,幼儿在阅读的过程中会因为自己的知识经验、认知水平、兴趣爱好不同偏爱图画书中的某一页,对这些画面的集中阅读有助于创设让幼儿表达对图画书内容的理解、分享自己想法的机会。在这四种类型的页面中,示范页有时和兴趣页以及难点页是同一页,教师就可以在发现幼儿兴趣或难点的基础上关注示范页上幼儿核心经验的发展;重点页有时也会和兴趣页和难点页重叠,教师就需要因势利导通过对重点页的阅读激发幼儿持续阅读的兴趣或解决幼儿的阅读困难。

这个阶段是图画书阅读活动的主体部分,占据一个图画书阅读活动一半以上时间,在活动前教师自己要仔细阅读和分析图画书,并结合图画书阅读核心经验的分析,确定图画书阅读的重点页和核心经验发展的示范页,并在前面幼儿自主阅读阶段仔细观察幼儿的理解水平,发现幼儿阅读的兴趣页和难点页。在具体的教学过程中,教师可以采用以下教学步骤:(1)先通过一个问题"你看懂了哪一页"或"你想跟小朋友们分享哪一页上的故事",请其他幼儿找到相应的页面,让分享幼儿在集体面前讲述自己最感兴趣的页面上所理解的故事。在这个过程中,教师可以通过提问引导幼儿补充自己所阅读的内容,也可以询问其他幼儿是否也看懂了这一页或喜欢这一页,并分享自己的理解,教师归纳不同幼儿在同一页上的理解,通过提问引导幼儿学习观察、推断和描述,从而发展阅读的核心经验。(2)通过"还看懂了哪一页?"或者"有小朋友看懂了这一页吗?"的问题,引导幼儿运用核心经验重新观察其他图画书的画面尤其是难点页,在幼儿表达所阅读的图画书的内容时,教师可以通过PPT、图谱等鹰架策略帮助幼儿梳理出图画书的基本内容,教师在总结幼儿的表达时,可以用图画书中的文字来进行完整表达。(3)在图画书的主要情节和内容的阅读和梳理之后,教师可以出示图画书阅读中的重点页,引导幼儿去猜测故事的结尾,在幼儿自主阅读完图画书的剩余或结尾部分后,教师可以通过"后来怎么样了?"这样的问题,引导幼儿表达自己从图画书内容中所获得的信息和理解。

在这个环节中,教师可以通过提问来引导幼儿观察,帮助幼儿连贯表达,也可以让幼儿表现图画书中人物的表情、形态和动作,或与幼儿合作表现图画书中人物的对话来加深对图画书内容的理解。

在《大卫不可以》这本图画书阅读的这个环节,教师可以用"你最想说说大卫做的哪件事? 在第几页?"将PPT或大书的页面翻到幼儿提到的页码,让幼儿表达自己在相应画面上的理解,在这个过程中,教师要针对阅读的核心经验以提问的方式让幼儿进一步观察画面,补充画面内容。通过这种方式引导幼儿掌握这本图画书的主要情节并发展幼儿的阅读核心经验,在这个过程中,教师可以通过提问"大卫为什么要这么做呢?","你看看大卫现在的表情是怎么样的? 你觉得他心情怎么样?"这样的问题,也可以让幼儿学一学妈妈说话的语气,"如果你是妈妈,你会说什么?"幼儿每叙述一个画面,教师可以用图谱或PPT的形式把这个画面中大卫的行为和妈妈的话语梳理出来。在把第26页之前的画面阅读完了之后,教师可以让幼儿回顾所梳理的内容:"看看大卫做了这么多让妈妈生气的事情,妈妈说了这么多不可以的话之后,你觉得妈妈会对大卫怎么样?"让幼儿去猜测并叙说自己的想法,然后引导幼儿阅读第27—30页,"妈妈对大卫做了什么呢? 请小朋友从第27页一直阅读到最后,就能找到答案了",在幼儿阅读完之后,教师引导幼儿将结果表达出来。

(四) 师幼合作完整阅读

通过环节(三),幼儿已经基本上获得了对图画书内容的完整理解,并且学习和运用了新的图画书阅读所需发展的核心经验。但幼儿往往容易就单一画面形成完整的理解,还需要对图画书的完整内容形成一个清晰概念,同时在环节(三)中,教师往往会采用提问、表现图画书中的动作、表情或形态、师幼合作表现图画书中的对话等活动性比较强的活动,因此在环节(三)之后,教师应开展师幼合作,完整地阅读整本图画书。

这个环节首先要做到完整阅读,教师可以以"这么有趣的一本书,那让我们一起完整阅读一遍"为引导,从封面和标题开始,一页一页进行阅读,在这个部分,教师与幼儿一样拿着一本小书,教师边念书中的文字,幼儿再次观察相应页码的画面;其次要做到师幼合作,在这个过程中,教师可以把书中的旁白文字念出来,引导幼儿说出其中一个人物的话语,或者到了教师在集体阅读中重点分析过的一个词汇或句子部分,故意拖长音,暗示幼儿接上相应的词汇或句子。比如在《好饿的毛毛虫》时,教师在阅读到"星期一,它吃了一个……",通过眼神示意小朋友说出"苹果",教师然后朗读"可是,它肚子还是……",引导幼儿说出"好饿"。

以《大卫不可以》这本书为例,教师在环节(三)结束后,可以用"我们一起再来看看大卫做了哪些让妈妈说'不可以'的话",从封面开始进行阅读,并且将作者和出版社介绍给幼儿,教师和幼儿各自拿着小书(或集体阅读PPT),一页一页阅读。因为这本书每个跨页上的文字很少,教师就可以将环节(三)中幼儿所表达的内容用书面化的语言表达出来,并在每页故事的结尾处,用重音说"这个时候,妈妈说……",通过眼神或手势等引导幼儿说出图画书中妈妈的话。

(五) 师幼研讨,评判阅读内容

通过环节(一)至环节(四),幼儿已经基本上掌握了图画书的基本内容,并且有机会发展"良好的阅读行为"、"阅读内容的理解和阅读策略的形成"、"阅读内容的表达"等阅读核心经验。如果这本图画书本身有深层含义,或教师能够挖掘出这本图画书的深层含义,并且这种深层含义对幼儿来说是可以理解和接受的,那就可以进入到最后一个环节:师幼研讨,评判阅读内容。

在这个环节中,教师首先可以引导幼儿回忆自己的生活或阅读经验,表达自己是否有图画书中人物同样的故事,如在《蚯蚓的日记》的阅读活动中,可以问"你长大了想当什么?",让幼儿说一说。然后采取两种方式激发幼儿对阅读内容进行评判:一是询问幼儿是否有什么疑问,"你读完了这本书,你有什么问题吗?";二是教师以疑惑的方式提出疑问,激发幼儿的思考,比如在《金老爷买钟》的阅读活动中,教师可以说"为什么金老爷买了这么多钟,还是不知道几点呢?",从而激发幼儿的思考。

在《大卫不可以》中,教师可以让幼儿回忆"你妈妈什么时候对你说过'不可以'的话?",然后通过"为什么妈妈对大卫说了这么多'不可以',但最后还是给大卫一个拥抱,并对大卫说'我爱你'呢?",让幼儿充分地进行思考、讨论和表达,教师在幼儿表达的过程中重复幼儿的回答、解释幼儿的想法、总结幼儿的意见,也可以在最后提出自己的看法"你看,妈妈因为爱大卫,才会对他说这么多不可以!",并引导幼儿回家之后,跟妈妈爸爸说"我爱你"。

二、图画书阅读活动的注意事项

以上内容就如何分析一本图画书的核心经验,如何在图画书阅读活动中促进幼儿阅读核心经验的学习和发展进行了介绍,相信你已经跃跃欲试,想在幼儿园尝试一下图画书阅读活动了。但如果你看过一些图画书阅读活动后,可能会有一些疑问:为什么上面说的这些活动过程跟一些老师的教学过程不一样?为什么有的老师只用了一本大书(或PPT)?为什么有的老师每次在图画书阅读活动中都要谈"道理"?……这些疑问,恰恰也是许多幼儿园教师的疑问,接下来,我们将针对实践中图画书阅读会遇到的几对困惑,从五个方面提出图画书阅读活动中的注意事项,也希望你在幼儿园的实践活动中能思考这些问题。

(一) 图画书阅读和故事教学之间的区别是什么?

幼儿阅读的大多是故事类的图画书,教师在开展图画书阅读活动时,使用的也大部分是故事类的图画书,但许多教师在图画书阅读活动中,常常不自觉地就把图画书阅读活动组织成了有插图(挂图)的故事教学活动,那么图画书阅读和故事教学之间的区别到底是什么?

不可否认,图画书阅读活动和故事教学中幼儿都要理解故事的情节,都会有对故事中词汇的理解,也都会有对人物特征的评判。但两者最重要的区别在于:两者给幼儿提供的语言学习和发展的核心经验是不同的。对于图画书阅读活动来说,最重要的价值是为幼儿提供阅读核心经验的学习和发展的机会,通过这些核心经验的学习和发展最终成长为一个初步的自主阅读者。因此,在阅读活动中,活动目标应侧重在阅读核心经验的提升和发展上,在教学的具体环节上,也强调幼儿自主翻书阅读、对画面的观察、对阅读内容的猜测、假设和验证,让幼儿主要在读(尤其是自主阅读)中获得图画书中的故事情节内容。而在故事教学活动中,活动目标应侧重帮助幼儿了解故事情节、掌握新词汇、仿编或续编情节等核心经验上,在教学的具体环节中,主要是让幼儿通过倾听来理解故事情节内容。

因此,在开展图画书阅读教学活动时,大家一定要特别分析自己所开展的活动是否能够促进幼儿阅读核心经验的发展,如果将一本图画书只是组织成了一次有 PPT 的故事教学,那就丧失了促进幼儿阅读核心经验发展的大好机会。

(二) 阅读活动中是要人手一书还是众人一书?

在阅读活动中,有些教师会将图画书扫描成电子格式,在大屏幕中呈现;有的教师只使用一本大书;而有的教师则会强调在阅读过程中每位幼儿都应该要有一本书……那到底应该是人手一本还是众人一书呢?

通过对幼儿图画书阅读的核心经验的分析可以发现,如果只用一本大书,或者只用一个 PPT(幻灯片),幼儿就必须以教师的阅读速度来进行阅读,而教师往往是以大部分幼儿的反应来调整大书或 PPT 的翻阅速度,这样幼儿个体就缺乏依据自身生活经验、阅读兴趣和阅读水平来阅读图画书的机会,也未能有表现出自身已有的阅读技能和水平的机会,也丧失了观察和习得阅读技能的机会。同样,众人一书,教师也难以观察到幼儿个体已有的阅读水平和阅读方法,甚至难以了解幼儿在阅读中的兴趣关注点和阅读难点;而人手一书,则保证了每个幼儿可以根据自己的经验和已有阅读水平与阅读材料进行互动,表现并发展阅读技能,教师也能从人手一书的独立阅读中观察、评价幼儿的阅读兴趣,发现幼儿阅读的难点和幼儿阅读技能的个体差异。

因此,从培养幼儿图画书阅读核心经验来说,在阅读活动过程中宜提倡人手一书。在人手一书的阅读活动中,幼儿通过翻阅图书与图画书的两大要素(图画和文字)产生互动,在翻阅的过程中进行预期、假设与验证,从而获得对图画书的初步理解,发展图画书阅读的基本能力。

但人手一书并不是排斥和摒弃大书、PPT 形式的电子书,要根据幼儿阅读关键经验的发展阶段来调整相应的策略。幼儿独立翻阅图画书之后,在幼儿阅读的兴趣点、关注点、幼儿阅读的难点、图画书理解的关键点,以及能发展和培养幼儿观察、比较、验证等阅读能力的着手点,教师可以采用大书或 PPT 形式的电子书,引导幼儿的共同关注,通过对阅读能力培养的着手点、阅读理解难点的集中阅读发展幼儿的阅读能力,通过对幼儿阅读兴趣点、关注点和图画书理解的关键点的共同阅读,帮助幼儿获得对图画书基本内容的理解。同时在大部分幼儿都已获得了图书翻阅的技能,通过人手一书的翻阅、假设、猜测获得图画书故事的理解之后,如果教师目的是促进幼儿对图画书所展现深层意义的理解,引发幼儿讨论和思考时,可以考虑辅以大书或 PPT 的形式来展现儿童已经人手一本阅读过的图画书,从而引起幼儿的注意。

此外,有些幼儿园可能还未能达到人手一书的条件,这种情况下开展图画书阅读活动,采取大书或 PPT 形式的电子书是一种替代选择,但即便如此,也应在图书角(语言角)有 1—2 本相应的小书,让幼儿在区域活动或自主时间内有机会接触、翻阅小书,以发展幼儿的阅读能力。

(三) 阅读活动中是要读故事还是要讲故事?

许多教师发现,有的图画书文字较多,有的文字比较复杂,教师认为幼儿接受、理解起来有困难,因此在自己熟悉故事的基础上,会对图画书中的文字内容进行改编,让故事更口语化,更"符合"幼儿的理解水平;有些图画书主要以图为主,如《母鸡萝丝去散步》之类的图画书,书中文字很少,教师觉得一页阅读只讲一句话"似乎不过瘾",因此就会在原有故事的基础上增加新的内容。这种在阅读图画书中对故事的处理方式,我们称之为"讲故事"。但有教师却认为,图画书中的故事,尤其是优秀图画书中的故事,每一段话、每一个字都是作者或译者通过精心考量后确定的,因此不应该随便更改,而应忠实原文,在图画书阅读中应该按照原文给孩子朗读书中的文字,这种对故事的处理方式,可称之为"读故事"。那在图画书阅读活动时应该"读故事"还是"讲故事"呢?

在图画书的阅读活动中,如果成人以读故事的方式进行,幼儿逐渐会意识到自己听到的"书面语言",正是自己所看到的图画所描述的意思,成人在图画书朗读过程中的口头语言正是自己在图画书中看到的文字,这种文字是成人朗读语言的一种书面化,与图画传递的意义相似或互补。虽然幼儿并不认识这些文字,但通过这种方式,幼儿逐渐会形成听觉的"书面语言"、图画语言和视觉的"书面语言"(文字)之间的联系,从而知道文字和符号具有特定的功能——文字和符号在形式上有特定的形象,与图画有区别,甚至开始尝试去再认、猜测图画书中的文字和符号的意义和读音,表现出书面语言的意识和初步能力。在图画书阅读教学中,教师只有"读故事",才可能帮助和引导幼儿形成和发展书面语言意识。

因此,在图画书阅读教学中,教师应该读故事,而非随意用自己的语言或理解来"讲故事"。有些图画书中的书面语言可能离幼儿的生活经验比较遥远,如果幼儿理解有困难,自然会表现出疑问、困惑的表情或提出问题。比如在《小猫玫瑰》的阅读活动中,当小朋友听到"老幺"这个词时,表现出惊讶的表情,在整页朗读完之后,教师就可以向小朋友解释这里的"老幺"是"最小的孩子"的意思,不是我们平常听到的"老妖"、"老妖怪"的意思。另外,有些图画书的文字难以全面概括图画书画面内容,为此教师可以在第一次或第二次完整阅读的时候用幼儿在阅读活动中表述的语言来讲述故事,但一定要用重音或夸张的语调将图画书中的文字内容读出来。在幼儿掌握、熟悉了图画书内容后,应尽可能只朗读图画书中的文字。

(四) 图画书要完整读还是可以片段读?

当决定给幼儿朗读图画书时,许多教师又发现,有的图画书页数比较多,内容比较厚实,担心幼儿一下子接受不了,因此认为应该一个片段一个片段地阅读;而有的教师出于教学活动的需要,希望幼儿分段阅读,因此会先用大书,集体阅读某一部分,而后提出问题,让幼儿带着问题去阅读其他部分,这种阅读方式我们称之为"片段读"。而有的教师会强调在阅读过程中,无论何种情况,都应该让幼儿从头至尾完整阅读图画书,这种阅读可称之为"完整读"。那在图画书阅读活动中,该片段读还是完整读呢?

图画书阅读活动要促进幼儿阅读能力的提升,这种阅读能力既表现为对故事的完整理解,也表现为阅读中通过画面观察进行预测、假设和验证等阅读策略的获得。不同阅读方式对幼儿阅读能力的提升作用不同,完整朗读有助于幼儿形成完整的图画书阅读概念,形成对故事的整体理解。片段读有助于激发幼儿的阅读兴趣,引导幼儿在后续的阅读过程中认真观察,大胆预测、猜测,并通过观察画面、同伴讨论等获得对故事中的情节、人物特征的理解。

可见,片段读和完整读给幼儿提供的阅读经验是不同的。因此,阅读方式的选择不应取决于所选择和使用图画书内容的长短、页数的多少,关键在于幼儿图画书阅读活动中阅读经验的水平、状态和发展需要,以及教师试图在阅读活动中发展儿童何种阅读能力,获得何种阅读经验的成长。如果教师的目的是为了让幼儿学会翻书的技能,引导幼儿形成对图画书的整体理解,则完整读能促进该经验的累积;如果教师意图让幼儿发展阅读中的画面观察能力,发展猜测、假设等阅读策略,片段读有其必要。但整体阅读的能力是幼儿所有阅读技巧、策略的基础,对一本书整体的阅读方能获得对作者、画家整体构思的感悟,因此,无论以促进幼儿何种阅读经验为目的的阅读教学活动,完整阅读都有其必要性。

另外,早期阅读经验在不同年龄段有其发展的重点,就阅读技能和策略的关键经验而言,小班的时候重点在于图书翻阅的技能以及对故事的整体理解,因此,教师宜更经常地进行完整读,以帮助幼儿形成从封面到封底,从故事开始到故事结束的整体阅读过程;而中大班的时候,幼儿要逐渐获得自我调节阅读的能力,要逐渐掌握预测、猜测等阅读策略,在此阶段,教师进行片段朗读,给幼儿留下自主探究的空间有其必要,但在教师片段朗读、幼儿片段探究性阅读之后,还应该让幼儿有完整阅读的机会和过程。因此,片段读还是完整读,关键看教师开展的阅读活动聚焦于幼儿何种阅读经验,但让幼儿有机会完整阅读一本图画书是必要的。

（五）图画书是阅读对象还是教育工具?

对图画书在作用或价值属性上的定位不同,所展现出来的阅读活动也是千差万别。有的教师要求"手不离书,眼不离图",紧紧围绕图画书开展活动;有的教师认为图画书几乎可以承载幼儿所有学习课程,力图通过图画书来笼括幼儿园语言教育,甚至是幼儿园所有学习领域的活动。这些争议本质是对图画书的价值或属性定位为"对象"还是"工具"。将图画书视为学习的对象的教师认为,幼儿需要阅读图画书本身,通过阅读图画书来理解故事,因此在教学过程中,重点就放在阅读图画书本身,尤其强调幼儿通过阅读获得故事理解的过程;将图画书视为学习的工具(载体)的教师会认为,教学活动的重点应放在图画书故事内容所传递的价值、深层意义或其他领域的学习机会,因此在教学过程中,他们教学的重点也就在于通过图画书来帮助幼儿获得图画书故事内容所传递的价值上,促进幼儿语言能力的发展或是社会性、情感、人格等方面的成长。那到底应如何看待图画书在早期阅读活动中的价值属性,是教育的工具还是阅读的对象呢?

在图画书阅读过程中,幼儿同时进行着两种活动:一是学会阅读(learn to read),二是通过阅读来学习(learn by reading),这两种活动在幼儿阅读过程中同时并存,不可截然分开。但在图画书阅读活动过程中,学会阅读是幼儿通过阅读来学习的基础,只有充分运用阅读技能,在理解画面信息、准确把握作者意图的基础上,才有可能自主建构起对作者所要传递深层含义的理解,学会阅读并最终走向自主阅读。这种通过自己的阅读,结合已有生活经验和阅读经验基础上获得的深层含义,对幼儿个体来说,可能更有价值。

因此,在图画书阅读活动中,图画书既是幼儿阅读的对象也是幼儿通过阅读来学习的工具,但它首先应该是阅读的对象。对于幼儿来说,阅读图画书本身,感受图画书中所展现、蕴含的艺术美、文学美,体验阅读图画书所带来的快乐,是他们愿意阅读、喜欢阅读的原因。只有在这种持续的"悦读"、"悦美"过程中,幼儿方能发展出良好的阅读习惯,表现出阅读能力的提高,并最终获得认知、情感和社会性的发展。教师在图画书阅读活动中,首先要用图画书承载的文学美和艺术美来吸引幼儿的阅读兴趣,并在阅读的过程中发展幼儿的阅读技能,帮助幼儿获得自主阅读能力,从而为今后的自主阅读打下基础。然后通过引导幼儿运用这些技能,感受、发现、获得图画书所传递的情感、人格、道德等方面的意义,即通过阅读来学习。

那在图画书的阅读教学活动中,如何处理图画书作为对象和作为工具的属性或价值上的关系呢? 我们认为在图画书阅读活动中,首先应该将图画书定位为阅读的对象,让幼儿通过阅读感受图画书的文学美和艺术美,在故事理解和图画信息感知理解的基础上,发展书面语言意识和能力三个范畴(前阅读、前书写、前识字)的关键经验,然后将活动的重点放在故事中的语言、故事的结构、人物特征、情节变化的理解上。在此基础上,教师可以进一步拓展教学的范围,引导幼儿讨论、分析图画书故事所传递的深层含义,开展其他领域的学习活动。

在对图画书价值和属性进行分析的过程中,如同对儿童文学的分析一样,要警惕"教育主义"的倾向,即总是试图希望幼儿首先获得,甚至只是获得图画书故事所传递的道德意义、人生哲理、生活品格等等。如果教师在图画书的分析中,秉持这种定位,就容易走向将图画书简单定位为"工具"的倾向,图画书只是变成了一种更形象化的包裹着说教内容的外衣。要相信,幼儿对于图画书中所传递的这些成人所感兴趣的东西都应该是自己主动去发现的,因为,即使是故事,"一个有教育意义的故事应该通过充满想象力的故事情节,让听者自发得出自己的结论"。在图画书阅读中,让幼儿感受图画书的文学美和艺术美,帮助幼儿获得理解故事的能力,形成自己对图画书故事的解读,比简单的道德说教更有价值。

试一试

　　1. 你可以在实践、实习过程中尝试一下组织《大卫不可以》这本图画书的阅读活动,看看你实际组织出来的结果和你预想的有什么差别? 思考一下,问题主要出在哪里。

　　2. 请尝试分析你所选择的那本最喜欢的图画书能够给幼儿提供的幼儿图画书阅读核心经验,并以大班幼儿为假想教育对象,根据图画书阅读活动基本组织过程设计你的教学活动。

　　3. 以上的学习过程解决了你最初的一些疑问吗? 你还有哪些疑问? 欢迎把你的疑问和困惑发送到作者的邮箱(liubaogen@126.com),希望我的思考和解答能对你有所帮助。

第十章

学前儿童语言教育活动的评价

■ **学习目标**

1. 了解学前儿童语言教育评价的理论基础。
2. 掌握学前儿童语言教育评价的通用取向。
3. 能根据学科教学知识取向对语言教育活动进行初步评价。

■ **想一想**

1. 看完一次语言教育活动之后,如果要你对这个教育活动进行评价,你会如何评价? 与旁边的同学交流一下,看一看,他们是怎么样进行评价的。

2. 回忆一下你见习或实习中观摩语言教育活动时,执教教师是如何进行自我评价的,参加观摩活动的专家、园长和其他老师又是如何评价语言教育活动的。

■ **学一学**

在见习活动中,你是不是发现如果自己对观摩的活动进行评价,似乎两三句话就说完了,但是专家、园长和其他教师却能滔滔不绝,他们有些想法是你知道,但是没能说出来的;有些看法可能你都根本没有注意到的,但是他们提出来了。没关系,接下来,我们将带领你一起学习如何评价学前儿童的语言教育活动,希望在学习和实践了之后,你今后评价幼儿园的语言教育活动的时候也能有理有据、滔滔不绝,别人能得到帮助,自己也能获得成长。

第一节　学前儿童语言教育活动评价的基本思路

在幼儿园教育实践中,教师对自己执教的教育活动进行自我评价,通过对照自己原有的教学设想,结合实际教育过程中幼儿的表现,分析教育活动的优点与不足,提出自己今后努力的方向,这是教师专业发展的重要方式之一。在教研活动中,教师对同伴教师的教育活动进行评价,提出自己的看法,分析活动成功和失败的原因所在,提出建设性的意见不仅能帮助执教教师从他人的视角来审视刚才的活动,同时也能帮助自己获得专业性的发展。因此,在学前儿童语言教育中,学会如何对自己的语言教育活动进行评价,学习如何评价他人的语言教育活动,既是幼儿园教师必备的专业能力之一,也是幼儿园教师专业发展的重要途径。

一、学前儿童语言教育活动评价的理论基础

对幼儿园教育评价要符合《幼儿园教育指导纲要》的基本要求,具体到幼儿园语言教育活动的评价,应从以下方面来考虑。

（一）语言教育活动评价的目的

《幼儿园教育指导纲要》指出：教育评价是幼儿园教育工作的重要组成部分，是了解教育的适宜性、有效性，调整和改进工作，促进每一个幼儿发展，提高教育质量的必要手段。语言教育活动评价的最终目的是为了教师更好地在教育实践过程中改善自己的教育行为，提高教育活动的质量，促进每一个幼儿语言及其他能力的发展。

因此，当你在组织了一次"失败"的教育活动后，在自评的过程中说出自己有许多的不足或问题，这并不是自我批评；其他教师对你的教育活动指出这样或那样的问题，他们也不是对你进行等级的评定或能力的界定，而是你和其他教师运用专业知识审视教育实践，发现、分析、研究语言教育活动中存在的问题，分析这些问题产生的原因，在讨论中进行思想的碰撞，找到问题解决的办法，从而让你在今后的语言教育活动中可以运用这些方法，也给其他老师进行了提示，获得了一些新的教育方法或技能，最终提高教育活动的质量。

同样，在你组织了一次"成功"的教育活动后，在自评的过程中说出自己设计和实施的过程，这不是为了炫耀，而是为了将自己的经验总结并贡献出来，让自己在今后的教育活动中能够将这些好的做法或策略坚持下去，其他教师对你的教育活动指出众多的优点，除了赞誉、鼓励之外，重要的是他们也能学习到你的教学方法或教学策略，并在今后的教育实践中运用，最终促进幼儿语言能力的发展。

（二）语言教育活动评价的主体

《幼儿园教育指导纲要》指出：管理人员、教师、幼儿及其家长均是幼儿园教育评价工作的参与者。评价过程是各方共同参与、相互支持与合作的过程，因此在教育活动的评价中，教师要倾听多方面的意见。管理人员和其他教师会从旁观者的视角提供不一样的看法，从他们的经验中提出一些新的办法或策略；幼儿在活动中的参与程度、活动状态，在活动后能力、知识、学习品质的发展，甚至幼儿直接对幼儿表达的看法都为教师评价活动提供了依据；家长也是教育活动评价的主体，要充分尊重家长的立场和意见，但同时又要引领家长观念的转变。

但是所有主体的评价最终都要通过教师自身来消化、吸收，因此，《幼儿园教育指导纲要》也指出：幼儿园教育工作评价实行以教师自评为主，园长以及有关管理人员、其他教师和家长等参与评价的制度。教师要不仅要在有园长或其他教师在场的时候进行自我评价，不仅要在教研活动中进行自我评价，更要坚持专业发展自觉性，能够有意识地随时对自己的教育活动进行自我评价。

（三）语言教育活动评价的方法

《幼儿园教育指导纲要》指出：评价应自然地伴随着整个教育过程进行，综合采用观察、谈话、作品分析等多种方法。在幼儿园的语言教育实践中，最常用的方法就是观察法，教师通过观察、记录、分析幼儿在生活和游戏中的语言表现，从而评价幼儿语言发展的水平和自己语言教育的成效；教师通过观察他人教育活动中的教育行为，包括教师的讲述、提问、教具的使用、师幼互动等分析教师的教学活动环节，思考其背后的组织实施思路；教师通过观察幼儿在活动中的语言表达和表现，了解幼儿在活动中已经具备的能力或经验，分析幼儿在学习教师所呈现内容时的学习过程，总结幼儿的学习成效。

评价的这些方法不仅适用于去评价他人的语言教育活动，同样适用于对自身语言教育活动的评价。多种评价的综合运用，能够为教师提供多元、全面的信息，为分析、解决问题提供依据。

（四）语言教育活动评价的内容

《幼儿园教育指导纲要》指出：教育工作评价宜重点考察以下方面：(1)教育计划和教育活动的目标是否建立在了解本班幼儿现状的基础上。(2)教育的内容、方式、策略、环境条件是否能调动幼儿学习的积极性。(3)教育过程是否能为幼儿提供有益的学习经验，并符合其发展需要。(4)教育内容、要求能否兼顾群体需要和个体差异,使每个幼儿都能得到发展,都有成功感。(5)教师的指导是否有利于幼儿主动、有效地学习。

总结起来,教育活动评价的内容主要包括对活动目标的评价、活动内容的评价、活动过程的评价、教学策略的评价、师幼互动的评价,而这些评价内容也构成了当前我国学前儿童语言教育评价中通用的评价内容。

二、学前儿童语言教育评价的通用取向

《幼儿园教育指导纲要》中对"教育评价"的指引确定了学前儿童语言教育活动中评价的通用取向,在现今许多幼儿园教育活动中,无论是自评还是他评,无论是专家评还是普通教师评,大多是从这个通用取向出发来评价一个语言教育活动,说出自己的观察,分享自己的意见,提出自己的看法。

(一) 对语言教育活动目标的评价

在对语言教育活动目标进行评价的时候,通常会从三个方面进行评价:一是活动目标的适宜性,即所设计的活动目标是否符合幼儿的年龄发展阶段特点,是否符合教育对象已有的生活经验,在目标内容上是否指向了幼儿语言学习与发展的各个核心经验;二是活动目标的达成情况,即在活动之后,幼儿是否掌握了教师所希望幼儿学习的知识、掌握的能力、表现出来的技能,从幼儿在活动中的表现能够直接观察和分析活动目标的达成情况;三是活动目标的表述规范程度,比如活动目标在表述时主语是否是幼儿,活动目标是否涵盖了知识、能力、情感或态度三大范畴,活动目标是否具体、可观察等。

(二) 对语言教育活动内容的评价

语言教育活动的内容包含两个方面的含义:一是语言教育活动中所使用的语言材料,二语言教育活动的各个环节及其内容。在对语言教育活动内容进行评价时,教师首先会分析所使用的语言材料(如讲述的凭借物、儿歌、散文(诗)、故事、图画书)的特点,谈谈自己对这个语言材料的看法,然后会对教师所组织的学习活动进行环节的归纳,分析环节内容之间的逻辑性,是否突出重点,分析各个环节是否围绕活动目标来展开活动。

对语言活动使用材料的分析,通常在教研活动过程中被称为"研教材",不同人对教材的解读会提供不同的分析视角,从而有助于更好地挖掘活动所使用语言材料的教育价值。在对活动环节及其内容的评价中,执教教师的所设想的环节和其他教师在观摩了之后所感受和分析出来的环节之间会有差异,执教教师所预设的重点与其他教师在活动中发现的重点之间会有区别,这种差异和区别,正是不同评价主体相互研讨,促进教育活动过程优化的起点。

(三) 对语言教育活动中教学策略的评价

对语言教育活动中教学策略的评价根据活动内容或环节,分别可以从活动导入的策略、语言材料的出示策略、教师的提问策略、教师使用的图谱等支架策略、教师的教态和表情等进行评价。

在对教师教学策略进行评价的时候,最重要的标准有两个:一是是否能调动幼儿学习的主动性和参与性;二是是否指向活动目标的实现。在评价的时候,要具体分析这些教学策略分别起了什么作用,达到了什么样的教学效果,还可以采用什么策略以实现教学效果的最优化。

(四) 对语言教育活动中师幼互动的评价

《幼儿园教育指导纲要》指出:教师应成为幼儿学习活动的支持者、合作者、引导者。对语言教育活动中师幼互动的评价主要包括对活动中教师与幼儿所扮演角色的观察,教师与幼儿之间互动的态度、内容、方式、效果等的分析。对这个方面的评价其依据主要是观察和分析教育活动中幼儿的主动性是否得到体现、发挥,幼儿是否在愉快的活动中获得发展。在评价的时候,往往聚焦教师是以何种方式来支持幼儿,如何与幼儿合

作,怎么样引导幼儿发展的。

(五) 对教师教学素养、教育智慧的评价

对语言教育活动中教师教学素养和教育智慧的评价主要包括两个方面:一是对教师教学素养的评价,主要指教师对学习活动中材料的表现能力,教师在教学过程中自身语言的规范性、条理性、科学性和艺术性。如一个散文,教师是否能够朗读地有感情、有色彩;在给幼儿解释的时候是否清晰、易懂;在向幼儿提问的时候,是否富有层次性和启发性。二是对教师教育智慧的评价。在教育活动过程中,教师可以根据专业知识去预见活动中幼儿可能表现出来的思维、想法、行为,但无法完全预设,因此在教育过程中常常会出现幼儿天马行空的想象,甚至会出现一些小插曲或一些小事故,这个时候就能充分地体现教师的教育智慧。在评价的时候,根据这些意外情况对幼儿教师的应对方式、应对效果进行评价,就是对幼儿教师教育智慧的评价。

许多年轻教师在语言教育活动中,常常会出现教学素养不高、教育活动中不够机智的情况,对这些情况进行分析,有助于年轻教师总结和丰富经验;优秀教师往往在教学素养和教育智慧上有着许多过人之处,对他们在教育活动中教学素养和教育智慧的评价,有助于总结经验,帮助年轻教师成长。

在语言教育活动评价的通用取向中,重点往往是评价活动目标、活动内容、活动中的教学策略和活动中的师幼互动。根据这几个方面的评价要点,结合对自己教育活动和他人教育活动的观察、分析,就能够像"解剖麻雀"一样将一个教育活动进行细致的分析,进而进行详细的评价。

三、学前儿童语言教育评价的学科教学知识(PCK)取向

根据学前儿童语言教育评价的通用取向,人们可以对一个教育活动进行细致的分析和详细的评价,但这样的评价往往会导致幼儿教师在评价的时候"只见树木,不见森林",缺乏对教育过程的整体分析。所获得的是教学过程中的个别策略、某个方法,往往"知其然,不知其所以然",在自己的教育过程中生搬硬套。

评价是为了帮助教师改善教育行为,提高教育质量,最终促进幼儿的发展。教师教育行为的改善来源于教师知识的重新构建,近年来,学科教学知识(pedagogical content knowledge,PCK)被认为是体现专家教师和新手教师最重要的区别,学科教学知识最初由舒尔曼(Shulman)提出,他认为学科教学知识是教师在面对教学内容、问题和观点时,针对学生的兴趣和能力,将教学内容组织、调整与呈现,以进行有效教学的知识,这种学科教学知识一般由关于教学内容的知识(what),关于教学对象的知识(who)和关于教学方法的知识(how)三种知识构成。三种知识之间的关系,见图10-1。

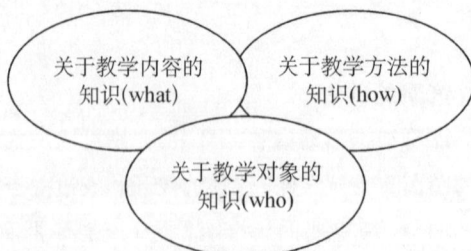

图10-1 学科教学知识的构成(PCK)

学科教学知识通常被认为是教师选择课程内容、组织教育活动、开展教学活动中所体现出来的一种隐性知识,教师的专业发展最重要的是获得学科教学知识的发展,评价是教师专业能力发展的重要方式,因此,幼儿园语言教育活动的评价,不仅不应该是对执教教师的等级评定或批评,也不应该仅局限于个别教学方法、某个教学策略的获得,而是要通过评价过程中的观察、分析与讨论在执教教师和观摩教师当中形成对整个教育活动的新的认识和理解,构建这个活动或这种类型活动的学科教学知识,最终获得自身有关教学实践性知识的增长。

学前儿童语言教育评价的通用取向一个明显的特点是以"教师的教"为中心,聚焦教师的教学行为、教学策略和教学过程;但学科教学知识取向是以"幼儿的学"为中心,通过对"幼儿学什么"和"幼儿怎么学"的分析和评价,最终聚焦到"教师的教"如何适应和促进"幼儿的学",从而评价一个语言教育活动。在第二节中,我们将具体介绍如何根据学科教学知识的取向来对他人的教育活动进行分析与评价,对自身的教育活动进行反思与分析。

第二节 学前儿童语言教育活动评价的基本过程

在这一节中,我们将根据学科教学知识(PCK)的观点,探讨如何从学科教学知识的取向对一个学前儿童语言教育活动进行分析和评价。在每个部分,我们都先探讨如果你分析和评价他人的教育活动,根据学科教学知识在评价过程中可以采取的具体办法;然后探讨如果你是执教老师,你如何根据学科教学知识的各个成分来进行自我评价。

一、对教学内容的分析和评价

在学科教学知识中,关于教学内容的知识主要通过三个问题的分析和思考来获得:(1)这个活动想教给儿童哪些核心概念或经验;(2)在这个活动中,还体现了哪些其他的相关概念;(3)儿童如果要参与这个活动,需要具备哪些知识准备。

在学前儿童的语言教育活动中,第一个问题指首先要明确语言教育活动的类型,以及语言活动材料所能给儿童提供的学习与发展的核心经验;第二个问题指在整合教育的趋势中,这个活动除了能够给幼儿提供语言核心经验的学习与发展外,还能够给其他领域提供何种核心经验学习和发展的机会;第三个问题是指幼儿在学习这些核心经验前,需要有什么样的知识、经验。

(一)对他人教育活动的分析与评价

根据学科教学知识中关于教学内容知识的三个问题,当观摩语言教育活动的时候,你可以通过以下问题来进行分析教学内容,并在活动过程中进行评价。

1. 这个活动是什么类型的语言活动

这个问题主要是定位所开展的语言活动类型,不同语言活动类型聚焦的语言学习与发展的核心经验各不相同。虽然在整合教育的趋势下,现今幼儿园的学习活动都会有综合化、整合化的特点,但是领域是综合的基础,综合活动是以某个领域为核心、其他领域有机整合来形成的,在以语言活动为核心领域的活动中,教师首先要明确自己语言活动的类型是什么。

2. 语言材料能够提供的语言学习与发展核心经验是什么

在明确了语言活动的类型后,紧接着你要迅速回忆出前面各种类型语言活动中所介绍的幼儿语言学习与发展的核心经验,并且要明确这些核心经验的分析方法和过程。然后根据所观摩教学活动的语言材料迅速分析出这个语言活动材料能够提供的语言学习与发展的核心经验分别是什么。在这个过程中,对语言学习和发展的核心经验及其分析方法了然于心就显得非常重要,必要的时候,在观摩教学活动的时候,把本书带上,迅速翻到相应的活动类型章节,对照着书中内容进行分析,也是一个不错的方法。

3. 执教教师所聚焦的核心经验是什么

当你已经能够把观摩活动的核心经验分析出来之后,一方面你思考,这个语言材料最突显的核心经验是什么? 在这个语言教育活动中,还能够给幼儿提供哪些其他领域核心经验的学习和发展机会? 带着你自己对着两个问题的回答与判断,跟随教师的教学进程,不断地去分析和思考:执教教师在这个活动中聚焦的语言学习与发展的核心经验是什么? 在活动中,除了聚焦到语言学习与发展的核心经验外,还关注了哪个领域的学习与发展的核心经验? 在这个过程中,你可以特别注意语言教育活动中教师是否涉及了幼儿社会领域学习与发展的核心经验。

在观摩活动的时候,如果执教教师在教学中表现出来的对核心经验的分析与你的一样,你就会有较强的认同感;但如果执教教师所聚焦的核心经验与你的分析和判断不一样,这更能促进你的思考。当你发现不一致时,可以思考两个问题:这位教师为什么要聚焦到与我分析不同的核心经验上? 我对核心经验的分析有没有问题? 这两个问题就可以成为你在研讨活动中与执教教师互动、讨论的首要问题。

4. 执教教师是如何安排这些核心经验之间的关系的

当你分析出来所观摩语言活动的活动材料能够给幼儿提供的学习与发展的核心经验之后,需要进一步思考:如果是你执教,你会怎么样处理这些核心经验之间的逻辑关系? 先解决什么核心经验? 然后再引导幼儿获得哪些核心经验? 重点聚焦什么核心经验? 在解决某一核心经验的同时又能解决哪些其他的核心经验? 带着自己对这些问题的思考,认真、完整地分析执教教师的活动环节,分析他每个环节聚焦的是什么核心经验,这些核心经验之间的关系是什么样的,重点聚焦的是何种核心经验。

你会发现教学活动中教师在环节上所聚焦的核心经验与你的想法有很大不同,在核心经验之间的逻辑关系处理上与你有很大区别。等你先看懂执教教师的活动环节和他所聚焦的核心经验后,在讨论和研讨中,将你所看到的与执教教师和其他教师进行交流。如果你所讲出来的环节或重点恰好是执教教师的设计初衷,你会很容易得到共鸣,在这时,你再说出你对核心经验关系的看法和活动中应该聚焦的主要核心经验,就能够与执教教师和其他教师进行更充分的讨论,从而对教学内容本身有着更精准、丰富的认识。

(二) 对自身教育活动的反思与分析

组织一个语言学习活动,你不仅需要在活动设计前思考上述的一些问题,以确保在学习活动中能够保证幼儿语言学习与发展核心经验的获得,不至于将一个语言活动设计或组织成了社会领域或其他领域的活动。在开展了语言教育活动之后,你也可以通过以下问题来对自己的教育活动进行分析,评价自己在"关于教学内容"上的表现。

1. 活动过程体现了幼儿语言学习与发展的核心经验吗

在活动之后,你首先可以回顾一下自己整个的教学环节和过程,想一想,你所呈现出来的教学环节和预想的一致吗? 如果不一致,要如何调整? 调整之后的教学环节重点是要发展幼儿什么样的学习与发展核心经验?

在与观摩的专家、教师研讨的时候,你可以讲述自己教学活动设计中预设的重点核心经验,以及每个环节中聚焦的核心经验。再说出你对上述问题的一些思考,这样的反思与评价有助于梳理自己的教学过程,明晰每个教学环节或教学行为的目标指向,同时将你的预设和思考与其他人进行交流,能够让他人更好地理解你的教学环节内容设计和教育行为,从而更有针对性地探讨活动材料本身所能够提供的核心经验。

2. 所设计的核心经验之间的逻辑关系在实践中合理吗

教学活动环节的设计其实就是对不同核心经验之间的逻辑关系的一种再现,你在设计学习活动的时候,会初步根据学习经验之间的学科逻辑和心理逻辑来安排这些核心经验在学习活动中的前后顺序,并突出最重要的核心经验,使之成为学习活动的重点和师幼共同解决的难点。但这种逻辑关系在具体的教学活动中合理吗? 符合幼儿的学习逻辑吗? 如果不合理,那应该如何调整?

因此,在组织语言教育活动之后,在陈述完你对活动材料核心经验的分析之后,可以讲述你对不同核心经验之间逻辑关系的原有设想,然后讲述你自己对上述问题的思考以及可能的调整思路,在自我反思和他人互动中促进自己的发展。

3. 这个活动还能够给幼儿提供何种学习和发展的核心经验

语言活动除了能够给幼儿提供语言学习与发展的核心经验,也会给幼儿提供其他领域核心经验的学习机会。在设计活动之前,你会思考这个问题,然后在活动组织过程中将这些经验统合到活动环节中,但有时"有心栽花花不发,无意插柳柳成荫",有时在活动中幼儿会表现出对其他领域经验的兴趣。

因此,在组织语言教育活动之后,你需要思考幼儿除了获得语言学习的核心经验,还获得了哪些核心经验? 这些经验和你预期的一致吗? 如果不一致,原因可能是什么? 对这些问题的反思,能够让你对活动材料进行事后的分析,重新审视这个活动材料能够给幼儿提供的核心经验。

二、对教学对象的分析和评价

在学科教学知识(PCK)中,对"关于教学对象的知识"主要通过以下三个问题来进行分析:1.基于你的观察,你认为儿童是否明白这个活动涉及的知识,请提出能支持你观点的儿童行为;2.如果是你教这些儿童同样的概念,下一步你会如何教? 为什么? 3.学习这些关键概念时,儿童容易出现哪些理解方面的错误,会面临哪些挑战?

在语言活动的分析和评价中,教师可以采用类似的问题聚焦幼儿在语言教育活动中的学习结果、学习方式、学习过程。

(一) 对他人教育活动的分析与评价

在观摩他人教育活动时,当你已经对活动材料进行了细致的分析之后,观察的视角就要转到幼儿上,要去分析幼儿是否习得了这些核心经验,他们是如何习得的。通过幼儿的学习来评价活动,在这个过程中,你可以通过以下问题来对幼儿在活动中核心经验的学习进行分析。

1. 关于核心经验,幼儿在活动中有什么表现

教育活动最终要指向幼儿的发展,具体来说是掌握了教育活动所预设的活动目标,因此,评价一个活动时,目标是否达成是一个非常重要的指标。要回答这个问题,不仅要明确"关于教学内容"的相关问题,明确教育活动中聚焦的核心经验,还需要对幼儿获得核心经验的表现进行分析和思考,即如果幼儿掌握了某个核心经验,他(她)会有什么表现。

比如在语言教育活动的目标中,许多人会将"理解故事内容"作为活动的目标,那"理解"的表现是什么? "理解"多少内容算理解? 如果不明白这个"理解"的具体表现,就很难判定活动的目标是否达成。在幼儿语言学习与发展的核心经验中,大多数核心经验都可以通过幼儿的行为和表现来观察,即使是主动性、参与活动的热情等核心经验,也可以通过幼儿在活动中的状态进行观察。

因此,在你观摩一个活动的时候,当分析出来一个教育活动最突显的核心特征或去猜测教育活动中教师聚焦的核心经验之后,你就要进一步分析,幼儿习得这个核心经验的具体表现是什么。比如如果你发现教师的目标之一"完整地讲述",你要明白"完整地讲述"的具体表现是什么,然后根据这个核心经验的具体表述去观察幼儿在活动中的表现,看他们最终是否表现出了这些行为。

当你能够明确幼儿掌握核心经验的具体表现,就能更有针对性地就幼儿在活动中的学习结果进行详细的分析,可以知道哪些幼儿已经掌握,哪些幼儿还没有掌握,进而进一步思考幼儿未能掌握的原因。

2. 幼儿学习核心经验,经历了什么样的心理认知过程

幼儿习得核心经验不是一蹴而就的过程,总是经历从不会到会、从低水平到高水平、从简单到复杂的过程。比如在文学作品中的"运用与想象"的核心经验,幼儿肯定是要先理解结构,然后才能根据想象或生活经验按照结构进行创编;幼儿必须先理解文学作品的内容,才能去体会文学作品中的意境、韵律或人物特征。

分析幼儿学习核心经验的过程,就可以有针对性地去分析教师在活动中涉及的活动环节,分析不同环节在幼儿核心经验的学习和发展中所起的作用。有些不成功的活动主要是教师的教学环节和策略没有适应幼

儿在相关核心经验上的学习过程,或者超越了幼儿的学习过程,导致幼儿未能获得核心经验。如有的教师在散文教学中,幼儿还未能理解句子或段落结构,教师就急着让幼儿仿编;幼儿还未能有充分的生活经验,教师就让幼儿进行独立仿编,往往欲速则不达。

在对他人语言教育活动的分析与评价中,你要注意去观察幼儿在活动中的行为、表情、语言和状态,通过对幼儿在活动中的语言和行为的分析,看幼儿在学习教师所期望的核心经验时经历了一个什么样的过程,这个过程和你所分析的学习过程一致吗? 教师所设置的环节和幼儿的学习过程一致吗? 在研讨的时候,将你对幼儿学习活动的观察与执教教师分享和讨论,能够让参与活动的人对某一核心经验上幼儿学习的一般规律和特征有着更加清晰、准确的了解。

3. 学习核心经验时,幼儿出现了哪些理解方面的错误,遇到过哪些挑战

在教师组织教育活动过程中,教师最关注的核心经验往往被认为是教育活动的重点,但教育活动的难点,许多教师不知道如何来进行分析。实际上,教育活动的难点就是幼儿学习活动中出现的理解错误、遇到的挑战。

在教育活动中,如果你发现一个语言活动材料如果对于幼儿来说没有任何挑战,不会出现一点错误,那这个活动内容和要求对幼儿来说就太容易了;而如果幼儿从一开始就遇到了困难,或者在教师并没有认为有困难的地方就出现了错误,说明活动材料或学习要求太难。

分析幼儿在活动中出现的错误、遇到的挑战,一方面可以让我们对幼儿的学习过程有更加清晰的了解,另一方面,在观察到幼儿出现的错误和遇到的挑战后,对照教师在学习活动中呈现的内容、使用的策略,可以评价教师教育行为的目的和效果,并思考可能的教学支持策略。

(二) 对自身教育活动的反思与分析

如果是你组织幼儿的语言学习活动,在组织活动之前就要认真思考并回答以上三个问题,并根据你的思考设计相应的教育环节。在学习活动中,根据幼儿的表现来调整教学环节顺应幼儿的学习过程,采取适宜的教学策略来帮助幼儿自主发现错误,克服遇到的挑战,最终在活动结束时,在幼儿的表现中看到相关核心经验的发展。

在活动结束之后的自我分析、自我评价、共同研讨的活动中,你可以先从自己的观察和感受去分析幼儿在学习活动中是否掌握了相关的核心经验,有什么样的表现,这种表现与你的预期相比,是否有差距;表现方式是否有不同;然后介绍你对幼儿在学习活动中学习过程的分析和理解,通过举出幼儿行为的例子说明幼儿的学习过程,这样的学习过程与自己的预期是否有不同;最后分析幼儿在学习过程中,讲述自己所感受到的幼儿学习过程中遇到的困难和挑战(幼儿学习的困难和挑战往往也是教师教学的困难和挑战),并介绍自己在组织活动中所作的调整。

三、对教学方法的分析和评价

你是不是等了很久,终于等到了对教学方法的讨论了? 实际上,在幼儿园教育实践中,许多教师也是一样,评价他人的活动也好,评价自己的活动也罢,往往首先上来就说哪个问题没有提好,幼儿的哪个回答没有回应到位,哪个图谱出示的时机不对……即在教学过程中,往往重视的是对教学方法的分析与评价。但在学科教学知识取向的评价中,教师的教学方法应该是基于对教学内容,尤其是对幼儿学习过程的分析基础之上而采取的,教师的教学方法要适宜和促进幼儿的学习过程,才能真正有效。

在学科教学知识(PCK)中,对"关于教学方法的知识"主要通过以三个问题来进行分析:(1)活动中的教师使用哪些语言以及出现了哪些行为,来帮助儿童提高对该活动中涉及的关键概念的理解(材料、环境布置、课堂设计、教师语言、互动),这些做法有效吗? 请说明理由。(2)教师可以如何调整以适应能力较弱儿童的需求。(3)教师可以如何调整活动以适应能力较强儿童的需求。这些问题归结到两个方面就是:(1)教师的

教学方法是否适应和促进了幼儿的学习。(2)教师的教学方法是否适宜了幼儿发展的个别差异。

(一) 对他人教育活动的分析与评价

上述"关于教学方法的知识"中三个问题都涉及了教师的教学方法,教师的教学方法笼统来看,包括教师活动内容的选择、活动环节的设计、活动过程的组织;从细节来看,包括教师的示范、教师准备的教具、教师出示的图谱、多媒体、教师的提问、教师与幼儿的互动、教师组织的讨论、游戏、表演等。无论笼统的教育活动的组织还是细节中的具体方法,都可以从两个方面来进行分析和思考。

1. 教学方法的适宜性

当分析幼儿的学习过程的时候,你已经在不自觉地思考学习活动的环节应该如何设计了;当思考幼儿出现的困难、遇到的挑战的时候,你已经想到了可能的教学方法了;当把"关于教学内容的知识"和"关于教学对象的知识"分析清楚的时候,你已经完成了一半"关于教学方法的知识"的思考。

带着你的思考,去看执教教师的学习活动组织的环节,去分析执教教师对活动内容或核心经验的取舍,去分析教师在活动中的典型性提问和对幼儿的反馈,去观察教师所使用的教具、图谱等。在观察和分析的时候,从你的专业能力和幼儿在活动中的学习状态和表现出发,去判断这些教学方法是否适宜,即判断教学环节的设置是否符合幼儿核心经验学习的心理过程? 教师的语言、提问和反馈是否易于幼儿理解? 教具和图谱等的使用在高度、形式、颜色方面是否符合幼儿的年龄和认知特点? 所选择的内容或游戏幼儿是否有浓厚的兴趣,是否能积极参与? 这些教学方法是否能够吸引不同发展水平的幼儿参与,让不同水平的幼儿都能得到不同程度的发展? 带着这些问题来分析教师的教学方法,就会看出是否适宜。

你在分析"关于教学内容的知识"和"关于教学对象的知识"的时候,一定会不自觉地形成自己对教学方法的看法或主张,带着你自己的观点(但不是偏见)观察和分析执教教师在学习活动中的教学方法。在研讨活动的时候,询问教师使用相关教学方法的意图,并且提出自己的看法,如果执教教师的方法比你的更好,你就获得了一个新的有用的方法;如果你的方法被别人接受,则帮助别人获得了一个新的有用的方法。

2. 教学方法的有效性

教学方法不仅要适宜,关键还要有效,要能促进幼儿对核心经验的学习,要能帮助幼儿自主、主动地解决在核心经验习得过程中出现的错误和遇到的挑战。

因此,在观摩他人的教学活动时,要结合"对教学内容的评价"和"对教学对象的评价",根据活动指向的核心经验及发展阶段,结合对幼儿学习过程和学习过程中出现的错误和遇到的困难的分析,去分析和思考:教师在活动过程中所使用的教学方法对幼儿的学习起了什么样的作用? 效果如何? 同时还需要观察这些教学方法是如何起作用的,是否是通过隐性的指导支持着幼儿的学习,整个学习过程中,教师的教学方法是否都能引导幼儿自主、主动的学习。

有效性的最终目标是指向幼儿核心经验的学习与发展,指向幼儿自主、主动的学习,在研讨活动中,要分享和讨论的就是以何种教学方法能够更好地促进幼儿自主、主动并富有成效的学习。

(二) 对自身教育活动的反思与分析

当你组织了一个教学活动之后,要分析你自身教育活动中的教学方法,也主要是从教学方法的适宜性和有效性进行分析。但在分析教学方法的适宜性和有效性之前,一定要确保你已经比较完整、准确地对"教学内容"和"教学对象"进行了分析。

如果是反思你自身的教育活动,你在设计活动的时候,就已经预设过了活动的环节,设计了活动的内容,准备好了相应的图谱或材料,精炼了你在活动中的提问。当按照这样的教学设计和教学方法开展教学活动之后,你需要根据幼儿在活动中的表现,思考:这些教学方法是否起了预想中的作用? 如果没有,原因是什么? 可以如何调整?

通过对"教学内容"、"教学对象"和"教学方法"三个方面的评价,从分析"幼儿学什么"和"幼儿怎么学"继而评价"教师怎么教"。学科教学知识取向的评价努力构建的是学习的共同体,在这样的学习共同体中没有批评、评判,只有思想的交流;没有权威、对错,只有对话和沟通;每个人都是智慧的贡献者,同时也是智慧的受益者。强调的是多种观点、多种认识的交流、碰撞与交锋,强调的是评价中评价者和被评价者的共同成长。

练一练

1. 尝试用幼儿园语言教育评价的通用取向和学科教学知识取向两种不同的取向对同一个教学活动进行评价,比较两种评价方法的差异。

2. 按照学科教学知识的评价方法,评价自己在见习或实习中所开展的一个语言教育活动,将自己的反思撰写成文。

附 录

附录 1 《幼儿园教育指导纲要(试行)》中有关语言教育部分的内容

(一) 目标

1. 乐意与人交谈,讲话礼貌;

2. 注意倾听对方讲话,能理解日常用语;

3. 能清楚地说出自己想说的事;

4. 喜欢听故事、看图书;

5. 能听懂和会说普通话。

(二) 内容与要求

1. 创造一个自由、宽松的语言交往环境,支持、鼓励、吸引幼儿与教师、同伴或其他人交谈,体验语言交流的乐趣,学习使用适当的、礼貌的语言交往。

2. 养成幼儿注意倾听的习惯,发展语言理解能力。

3. 鼓励幼儿大胆、清楚地表达自己的想法和感受,尝试说明、描述简单的事物或过程,发展语言表达能力和思维能力。

4. 引导幼儿接触优秀的儿童文学作品,使之感受语言的丰富和优美,并通过多种活动帮助幼儿加深对作品的体验和理解。

5. 培养幼儿对生活中常见的简单标记和文字符号的兴趣。

6. 利用图书、绘画和其他多种方式,引发幼儿对书籍、阅读和书写的兴趣,培养前阅读和前书写技能。

7. 提供普通话的语言环境,帮助幼儿熟悉、听懂并学说普通话。少数民族地区还应帮助幼儿学习本民族语言。

(三) 指导要点

1. 语言能力是在运用的过程中发展起来的,发展幼儿语言的关键是创设一个能使他们想说、敢说、喜欢说、有机会说并能得到积极应答的环境。

2. 幼儿语言的发展与其情感、经验、思维、社会交往能力等其他方面的发展密切相关,因此,发展幼儿语言的重要途径是通过互相渗透的各领域的教育,在丰富多彩的活动中去扩展幼儿的经验,提供促进语言发展的条件。

3. 幼儿的语言学习具有个别化的特点,教师与幼儿的个别交流、幼儿之间的自由交谈等,对幼儿语言发展具有特殊意义。

4. 对有语言障碍的儿童要给予特别关注,要与家长和有关方面密切配合,积极地帮助他们提高语言能力。

三、社会

(一) 目标

1. 能主动地参与各项活动,有自信心;

2. 乐意与人交往,学习互助、合作和分享,有同情心;

3. 理解并遵守日常生活中基本的社会行为规则;

4. 能努力做好力所能及的事,不怕困难,有初步的责任感;

5. 爱父母长辈、老师和同伴,爱集体、爱家乡、爱祖国。

(二)内容与要求

1. 引导幼儿参加各种集体活动,体验与教师、同伴等共同生活的乐趣,帮助他们正确认识自己和他人,养成对他人、社会亲近、合作的态度,学习初步的人际交往技能。

2. 为每个幼儿提供表现自己长处和获得成功的机会,增强其自尊心和自信心。

3. 提供自由活动的机会,支持幼儿自主地选择、计划活动,鼓励他们通过多方面的努力解决问题,不轻易放弃克服困难的尝试。

4. 在共同的生活和活动中,以多种方式引导幼儿认识、体验并理解基本的社会行为规则,学习自律和尊重他人。

5. 教育幼儿爱护玩具和其他物品,爱护公物和公共环境。

6. 与家庭、社区合作,引导幼儿了解自己的亲人以及与自己生活有关的各行各业人们的劳动,培养其对劳动者的热爱和对劳动成果的尊重。

7. 充分利用社会资源,引导幼儿实际感受祖国文化的丰富与优秀,感受家乡的变化和发展,激发幼儿爱家乡、爱祖国的情感。

8. 适当向幼儿介绍我国各民族和世界其他国家、民族的文化,使其感知人类文化的多样性和差异性,培养理解、尊重、平等的态度。

(三)指导要点

1. 社会领域的教育具有潜移默化的特点。幼儿社会态度和社会情感的培养尤应渗透在多种活动和一日生活的各个环节之中,要创设一个能使幼儿感受到接纳、关爱和支持的良好环境,避免单一呆板的言语说教。

2. 幼儿与成人、同伴之间的共同生活、交往、探索、游戏等,是其社会学习的重要途径。应为幼儿提供人际间相互交往和共同活动的机会和条件,并加以指导。

3. 社会学习是一个漫长的积累过程,需要幼儿园、家庭和社会密切合作,协调一致,共同促进幼儿良好社会性品质的形成。

附录2 《3—6岁儿童学习与发展指南》中有关语言教育的部分

语言是交流和思维的工具。幼儿期是语言发展,特别是口语发展的重要时期。幼儿语言的发展贯穿于各个领域,也对其他领域的学习与发展有着重要的影响:幼儿在运用语言进行交流的同时,也在发展着人际交往能力、理解他人和判断交往情境的能力、组织自己思想的能力。通过语言获取信息,幼儿的学习逐步超越个体的直接感知。

幼儿的语言能力是在交流和运用的过程中发展起来的。应为幼儿创设自由、宽松的语言交往环境,鼓励和支持幼儿与成人、同伴交流,让幼儿想说、敢说、喜欢说并能得到积极回应。为幼儿提供丰富、适宜的低幼读物,经常和幼儿一起看图书、讲故事,丰富其语言表达能力,培养阅读兴趣和良好的阅读习惯,进一步拓展学习经验。

幼儿的语言学习需要相应的社会经验支持,应通过多种活动扩展幼儿的生活经验,丰富语言的内容,增强理解和表达能力。应在生活情境和阅读活动中引导幼儿自然而然地产生对文字的兴趣,用机械记忆和强化训练的方式让幼儿过早识字不符合其学习特点和接受能力。

(一) 倾听与表达

目标 1　认真听并能听懂常用语言

3—4 岁	4—5 岁	5—6 岁
1. 别人对自己说话时能注意听并做出回应。 2. 能听懂日常会话。	1. 在群体中能有意识地听与自己有关的信息。 2. 能结合情境感到不同语气、语调所表达的不同意思。 3. 方言地区和少数民族幼儿能基本听懂普通话。	1. 在集体中能注意听老师或其他人讲话。 2. 听不懂或有疑问时能主动提问。 3. 能结合情境理解一些表示因果、假设等相对复杂的句子。

教育建议:

1. 多给幼儿提供倾听和交谈的机会。如:经常和幼儿一起谈论他感兴趣的话题,或一起看图书、讲故事。

2. 引导幼儿学会认真倾听。如:

■ 成人要耐心倾听别人(包括幼儿)的讲话,等别人讲完再表达自己的观点。

■ 与幼儿交谈时,要用幼儿能听得懂的语言。

■ 对幼儿提要求和布置任务时要求他注意听,鼓励他主动提问。

3. 对幼儿讲话时,注意结合情境使用丰富的语言,以便于幼儿理解。如:

■ 说话时注意语气、语调,让幼儿感受语气、语调的作用。如对幼儿的不合理要求以比较坚定的语气表示不同意;讲故事时,尽量把故事人物高兴、悲伤的心情用不同的语气、语调表现出来。

■ 根据幼儿的理解水平有意识地使用一些反映因果、假设、条件等关系的句子。

目标 2　愿意讲话并能清楚地表达

3—4 岁	4—5 岁	5—6 岁
1. 愿意在熟悉的人面前说话,能大方地与人打招呼。 2. 基本会说本民族或本地区的语言。 3. 愿意表达自己的需要和想法,必要时能配以手势动作。 4. 能口齿清楚地说儿歌、童谣或复述简短的故事。	1. 愿意与他人交谈,喜欢谈论自己感兴趣的话题。 2. 会说本民族或本地区的语言,基本会说普通话。少数民族聚居地区幼儿会用普通话进行日常会话。 3. 能基本完整地讲述自己的所见所闻和经历的事情。 4. 讲述比较连贯。	1. 愿意与他人讨论问题,敢在众人面前说话。 2. 会说本民族或本地区的语言和普通话,发音正确清晰。少数民族聚居地区幼儿基本会说普通话。 3. 能有序、连贯、清楚地讲述一件事情。 4. 讲述时能使用常见的形容词、同义词等,语言比较生动。

教育建议:

1. 为幼儿创造说话的机会并体验语言交往的乐趣。

■ 每天有足够的时间与幼儿交谈。如谈论他感兴趣的话题,询问和听取他对自己事情的意见等。

■ 尊重和接纳幼儿的说话方式,无论幼儿的表达水平如何,都应认真地倾听并给予积极的回应。

■ 鼓励和支持幼儿与同伴一起玩耍、交谈,相互讲述见闻、趣事或看过的图书、动画片等。

■ 方言和少数民族地区应积极为幼儿创设用普通话交流的语言环境。

2. 引导幼儿清楚地表达。如:

- 和幼儿讲话时,成人自身的语言要清楚、简洁。
- 当幼儿因为急于表达而说不清楚的时候,提醒他不要着急,慢慢说;同时要耐心倾听,给予必要的补充,帮助他理清思路并清晰地说出来。

目标3 具有文明的语言习惯

3—4 岁	4—5 岁	5—6 岁
1. 与别人讲话时知道眼睛要看着对方。 2. 说话自然,声音大小适中。 3. 能在成人的提醒下使用恰当的礼貌用语。	1. 别人对自己讲话时能回应。 2. 能根据场合调节自己说话声音的大小。 3. 能主动使用礼貌用语,不说脏话、粗话。	1. 别人讲话时能积极主动地回应。 2. 能根据谈话对象和需要,调整说话的语气。 3. 懂得按次序轮流讲话,不随意打断别人。 4. 能依据所处情境使用恰当的语言。如在别人难过时会用恰当的语言表示安慰。

教育建议:

1. 成人注意语言文明,为幼儿做出表率。如:

- 与他人交谈时,认真倾听,使用礼貌用语。
- 在公共场合不大声说话,不说脏话、粗话。
- 幼儿表达意见时,成人可蹲下来,眼睛平视幼儿,耐心听他把话说完。

2. 帮助幼儿养成良好的语言行为习惯。如:

- 结合情境提醒幼儿一些必要的交流礼节。如对长辈说话要有礼貌,客人来访时要打招呼,得到帮助时要说谢谢等。
- 提醒幼儿遵守集体生活的语言规则,如轮流发言,不随意打断别人讲话等。
- 提醒幼儿注意公共场所的语言文明,如不大声喧哗。

(二) 阅读与书写准备

目标1 喜欢听故事,看图书

3—4 岁	4—5 岁	5—6 岁
1. 主动要求成人讲故事、读图书。 2. 喜欢跟读韵律感强的儿歌、童谣。 3. 爱护图书,不乱撕、乱扔。	1. 反复看自己喜欢的图书。 2. 喜欢把听过的故事或看过的图书讲给别人听。 3. 对生活中常见的标识、符号感兴趣,知道它们表示一定的意义。	1. 专注地阅读图书。 2. 喜欢与他人一起谈论图书和故事的有关内容。 3. 对图书和生活情境中的文字符号感兴趣,知道文字表示一定的意义。

教育建议:

1. 为幼儿提供良好的阅读环境和条件。如:

- 提供一定数量、符合幼儿年龄特点、富有童趣的图画书。
- 提供相对安静的地方,尽量减少干扰,保证幼儿自主阅读。

2. 激发幼儿的阅读兴趣,培养阅读习惯。如:

- 经常抽时间与幼儿一起看图书、讲故事。
- 提供童谣、故事和诗歌等不同体裁的儿童文学作品,让幼儿自主选择和阅读。
- 当幼儿遇到感兴趣的事物或问题时,和他一起查阅图书资料,让他感受图书的作用,体会通过阅读获取信息的乐趣。

3. 引导幼儿体会标识、文字符号的用途。如：

■ 向幼儿介绍医院、公用电话等生活中的常见标识，让他知道标识可以代表具体事物。

■ 结合生活实际，帮助幼儿体会文字的用途。如买来新玩具时，把说明书上的文字念给幼儿听，了解玩具的玩法。

目标2　具有初步的阅读理解能力

3—4 岁	4—5 岁	5—6 岁
1. 能听懂短小的儿歌或故事。 2. 会看画面，能根据画面说出图中有什么，发生了什么事等。 3. 能理解图书上的文字是和画面对应的，是用来表达画面意义的。	1. 能大体讲出所听故事的主要内容。 2. 能根据连续画面提供的信息，大致说出故事的情节。 3. 能随着作品的展开产生喜悦、担忧等相应的情绪反应，体会作品所表达的情绪情感。	1. 能说出所阅读的幼儿文学作品的主要内容。 2. 能根据故事的部分情节或图书画面的线索猜想故事情节的发展，或续编、创编故事。 3. 对看过的图书、听过的故事能说出自己的看法。 4. 能初步感受文学语言的美。

教育建议：

1. 经常和幼儿一起阅读，引导他以自己的经验为基础理解图书的内容。如：

■ 引导幼儿仔细观察画面，结合画面讨论故事内容，学习建立画面与故事内容的联系。

■ 和幼儿一起讨论或回忆书中的故事情节，引导他有条理地说出故事的大致内容。

■ 在给幼儿读书或讲故事时，可先不告诉名字，让幼儿听完后自己命名，并说出这样命名的理由。

■ 鼓励幼儿自主阅读，并与他人讨论自己在阅读中的发现、体会和想法。

2. 在阅读中发展幼儿的想象和创造能力。如：

■ 鼓励幼儿依据画面线索讲述故事，大胆推测、想象故事情节的发展，改编故事部分情节或续编故事结尾。

■ 鼓励幼儿用故事表演、绘画等不同的方式表达自己对图书和故事的理解。

■ 鼓励和支持幼儿自编故事，并为自编的故事配上图画，制成图画书。

3. 引导幼儿感受文学作品的美。如：

■ 有意识地引导幼儿欣赏或模仿文学作品的语言节奏和韵律。

■ 给幼儿读书时，通过表情、动作和抑扬顿挫的声音传达书中的情绪情感，让幼儿体会作品的感染力和表现力。

目标3　具有书面表达的愿望和初步技能

3—4 岁	4—5 岁	5—6 岁
1. 喜欢用涂涂画画表达一定的意思。	1. 愿意用图画和符号表达自己的愿望和想法。 2. 在成人提醒下，写写画画时姿势正确。	1. 愿意用图画和符号表现事物或故事。 2. 会正确书写自己的名字。 3. 写画时姿势正确。

教育建议：

1. 让幼儿在写写画画的过程中体验文字符号的功能，培养书写兴趣。如：

■ 准备供幼儿随时取放的纸、笔等材料，也可利用沙地、树枝等自然材料，满足幼儿自由涂画的需要。

■ 鼓励幼儿将自己感兴趣的事情或故事画下来并讲给别人听，让幼儿体会写写画画的方式可以表达自己的想法和情感。

- 把幼儿讲过的事情用文字记录下来,并念给他听,使幼儿知道说的话可以用文字记录下来,从中体会文字的用途。

2. 在绘画和游戏中做必要的书写准备,如:

- 通过把虚线画出的图形轮廓连成实线等游戏,促进手眼协调,同时帮助幼儿学习由上至下、由左至右的运笔技能。
- 鼓励幼儿学习书写自己的名字。
- 提醒幼儿写画时保持正确姿势。

参考文献

著作类

1. 周兢. 幼儿园语言教育活动设计与组织[M]. 北京：人民教育出版社，1996.

2. 张明红. 学前儿童语言教育[M]. 上海：华东师范大学出版社，2011.

3. 祝士媛. 学前儿童语言教育[M]. 北京：北京师范大学出版社，2010.

4. 赵寄石. 学前儿童语言教育[M]. 北京：人民教育出版社，2004.

5. 夏燕勤，邹群霞. 学前儿童语言教育[M]. 北京：高等教育出版社，2013.

6. 唐淑. 幼儿园语言和科学教育——幼儿园课程研究论文集萃(二)[C]. 南京：南京师范出版社，2004.

7. 周兢. 幼儿园语言教育活动指导[M]. 北京：人民教育出版社，2008.

8. 周兢，余珍有. 幼儿园语言教育[M]. 北京：人民教育出版社，2005.

9. 周兢. 幼儿园早期阅读教育活动设计[M]. 北京：教育科学出版社，2010.

10. 周兢. 早期阅读发展与教育研究[M]. 北京：教育科学出版社，2007.

11. 周兢. 幼儿园语言文学活动[M]. 北京：中国广播电视出版社，1992.

12. 陈定儿. 点亮童心：幼儿园文学整合教育研究成果集[M]. 上海：上海社会科学院出版社，2007.

13. 史大胜. 美国儿童早期阅读教学研究——以康州大哈特福德地区为个案[M]. 北京：北京师范大学出版社，2011.

14. 黄娟娟. 认字、识字就等于早期阅读吗？——2—6岁婴幼儿早期阅读教育方案新探[M]. 中山：中山大学出版社，2006.

15. 陈晖. 图画书的讲读艺术[M]. 南昌：二十一世纪出版社，2010.

16. 方卫平. 享受图画书——图画书的艺术与鉴赏[M]. 上海：明天出版社，2012.

17. 梅子涵. 童年书——图画书的儿童文学[M]. 上海：明天出版社，2011.

18. 李季湄，冯晓霞.《3—6岁儿童学习与发展指南》解读[M]. 北京：人民教育出版社，2013.

19. 斯坦尼斯拉斯·迪昂. 脑的阅读：破解人类阅读之谜[M]. 北京：中信出版社，2011.

20. 彼得·亨特. 理解儿童文学[M]. 上海：少年儿童出版社，2010.

21. 刘旭源. 儿童文学的三大母题[M]. 上海：华东师范大学出版社，2009.

22. 梅子涵，朱自强等. 中国儿童阅读6人谈[M]. 天津：新蕾出版社，2008.

23. 安·S. 爱泼斯坦. 学前教育中的主动学习精要：认识高宽课程[M]. 北京：教育科学出版社，2012.

24. 苏珊·佩罗. 故事知道怎么办[M]. 天津：天津教育出版社，2009.

25. 王林，余治莹. 绘本赏析与创意教学[M]. 石家庄：河北教育出版社，2010.

26. 松居直. 打开绘本之眼[M]. 海口：南海出版公司，2013.

27. 松居直. 幸福的种子[M]. 上海：明天出版社，2007.

28. 松居直. 我的图画书论[M] 长沙：湖南少年儿童出版社，1997.

29. 吉姆·崔利斯. 朗读手册[M]. 海口：南海出版公司，2009.

30. 费舍尔. 教会儿童学会思考[M]. 北京：北京师范大学出版社，2007.

31. 凯瑟琳·斯诺. 预防阅读困难：早期阅读教育策略[M]. 胡美华，等，译. 南京：南京师范大学出版社，2006.

32. 劳拉·贝尔克,亚当·温斯勒. 鹰架儿童的学习:维果斯基与幼儿教育[M]. 南京:南京师范大学出版社,2007.

33. Justice, L. M., Sofka, A. E. (2010). Engaging Children with Print:Building Early Literacy Skills through Quality Read-Aloud . New York:The Guilford Press.

34. Morrow, L. M. (2009). Literacy Development in the Early Years . New York:Pearson Education, Inc.

35. Neuman, S. B., Dickinson, D. K. (Eds.). (2003). Handbook of Early Literacy Research . New York:The Guilford Press.

36. Lyndon W. Searfoss, John E. Readence (1994). Helping children Learn to Read. Simon & Schuster, Inc.

37. Jeanne M. Machado (2007). Early Childhood Experiences in Language Arts:Early Literacy, Eighth Edition.

38. Carol Vukelich, James Christie, Billie Enz (2008). Helping Young Children Learn Language and LIiteracy:Birth through Kindergarten. Pearson.

39. Susan H. Foster-C0hen (1999). An Introduction to Child Language Development. Addison Wesley Longman Limited.

40. Jean Berko Gleason (2006). The Development of Language (6th Edition). Pearson Education, Inc.

论文类

1. 周兢. 中国幼儿园语言教学研究的新进展[J]. 学前教育研究,1997(04).

2. 周兢. 论早期阅读教育的几个基本理论问题——兼谈当前国际早期阅读教育的走向[J]. 学前教育研究,2005(01).

3. 汤杰英,周兢,韩春红. 学科教学知识构成的厘清及对教师教育的启示[J]. 幼儿教育(教育科学),2012(05).

4. 王津,周兢. 知识类图画书的概念、价值及其阅读指导策略[J]. 学前教育研究,2013(05).

5. 汤杰英,周兢. 测评教师学科教学知识的工具开发——基于对美国埃里克森学院所开发工具的介绍和验证[J]. 幼儿教育(教育科学),2013(05).

6. 李林慧,周兢,刘宝根,高晓妹. 学前儿童图画故事书阅读理解研究[J]. 中国特殊教育,2011(02).

7. 周兢,李晓燕. 不同教育背景母亲语用交流行为特征比较研究[J]. 心理科学,2010(02).

8. 周兢,刘宝根. 汉语儿童从图像到文字的早期阅读与读写发展过程:来自早期阅读眼动及相关研究的初步证据[J]. 中国特殊教育,2010(12).

9. 周兢. 从前语言到语言转换阶段的语言运用能力发展——3岁前汉语儿童语用交流行为习得的研究[J]. 心理科学,2006(06).

10. 周兢. 对我国学前儿童英语教育定位的思考[J]. 学前教育研究,2004(12).

11. 周兢. 重视儿童语言运用能力的发展——汉语儿童语用发展研究给早期语言教育带来的信息[J]. 学前教育研究,2002(03).

12. 周兢,程晓樵. 论幼儿园早期阅读活动[J]. 学前教育研究,1995(02).

13. 周兢. 幼儿园早期阅读怎样提高质量[N]. 中国教育报,2012-04-22(003).

14. 周兢,张明红. 学龄前儿童需要进行识字教育吗[N]. 中国教育报,2012-09-23(001).

15. 周兢. 促进儿童前阅读核心经验形成的教育活动与指导建议[J]. 幼儿教育,2013.

16. 刘宝根. 幼儿前识字核心经验及其教育支持策略[J]. 幼儿教育(教育教学),2013(3).

17. 刘宝根. 学前儿童文字意识发展研究述评[J]. 幼儿教育(教育科学),2013(6).

18. 刘宝根,周兢,李林慧,张莉,高晓妹. 文字突显程度对学前儿童图画书阅读中文字注视的影响[J]. 心理与行为研究,2013(1).

19. 刘宝根,李林慧. 早期阅读概念与图画书阅读教学[J]. 学前教育研究,2013(7).

20. 刘宝根,周兢,高晓妹,李林慧. 4—6 岁幼儿图画书自主阅读过程中文字注视的眼动研究[J]. 心理科学,2011(4).

21. 刘宝根,周兢,李林慧,高晓妹. 文字是幼儿图画书自主阅读中的关键信息吗?——来自幼儿在文字和主角上注视的眼动比较研究[J]. 中国特殊教育,2011(1).

22. 刘宝根,李菲菲,徐宇. 幼儿教师创造性儿童特征内隐观研究[J]. 学前教育研究,2007(4).

23. 刘宝根. 瑞吉欧教育超越了什么——从《超越早期教育保育质量》解读瑞吉欧教育[J]. 学前教育研究,2011(4).

24. 刘宝根,李菲菲,宋武. 基于家长描述的幼儿园教育内容观研究[J]. 学前教育研究,2006(4).

25. 朱家存,刘宝根. 幼儿园英语教育认识误区的探讨[J]. 中国教育学刊,2007(11).

26. 刘宝根. 是"幼儿教材"还是"操作材料"?——对有关"幼儿教材"若干问题的探讨[J]. 上海教育科研,2010(4).

27. 刘宝根,徐宇,刘金花. 什么样的画是有创造性的——来自对幼儿园教师创造性内隐观的访谈研究[J]. 幼儿教育,2012(3).

28. 刘宝根,高晓妹. 儿童前阅读核心经验及其发展阶段[J]. 幼儿教育,2013(7).

29. 徐宇,刘宝根. 幼儿园集体教学活动质量的调查——基于某市幼儿园教学活动的现场观察[J]. 幼儿教育(教育科学),2013(6).

30. 刘宝根,何静. 标记对大班儿童故事倾听能力影响的实验研究[J]. 早期教育(教科研版),2012(6).

31. 刘宝根. 正确理解儿童的创造性——基于创造性的参照体系[J]. 学前教育研究,2003(7、8).

32. 刘宝根. "必读"与"不必读"的背后[J]. 上海教育科研,2004(11).

33. 刘宝根. 幼儿园潜环境的创设[J]. 幼儿教育,2003(4).

34. 刘宝根. 言语环境与儿童自我价值感[J]. 早期教育,2005(7).

35. 刘宝根,余捷,陶晓玲. 蒙台梭利教育与传统教育效果的比较——来自国外的声音[J]. 幼儿教育(教育科学版),2008(2).

36. 刘宝根. 幼儿谈话核心经验的发展及其教育支持策略[J]. 幼儿教育(教育教学),2014(3).

37. 刘宝根. 幼儿文学想象核心经验的发展及其教育支持策略[J]. 幼儿教育(教育教学),2014(6).